高职高专系列教材
电工技能实训指导丛书

电工中级技能实训

（第 二 版）

主编　阮友德　张迎辉

主审　刘守义

西安电子科技大学出版社

内 容 简 介

本书是根据中华人民共和国职业技能鉴定规范，并参考深圳市电工技能职业标准编写而成的。本书以职业能力培养为主线，将知识的介绍穿插在相关的实训项目中，突出技能提高、能力培养和技术应用。

全书共 6 章，包括电力拖动技术实训，电子技术实训，电气测量技术实训，可编程控制技术实训，变、配电技术实训以及理论模拟练习等。根据中级电工技能要求，全书共安排了 29 个实训项目，每个实训项目大都按照考核要求、实训目的、实训原理、实训步骤、故障分析及注意事项等内容编写，使学生在教、学、练的过程中掌握知识和提高技能，为今后的学习和工作打下坚实的基础。

本书可作为高职高专、技工学校机电类学生的电工专业技能实训教材，也可作为准备参加中级电工技能鉴定考核人员的培训教材，还可作为电气爱好者的自学参考书。

图书在版编目(CIP)数据

电工中级技能实训/阮友德，张迎辉主编. —2 版. —西安：西安电子科技大学出版社，2015.8(2024.1重印)

ISBN 978 - 7 - 5606 - 3751 - 8

Ⅰ. ①电…　Ⅱ. ①阮…　②张…　Ⅲ. ①电工技术　Ⅳ. ①TM

中国版本图书馆 CIP 数据核字(2015)第 197961 号

策　　划	马乐惠
责任编辑	雷鸿俊　马乐惠
出版发行	西安电子科技大学出版社(西安市太白南路 2 号)
电　　话	(029)88202421　88201467　　邮　　编　710071
网　　址	www.xduph.com　　　电子邮箱　xdupfxb001@163.com
经　　销	新华书店
印刷单位	西安日报社印务中心
版　　次	2015 年 8 月第 2 版　2024 年 1 月第 5 次印刷
开　　本	787 毫米×1092 毫米　1/16　印张 18
字　　数	423 千字
定　　价	37.00 元

ISBN 978 - 7 - 5606 - 3751 - 8/TM

XDUP　4043002 - 5

序　言

随着科学技术的迅猛发展，要求各行各业的从业人员应不同程度地掌握电工的基本知识和基本技能，同时对机电类工程技术人员必须掌握的电工技术和技能提出了更新、更高的要求。为此，国家制定了不同等级的职业技能鉴定标准。为帮助大中专院校、技校学生以及相关从业或待业人员更好更快地掌握电工技术和技能，顺利通过电工各等级的职业技能鉴定的考核，根据中华人民共和国职业技能鉴定规范，参考深圳市电工技能职业标准，我们编写了这套《电工技能实训指导丛书》。

本套丛书的编写指导思想是：力求所有实训项目能满足企业生产的实际需要；能体现相应等级电工的实际工作经验和技能水平；能反映本工种新技术的应用；具有很强的操作性，能在实训（或实验）室里完成，便于培训与考核。本书也可供电工技能培训、考证训练和高校学生提高各等级电工技能水平时使用。

本书作者中，有长期从事实践教学的教师、高级工程师和高级技师，他们在电工技能实训教学方面积累了丰富的实践经验和独到的见解，经过精心筹划完成了本套丛书的编写。

本套丛书共四册，分为《电工技能实训基础》、《电工初级技能实训》、《电工中级技能实训》和《电工高级技能实训》；在内容编排、取材等方面具有以下特点：

（1）始终贯彻以学生为主体、以能力培养为中心的教育原则。从符合技能等级考核要求的角度来确定教材的内容，对理论阐述与实训操作两部分内容进行了合理安排，较好地将科学性、实用性、易学性结合起来。在教材的组织上，注意规范化、标准化、实用化。

（2）遵循由浅入深、由易到难、循序渐进的教学规律，将全部教学内容分为四个分册。其中《电工技能实训基础》分册适用于非机电类学生。其余三册组成三个不同层次的教学平台，学员每学完一个分册，即在原有的基础上提高一个技能等级，形成进阶式教学。

（3）每一分册都由若干个不同的实训大类组成，如供配电类、民居用电类、电机控制类、电子技术类和新技术应用类等，涵盖了从电工基础实训到高级电工专业技能实训的不同技术类型和层次的要求。每一实训大类又由若干个实训模块组成，使学生既能全面掌握不同实训类型的要求，又能在同一类型的实训中反复训练，迅速提高，体现了组合型、模块化的实训教学思路。

（4）在实训类型和模块的安排上，注意前后有序、深入浅出；每个实训项目都配有实训目的、控制原理、电气线路、设备与元件、接线技巧、线路检查、故障分析、注意事项、分析思考和应用场合等具体内容。将"理论与实践相结合、教学练相结合、传统技术与新技术相结合"的教育理念落实在具体的实训项目中。

通过本教材的指导，可达到举一反三、融会贯通的目的，能有效地提高学生的实训效率，使学生在理解基本原理、熟悉工艺要求、掌握实践技能、学会故障检查、提高文字表达能力等方面有长足进步。我们期待这套丛书在提高各类人员电工技能培训质量方面发挥积极的作用。

《电工技能实训指导丛书》编委会

2005 年 12 月 15 日

《电工技能实训指导丛书》编委会

第 二 版 前 言

本书第一版出版后，读者通过运用书中的原理和方法，能够较好地解决学习和工作中的实际问题，因此受到了广泛的欢迎和好评。经过课程组近 10 年的建设，本课程已完成了校级精品课、校级重点课及校首批 15511 工程建设，课程网站获得了国家网络课程一等奖。为配合后精品课时代的课程建设，使本书的特点更明显、内容更新颖、项目更实用、使用更方便，更好地体现"职业化、现代化、系统化、层次化"的特点，现决定再版。

第二版完全保留了原书的特色与知识技能体系，在对原书知识结构进行梳理的同时，升级了相应的硬件，增加了第 6 章理论模拟练习等内容，同时，纠正了个别符号、图形、表格等不规范的情况。为更好地使用本课程的教学资源，我们结合本课程的特点，整合了课程资源，充分运用现代教育技术和现代信息技术，建立了网络课程教学平台，引导学生个性化、自主性学习。本课程网站教学资源丰富、交互性强，具体体现如下：

(1) 教学体系完整，教学架构合理。教学内容由浅入深，覆盖整个课程体系，每个章节都按知识体系、技能体系、能力体系安排，同时还安排了大量的课外拓展。

(2) 资源丰富，原创性强。我们建立了完善的资源库，独立开发了 100 多个 Flash 课件，拍摄了大量的原创视频和图片，包含了课件库、视频库、图片库、动画库等，资源总数近千条，这些资源可服务于具体的教学内容。

(3) 开发了大量接近实战的实践教学模块。如切合实际需求的项目教学、虚拟的电工器材实训、模拟考场、远程的实际设备编程操作、在线随机测试等，构建了基于工作过程的"能力模块—工程项目—工作任务"的三层次电工技能实训课程体系。

(4) 互动功能完善。课程网站提供了仿真实训、模拟考场、在线作业、在线测试、在线 QQ、论坛、答疑、站内邮箱等交互方式，便于师生、读者之间进行互动。

(5) 考核功能完善。目前系统已经收录了 4000 多道题目，学生可以自主选择题目数量和知识点范围，系统根据学生选择随机出题，学生做完后马上得出成绩，可以帮助学生快速巩固知识、掌握技能。

(6) 支持教学过程完全自主化。教学内容按照模块化、组合型、进阶式安排，系统通过记录学习进度和控制学习质量来实现自主学习。

记录学习进度：本课程的每一个知识点都设置了相关测试内容，学生完成某个知识点的学习之后，必须通过该知识点的所有测试才算掌握。系统根据总的知识点和已学知识点的数量来评估学生的学习进度，同时学生可以查看自己的学习进度，当学完所有知识点后，系统即认为完成了自主学习过程，整个过程系统都有记录。

控制学习质量：本课程中每个章节都可以设置学习约束，约束由测试来控制，只有完成相应的测试并达到规定的成绩，才算满足约束，可以继续学习，否则不能继续学习，这样就可以控制学生的学习质量和顺序。

在修订本书的过程中，深圳职业技术学院电工技术实训室课程组老师付出了大量的劳动，并提供了很多帮助和建议，在此表示诚挚的感谢。

作者 E-mail：ruyude01@szpt.edu.cn。

课程网站地址：http://jpkc1.szpt.edu.cn/gyzx/dgjn/index.asp。

作　者

2015 年 4 月

第 一 版 前 言

　　本书是为高职高专、技工学校机电类学生的电工专业技能实训而编写的教材，也可作为中级电工技能鉴定的培训教材。本教材以培养学生的电工实际操作能力为目的，使学生在掌握电工理论知识的基础上，主要提高六大方面的能力，即装接和检修电力拖动电路的能力，电子电路的焊接、调试和排故能力，电器仪表的使用和电气测量的能力，PLC 的编程与调试能力，变配电的倒闸操作能力和电气方面的绘图识图能力。通过本书的学习和训练，学生可分析解决日常生活、工作及在后续专业课中出现的电气方面的问题。

　　本书在编写过程中，总结了几年来深圳职业技术学院和其他院校电工技能实训课程的教学经验，以职业能力培养为主线，把理论知识作为实训项目的支撑，将知识的介绍穿插在相关的实训项目中，使学生在技能提高的同时掌握其理论知识。在内容的编排上，本书按照由易到难、循序渐进的方针，注重教材内容的连贯性和衔接性；在实训的指导上，本书力求在实训原理、实训步骤和故障分析等方面深入浅出，分析透彻。本书具有基础宽、针对性强、适应面广等特点，可使学生有较强的发展后劲。

　　本书分五章，共有 29 个实训项目，内容包括电力拖动技术，电子技术，电气测量技术，可编程控制技术，变、配电技术等。参考学时为 140 学时，建议安排为：第 1 章 55 学时，第 2 章 30 学时，第 3 章 15 学时，第 4 章 30 学时，第 5 章 10 学时。教师可根据实训设备、专业方向、教学学时及当地的中级电工技能鉴定的要求，对本书中的实训项目和内容作适当的调整。

　　本书由深圳职业技术学院阮友德、张迎辉主编。阮友德编写了第 2 章、第 4 章及附录，张迎辉编写了第 1 章，陈素芳编写了第 5 章，陈素芳和张仁醒共同编写了第 3 章。全书由阮友德统稿，刘守义对全书进行了审定。深圳职业技术学院电工技术实训室的老师为本书的编写提供了很多方便并提出了宝贵的建议，在此表示诚挚谢意。

　　由于时间紧迫以及作者水平有限，书中的不足之处在所难免，欢迎读者提出批评和建议。

作　者

2006 年 3 月

目　　录

第 1 章　电力拖动技术实训

电力拖动技术是中级电工必须熟练掌握的一项基本技能，因此，本章选择了具有代表性的 10 个功能电路来进行实训，其目的有三个：一是通过对电气元件的选择，掌握低压电气设备的种类、结构、功能及使用的场合；二是通过对电气线路的动手装接，加深对电气线路的理解，提高动手操作能力；三是通过对线路的检查和调试，提高分析和处理故障的能力。

1.1　电力拖动技术实训基础

电力拖动技术实训基础在《电工初级技能实训》中作过一些介绍，这里就实训中用到的低压电气设备的选择、电气识图方法及电路故障分析与查找作详细的叙述。

1.1.1　低压电气设备的选择

1. 熔断器的选用

1）熔断器类型的选择

熔断器的类型应根据负载的保护特性和短路电流来选择，其选择原则如下：

（1）对于车间配电网络，若短路电流较大，则应选用高分断能力的 RTO 系列。

（2）对于机床电气设备，一般选用体积较小的 RL1 系列。

（3）在经常发生故障的地方，应考虑选用 RC1 和 RM10 系列。

（4）半导体整流元件，应选用快速熔断器。

（5）在易燃易爆场所，不允许选用敞开式熔断器。

2）熔体额定电流的选择

熔体额定电流不能大于熔断器的额定电流，其具体选择原则如下：

（1）对于照明及电热设备，装在线路总熔体的额定电流为电度表额定电流的 0.9～1.0 倍，支路熔体的额定电流为支路所有电气设备额定电流总和的 1～1.1 倍。

（2）对于单台笼型电动机，熔体额定电流 I_{re} 不小于电动机额定电流 I_{de} 的 1.5～3 倍。

所选电动机额定电流的倍数一般为：轻载启动的电动机可取 1.5～2；重载启动的电动机可取 2～2.5；频繁启动的电动机可取 2.5～3；绕组式电动机和降压启动电动机及直流电动机可取 1.2～2。

(3) 对于多台笼型电动机,有

$$I_{re} \geqslant (1.5 \sim 2.5)I_{zde} + \sum I_e \qquad (1-1)$$

式中: I_{zde}——容量最大的一台电动机的额定电流(A);

$\sum I_e$——其他各台电动机的额定电流之和(A)。

2. 接触器的选用

选用接触器时,应考虑其控制的负载类别、连续工作时间的长短以及工作环境条件的影响等因素。

(1) 对于无感或微感负载(如电阻炉),可按负载工作电流选用相应额定电流的接触器。

(2) 对于笼型电动机,则按下式来选用:

$$I_e \geqslant 1.3I_{de} \qquad (1-2)$$

式中: I_e——接触器额定电流(A);

I_{de}——电动机额定电流(A)。

(3) 对于反复短时工作和环境散热条件较差的,应适当降低容量使用。

3. 低压断路器的选择及整定

(1) 低压断路器的额定电压大于等于线路的额定电压。

(2) 低压断路器的额定电流大于等于线路的计算电流,一般按其1.3倍计算,即

$$I_e \geqslant 1.3I_{js} \qquad (1-3)$$

式中: I_e——低压断路器的额定电流(A);

I_{js}——线路的计算电流(A)。

(3) 短延时或瞬时动作的脱扣器的整定电流 I_{zd} 值应为

$$I_{zd} \geqslant KI_f \qquad (1-4)$$

式中: I_f——线路的峰值电流或电动机的启动电流(A);

K——可靠系数。对于动作时间小于0.02 s(DZ)的脱扣器, K 取1.7~2;对于动作时间大于0.02 s(DW)的脱扣器, K 取1.35。

(4) 对于多台电动机的供电干线,短延时或瞬时动作的脱扣器的整定电流 (I_{zd}) 不小于容量最大的一台电动机的启动电流 (I_{zdq}) 的 K(取值同上)倍与其他各设备的额定电流之和 $(\sum I_e)$ 的1.3倍,即

$$I_{zd} \geqslant KI_{zdq} + 1.3\sum I_e \qquad (1-5)$$

(5) 长延时(5~30 s)动作的过电流脱扣器的整定电流 (I_{zd}) 不小于线路中可能出现的正常过负荷电流 (I_{zf}),即

$$I_{zd} \geqslant KI_{zf} \qquad (1-6)$$

式中: K——可靠系数,可取为1.2;

I_{zf}——正常过负荷电流(A),可取额定电流的1.3~1.4倍。

(6) 热脱扣器动作的整定电流不小于电动机的额定电流,即

$$I_{zd} \geqslant I_{de} \qquad (1-7)$$

式中：I_{zd}——热脱扣器动作的整定电流(A)；

　　I_{de}——电动机的额定电流(A)。

4. 热继电器的选择及整定

(1) 热继电器类型的选择：当电动机为"△"接法时，应选带断相保护的热继电器；当电动机为"Y"接法时，则可选带断相也可选不带断相保护的热继电器。

(2) 热继电器额定电流的选择：热继电器额定电流大于电动机额定电流。

(3) 热继电器的整定：热继电器的整定电流等于电动机额定电流。

5. 导线的选择

1) 导线选择的一般原则

除了要选择导线线芯材料和绝缘材料以外，还必须选择导线截面的大小，其原则如下：

(1) 满足发热条件，即导线在通过计算电流时，其发热温度不能超过允许的最高温度。

(2) 符合电压损失要求，即导线在通过计算电流时，其产生的电压损失不应超过正常允许的电压损失值。

(3) 按经济电流密度选择，即高压和低压大电流线路应按照规定的经济电流密度选择导线截面，以满足节约有色金属和降低电能损耗的要求。

(4) 符合机械强度要求，即导线的截面不能低于最小允许截面，以满足机械强度的要求。

(5) 满足工作电压的要求，即导线的绝缘水平必须满足其正常工作电压的要求。

在实际选择导线时，还必须分情况分别对待，不能死搬上述原则，一般按下面几种情况分别对待：对于低压动力线路，一般先按发热条件选择截面，然后再校验其电压损失和机械强度；对于低压照明线路，一般先按允许电压损失来选择截面，然后再按发热条件和机械强度校验；对于高压线路，一般先按经济电流密度选择截面，然后校验其发热条件、允许电压损失和机械强度(只对架空线)。

2) 按发热条件选择导线的截面

按发热条件选择导线的截面，实际上就是按允许电流选择导体的截面，即 $I_{js} \leqslant I_{yx}$。

当电流通过导体时，由于电流的热效应，导体会发热，温度升高。当温度超过一定数值时，将造成绝缘损坏并烧坏导体，因此，导体的发热温度不能超过导体的允许值。当周围介质温度为定值时，在最高允许温度的条件下，不同的导体都对应一个最大允许电流 I_{yx}，只要通过导体的电流(计算电流)I_{js} 不超过允许电流，导体的温度就不会超过正常运行时的最高允许温度。不同导体的允许电流列于附录表 A-3～表 A-5。

在三相四线制供电系统中，零线的允许电流不能小于三相最大不平衡电流，零线截面通常选择为相线截面的 1/2 左右，同时不得小于按机械强度要求的最小截面。

例 1-1　有一条 380/220 V 线路，采用 BV 铜芯塑料绝缘导线明敷，计算负荷电流为 50 A，安装地点的环境温度为 30℃，试按发热条件选择导线的截面。

解　查附录表 A-3 可知，当温度为 30℃时，截面为 10 mm² 的 BV 铜芯塑料绝缘导线明敷时的允许电流为 70 A，大于计算负荷电流 50 A，即($I_{js}=50$ A)$\leqslant$($I_{yx}=70$ A)。

所以，按发热条件选择相线的截面为 10 mm²，零线截面为 6 mm²。

3) 按电压损失要求选择导线截面

当电流通过供电线路的阻抗时,会产生电压降,使末端电压低于首端电压,线路首末两端电压的代数差,称为线路的电压损失。为保证供电质量,供电线路的电压损失不能超过允许值(低压供电线路一般不超过额定电压的 5%)。当按其他方法计算出导线截面后,校验电压损失超过允许值时,应按允许电压损失条件重新计算,选择截面较大的导线。

例 1 - 2 某车间照明负荷为 3 kW,全是灯泡,用明敷单相线路供电,线路长度为50 m,试选择铜导线截面。($\rho = 0.0175\ \Omega \cdot mm^2/m$)

解
$$I_{js} = \frac{P}{U} = \frac{3000}{220} = 13.63\ A$$

(1) 先按电压损失要求选择导线截面,后按发热条件校验。

① 按电压损失要求选择导线截面。根据供电线路的电压损失不能超过允许值,即

$$\Delta U = IR = I_{js} \times \rho \times \frac{2L}{S} = 13.63 \times 0.0175 \times 2 \times \frac{50}{S}$$

$$\approx \frac{23.85}{S} \leqslant 5\%U = 5\% \times 220 = 11\ V$$

可求得 $S \geqslant 2.17\ mm^2$,故取 $S = 2.5\ mm^2$,即初步选取截面为 $2.5\ mm^2$ 的铜芯绝缘导线明敷。

② 按发热条件校验。根据 $I_{js} \leqslant I_{yx}$,查附录表 A - 3 可知:当温度为 25℃时,截面为 $2.5\ mm^2$ 的 BV(或 BBX)铜芯绝缘导线明敷时的允许电流为 30 A(33 A),大于计算负荷电流 13.63 A,校验合格。

由上述①、②可知,应选择截面为 $2.5\ mm^2$ 的 BV(或 BBX)铜芯绝缘导线明敷。

(2) 先按发热条件选择导线截面,后按电压损失要求校验。

① 按发热条件选择导线截面。根据 $I_{js} \leqslant I_{yx}$,查附录表 A - 3 可知:当温度为 25℃时,截面为 $1\ mm^2$ 的 BV(BBX)铜芯绝缘导线明敷时的允许电流为 18 A(20 A),大于计算负荷电流 13.63 A,所以,初步选取截面为 $1\ mm^2$ 的 BV(或 BBX)铜芯绝缘导线明敷。

② 按电压损失要求校验:

$$\Delta U = IR = I_{js} \times \rho \times \frac{2L}{S}$$

$$= 13.63 \times 0.0175 \times 2 \times \frac{50}{1} \approx 23.85\ V$$

而

$$23.85\ V > 5\%U = 11\ V$$

校验不合格,导线截面应加大一级,即为 $1.5\ mm^2$,再校验如下:

$$\Delta U = IR = I_{js} \times \rho \times \frac{2L}{S}$$

$$= 13.63 \times 0.0175 \times 2 \times \frac{50}{1.5} \approx 15.9\ V$$

而

$$15.9\ V > 5\%U = 11\ V$$

校验仍不合格,导线截面应再加大一级,即为 $2.5\ mm^2$,再校验如下:

$$\Delta U = IR = I_{js} \times \rho \times \frac{2L}{S}$$

$$= 13.63 \times 0.0175 \times 2 \times \frac{50}{2.5} \approx 9.54 \text{ V}$$

而

$$9.54 \text{ V} < 5\%U = 11 \text{ V}$$

校验合格，故取 $S = 2.5 \text{ mm}^2$。

由上述①、②可知，应选择截面为 2.5 mm^2 的 BV(或 BBX)铜芯绝缘导线明敷。

比较上述(1)、(2)可知：对于低压照明线路，一般先按允许电压损失来选择截面，然后再按发热条件校验。

4) 按机械强度校验导线截面

架空导线经常要承受巨大的张力，因此，必须具有足够的机械强度，才能保证运行的安全可靠。所以，对于按其他条件选出的导线截面要进行机械强度的校验，一般要求导线截面大于最小允许截面。架空导线的最小允许截面如表 1 - 1 所示。

表 1 - 1　架空导线的最小允许截面　　　　mm^2

导线材料	高压(1~10 kV)		高压(50 kV 以上)	低压
	居民区	非居民区		
铝及铝合金	70	70		25
钢芯铝线	35	25	50	25
铜线	16	16		10

6. 应用举例

下面通过一个具体的例题，从中级电工的知识角度来说明怎样选择各种低压电气设备。

例 1 - 3　现有一 30 kW 的三相笼型电动机，采用 Y/△降压启动，试选择其低压断路器、熔体额定电流、交流接触器、热继电器及导线。(线路长度为 100 m, $\rho = 0.0175 \Omega \cdot \text{mm}^2/\text{m}$)

解　根据经验公式可知：

$$I_{de} = 2P_e = 2 \times 30 = 60 \text{ A}$$

(1) 低压断路器的选择。

根据公式(1 - 3)，可得低压断路器的额定电流为

$$I_e \geqslant 1.3 I_{js} = 1.3 \times 60 = 78 \text{ A}$$

查附录表 A - 1 可知，触头额定电流(第二列)比 78 A 大的一级为 100 A，且额定电压等其他条件也相符，故可选 DZ10 - 100 型低压断路器，其额定电压 $U_e = 500$ V，主触头额定电流为 100 A，脱扣器额定电流为 100 A。

根据公式(1 - 4)，可得瞬时动作的脱扣器的整定电流为

$$I_{zd} \geqslant KI_f = (1.7 \sim 2) \times I_f = (1.7 \sim 2) \times (4 \sim 7) I_{de}$$

$$= (1.7 \sim 2) \times (4 \sim 7) \times 60 \text{ A}$$

可取 $I_{zd} \approx 600$ A，即瞬时动作的脱扣器的整定电流为 600 A。

(2) 熔体额定电流的选择。

熔体额定电流为:$(1.2\sim2)\times60=72\sim120$ A(单台电动机降压启动)。

查附录表 A－2 可知,应选 RT0－100 型熔体器,其熔体额定电流为 100 A。

(3) 交流接触器的选择。

交流接触器额定电流为 $1.3\times60=78$ A,所以,应选额定电流为 100 A、额定电压为 380 V 的交流接触器。

(4) 热继电器的选择。

由于电动机额定电流为 60 A,因此,热继电器额定电流可选 100 A,整定电流为 60 A;又由于电动机为"△"运行,因此,应选带断相保护的热继电器。

(5) 导线的选择(按常温 25℃)。

① 常温明敷。因为电动机额定电流为 60 A,查附录表 A－3 可知,常温 25℃时,BV 铜芯塑料绝缘导线的允许载流量大于 60 A 的一级为 75 A,其对应的导线截面积为 10 mm^2。

电压损失校验:

$$\Delta U = IR = I_{\text{de}} \times \rho \times \frac{L}{S} = 60 \times 0.0175 \times \frac{100}{10} \approx 5.25 \text{ V} < 5\%U = 11 \text{ V}$$

校验合格,导线截面应选 10 mm^2。

② 常温穿钢管暗敷。因为电动机额定电流为 60 A,查附录表 A－4 可知,常温 25℃时,BV 铜芯塑料绝缘导线的允许载流量大于 60 A 的一级为 72 A,其对应的导线截面积为 16 mm^2(设导线为 3 根),穿管管径为 32 mm,且电压损失校验合格。

③ 常温穿硬塑料管暗敷。因为电动机额定电流为 60 A,查附录表 A－5 可知,常温 25℃时,BX 铜芯橡皮绝缘导线的允许载流量大于 60 A 的一级为 75 A,其对应的导线截面积为 25 mm^2(设导线为三根火线、一根零线,共四根),穿管管径为 40 mm,且电压损失校验合格。

7. 电工速算口诀

以上是先通过计算,然后查有关的参数或手册来选择设备的。然而,在实际工作现场,不可能带上各种各样的参数或手册来选择设备,而往往是凭电工的实践工作经验来进行估算的,这对于精度要求不高的场所是可以的。根据长期实践工作的经验,人们总结出了一些电工速算口诀,掌握了这方面的知识,对将来从事实际工作很有必要。这里从"附录 B 电工速算口诀"中选取两个来说明,希望起到抛砖引玉的作用。

(1) 电动机供电导线截面的速算口诀:

多大导线配电动机,截面系数相加知。

二点五加三,四加四,六上加五记仔细。

一百二反配整一百,顺号依次往下推。

说明:对于三相 380 V 容量为 5.5 kW 电动机供电导线(支路配线或引线),通常是采用 2.5 mm^2 以上的铜芯绝缘线三根穿管敷设,其导线截面大小的选择,可以通过有关计算及查附录表 A－5 求得,其过程如下:

因为 $P=UI$,所以,电动机的额定电流为

$$I = \frac{P}{U} = \frac{5.5 \text{ kW}}{380 \text{ V}} = \frac{5500 \text{ W}}{380 \text{ V}} \approx 14.5 \text{ A}$$

查附录表 A - 5 得："三根单芯"的这一行(无论是 25℃，还是 40℃)允许载流量比 14.5 A 大的一级所对应的导线截面为 2.5 mm²，故 5.5 kW 的电动机必须选 2.5 mm² 的铜芯绝缘线(三根穿硬塑料管敷设)供电。

同理可得 8 kW、11 kW 的电动机必须选 4 mm²、6 mm² 的铜芯绝缘线(三根穿管敷设)供电。所以我们将其整理成口诀，方便读者记忆。

该口诀是按环境温度 35℃考虑的，由于电动机容量等级较多，一一按容量说出所配导线比较繁琐，故口诀反过来表示出导线截面大小和所能供的电动机最大容量之间的关系，也就是说，记住了这一口诀，不同截面的导线所供电动机容量的范围就能直接算出，其方法是"多大导线配电动机，截面系数相加知"，即用该导线的截面数再加上一个系数，就是它所能供电动机的最大千瓦数。

① "二点五加三，四加四，六上加五记仔细"说的是 2.5 mm² 的铜芯绝缘线，三根穿管敷设，可以配 2.5＋3＝5.5 kW 及以下的电动机，而 4 mm² 铜芯绝缘线三根穿管敷设，可以供到最大 4＋4＝8 kW 及以下电动机，6 mm² 及以上导线可以配到截面数加 5 kW 的电动机，如 10 mm² 导线能配 10＋5＝15 kW 电动机。

② "一百二反配整一百，顺号依次往下推"表示当电动机的容量达到 100 kW 及以上时，导线所配电动机的容量范围不再是上面导线截面数加上一个系数的关系，而是反过来，120 mm² 铜芯绝缘线穿管敷设时，只能配 100 kW 电动机，顺着导线截面型号和电动机容量顺序排列，以此类推，即 150 mm² 的导线可以配 125 kW 的电动机等。

(2) 断路器脱扣器电流整定值的速算口诀：

瞬动脱扣怎整定，单机额流用十乘。
干线十倍选最大，一点三倍其余加。
延时额流一点七，热脱额流正合适。

说明：作为控制和保护设备的断路器，经常在笼型电动机供电线路或动力配电线路上使用，是非频繁操作开关。当电路发生短路、过负荷、失电压或欠电压时，能自动切断电路，起到保护作用。断路器的瞬时脱扣器、延时脱扣器和热脱扣器的电流整定值计算，也是电工常遇到的问题，该口诀直接给出了整定电流值和所控制回路的额定电流之间的倍数关系。

① 当断路器只控制一台 380 V 鼠笼电动机时，断路器瞬时脱扣器电流的整定值的计算过程如下：

根据公式(1 - 4)可知：

$$I_{zd} \geqslant K I_f, \quad I_f = I_q (I_q 为电动机的启动电流)$$

而

$$I_q = (4 \sim 7) I_{de} (I_{de} 为电动机的额定电流)$$

取 $I_q \approx 5.5 I_{de}$，又因为瞬时脱扣，故 K 取 1.7～2。所以，

$$I_{zd} \geqslant K I_f = (1.7 \sim 2) \times 5.5 I_{de} = (9.35 \sim 11) I_{de}$$

故取 $I_{zd} \approx 10 I_{de}$。

因此，断路器瞬时脱扣器电流的整定值为电动机额定电流的 10 倍。这就是"瞬动脱扣怎整定，单机额流用十乘"的含意。

② 当断路器控制配电干线回路时,根据公式(1-5)可知:断路器瞬时脱扣器电流的整定值为回路中最大一台电动机额定电流的 10 倍,再加上回路中其余负荷的计算电流的 1.3 倍,这就是"干线十倍选最大,一点三倍其余加"的意思所在。

应该指出,有些小容量电动机的启动电流比较大,按 10 倍额定电流选择瞬时动作脱扣器电流整定值后,还可能躲不开启动电流的影响,遇到这种情况时,瞬时脱扣器整定值允许再大一点,一般不宜超过 20%。

③ 对于长延时(5~30 s)动作的过电流脱扣器的整定电流,根据公式(1-6)可知:$I_{zd} \geqslant K I_{zf}$。因为 $K=1.2$,又因为 $I_{zf}=(1.3 \sim 1.4)I_{de}$,所以

$$I_{zd} \geqslant K I_{zf} = 1.2 \times (1.3 \sim 1.4)I_{de} = (1.56 \sim 1.68)I_{de}$$

故取 $I_{zd} \approx 1.7 I_{de}$。

对于热脱扣器动作的整定电流,根据公式(1-7)可知:$I_{zd} \geqslant I_{de}$。

通过上述计算可知:作为过负荷保护的断路器,其延时脱扣器的整定值可按其控制电动机额定电流的 1.7 倍来选择;其热脱扣器的整定值可按其控制电动机额定电流来选择,这就是"延时额流一点七,热脱额流正合适"的含意。

例 1-4 求 10 kW 电动机控制用的断路器瞬时脱扣器、热脱扣器电流整定值。

解 根据口诀,电动机额定电流为

$$10 \times 2 = 20 \text{ A}$$

瞬时脱扣器整定电流为

$$20 \times 10 = 200 \text{ A}$$

热脱扣器整定电流为 20 A。

例 1-5 供电干线使用的断路器,控制三台电动机,其容量分别为 10 kW、7 kW、4.5 kW,求断路器瞬时脱扣器电流整定值。

解 电动机额定电流分别是:

$$10 \times 2 = 20 \text{ A}, \ 7 \times 2 = 14 \text{ A}, \ 4.5 \times 2 = 9 \text{ A}$$

根据口诀:瞬时脱扣器电流整定值为

$$10 \times 20 + 1.3 \times (14 + 9) = 230 \text{ A}$$

综上所述,为方便读者,现将常见的各种容量的电动机和与之匹配的低压电气元件列成表的形式(见表 1-2),以供中级电工技能考核及在实践工作中选用。

表 1-2　各种容量的电动机和与之匹配的低压电气元件

电动机功率/kW	电动机额定电流/A	低压断路器额定电流/A	熔体额定电流/A	接触器额定电流/A	热继电器		铜导线截面/mm²
					额定电流/A	整定电流/A	
2.2	4.4	6	10	10	20	4.4	2.5
3	6	10	10、15	10	20	6	2.5
4	8	10、16	15、20	16	20	8	2.5
5.5	11	16	20、25	16	20	11	2.5

续表

电动机功率/kW	电动机额定电流/A	低压断路器额定电流/A	熔体额定电流/A	接触器额定电流/A	热继电器		铜导线截面/mm²
					额定电流/A	整定电流/A	
7.5	15	25	30、35	25	20	15	4
10	20	30	40	40	60	20	6
13	26	40	50、60	40	60	26	6、10
17	34	50	80	60	60	34	10、16
22	44	60	80、100	63	60	44	16、25
28	56	80	120	100	150	56	25
30	60	100	120	100	150	60	25
35	70	100	100	100	150	70	35
37	74	100	150	160	150	74	35
40	80	120	160	160	150	80	35
55	110	150	200	160	150	110	50
80	160	225	300、350	250	180	160	70
90	180	250	350	250	400	180	95

1.1.2　电气读图的基本方法

如果对一台设备进行安装、调试、维修或改造，首先必须要看懂其电气图，其中最主要的是电气原理图。在阅读电气原理图之前，还必须对控制对象有所了解，单凭电气线路图往往还不能完全看懂其控制原理，只有了解了有关的机械传动和液压（或气压）传动后，才能搞清楚全部控制过程，因此，阅读电气原理图时，一般要按如下的步骤进行：

（1）分析主电路。因为主电路一般要容易些，可以看出有几台电动机，各有什么特点，是哪一类的电动机，采用什么方法启动，是否要求正反转，有无调速和制动要求等。

（2）分析控制电路。一般情况下，控制电路较主电路要复杂一些。如果控制电路比较简单，根据主电路中各电动机或电磁阀等执行电器的控制要求，逐一找出控制电路中的控制环节，即可分析其工作原理，从而掌握其动作情况；如果控制电路比较复杂，一般可以将控制电路分成几部分，采取"化整为零"的方法，将其分成一些基本的熟悉的单元电路，然后将各单元电路进行综合分析，最后得出其动作情况。

（3）分析辅助电路。辅助电路中的电源显示、工作状态显示、照明和故障报警显示等辅助电路，大多由控制电路中的元件来控制，所以，在分析时对辅助电路进行分析也是很有必要的。

（4）分析联锁和保护环节。机床对于安全性和可靠性有很高的要求，为了实现这些要求，除了合理地选择拖动和控制方案外，在控制线路中还设置了一系列电气保护环节和必要的电气联锁环节，这些联锁和保护环节必须分析清楚。

（5）总体检查。在经过"化整为零"的局部分析，逐步分析了每一个局部电路的工作原理以及各部分之间的控制关系之后，还必须用"集零为整"的方法，检查整个控制线路，看是否有遗漏。特别要从整体角度去进一步检查和理解各控制环节之间的联系，以理解电路中每个电气元件的名称及其作用。

例如，对图 1-1 进行分析时，从主电路的 KM_1、KM_2 的相序关系中，可以知道 KM_1、KM_2 分别控制电动机的正反转，再分析 KM_3 和二极管 VD，它们组成了半波整流的能耗制动，这些都是从主电路中得到的信息。然后分析控制电路，从交流接触器线圈的情况看，可以将控制电路分成四个回路。第一个从主电路的 1 开始→FU_2→SB_1 常闭→SB_2 常开（或 KM_1 常开）→KM_2 常闭→KM_3 常闭→KM_1 线圈→FR 常闭→FU_1→3，形成一个回路；第二个从主电路的 1 开始→FU_2→SB_1 常闭→SB_3 常开（或 KM_2 常开）→KM_1 常闭→KM_3 常闭→KM_2 线圈→FR 常闭→FU_1→3，形成一个回路；第三个从主电路的 1 开始→FU_2→SB_1 常开（或 KM_3 常开）→KT 延时断开→KM_1 常闭→KM_2 常闭→KM_3 线圈→FR 常闭→FU_1→3，形成一个回路；第四个从主电路的 1 开始→FU_2→SB_1 常开（或 KM_3 常开）→KT 线圈→FR 常闭→FU_1→3，形成一个回路。将这四个回路与主电路联系起来不难看出：第一个回路是控制电动机的正转回路，第二个回路是控制电动机的反转回路，第三个回路是控制电动机能耗制动的回路，第四个回路是能耗制动的延时回路。最后，从控制电路中还可以得出按钮 SB_1 具有机械联锁关系及 KM_1、KM_2、KM_3 具有电气联锁关系，以上就是图 1-1 的读图过程。

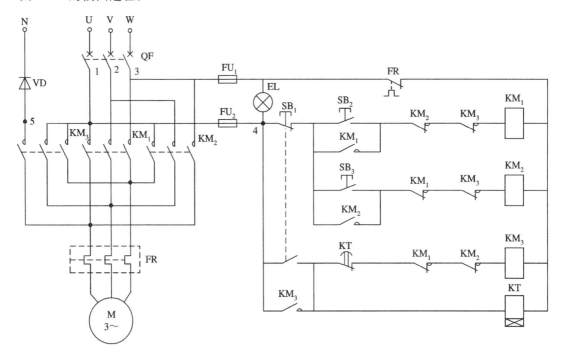

图 1-1　正反转能耗制动控制原理图

1.1.3　故障分析与查找

故障维修的关键在于故障的分析与查找，而分析的依据是原理图及故障现象，查找是根据原理图进行的检查或根据分析的结果进行的有针对性的查找，而不是漫无目的的普查。对于简单的控制线路，可以采取逻辑分析法或测试判断法；对于复杂的控制线路，则必须采取逻辑分析法和测试判断法相结合的方法。

1. 逻辑分析法

逻辑分析法是根据控制系统的工作原理、控制环节的动作顺序以及它们之间的逻辑关系，并结合故障现象或测量的数据进行的分析。当故障可能发生的范围较大时，还可先对中间环节进行分析和试验，将故障范围大大缩小，缩短查出故障的时间。

例如：在后面实训三的 Y/△启动及顺序控制中，电动机 M_1 能"Y"启动，就是没有"△"运行。如果熟悉控制系统原理，采用逻辑分析的方法，首先分析"△"运行的先决条件是：KM_3 线圈必须得电吸合。若 KM_3 线圈已得电吸合，则是电动机 M_1 的主电路有问题；若是 KM_3 线圈没得电吸合，则要查 KM_3 线圈前后的 KM_2 辅助常闭触点和 KT 延时闭合触头是否正常。

可见逻辑分析法就是分析线路原理，进行逻辑推理，不断缩小可疑范围，使复杂问题简单化、条理化，从而既准又快地完成故障检查任务。

2. 测试判断检查法

借助电工测试仪表是检查故障的有效方法，对于电力拖动控制线路，常用"试灯"或万用表等测试电路的通、断或电压、电流、电阻等，并与正常情况进行比较，就能迅速判断故障所在。

例如：在对实训三的控制电路检查时，按 SB_2 或 KM_1，读数应为 KM_1（设接触器线圈电阻为 600 Ω）、KM_2、KT（设其线圈电阻为 1.2 $k\Omega$）线圈的并联电阻值 240 Ω。如果读数为 300 Ω，则 KT 线圈支路有问题；如果读数为 400 Ω，则 KM_1 或 KM_2 支路有问题。

对于电工技能考核来说，存在"一次成功"的问题，所以，要求线路装接完后，必须进行自查，确保一次通电试车成功。自查就是用测试判断检查法对电路进行全面检查。只有在自查正确后，才能申请通电试车。若通电试车不成功，可采用逻辑分析法，根据故障现象进行逻辑分析，或者再次采用测试判断检查法进行检查，确保第二次通电试车成功。

1.2　电力拖动技术实训

电力拖动技术实训选取了极具代表性的 10 个电路进行实训。在完成这 10 个实训的同时，要求熟悉电气元件的结构、工作原理及在电路中的作用；能熟练识读电气控制线路图，并能分析其动作原理；能熟练掌握按电气图装接电路的技能和工艺要求；能熟练掌握用万用表检查电气元件、主电路、控制电路的方法，并根据检查结果或故障现象判断故障位置；同时，在实训过程中要养成安全文明生产的好习惯，并严格遵守有关安全规程。

实训 1 电动机控制与计量

（一）技能鉴定评分表

考核项目：电动机控制与计量

姓名：_____ 准考证号：_____ 考核日期：____年____月____日

考核时间定额：__150__分钟 开考时间：____时____分 交卷时间：____时____分

监考人：_____ 评卷人：_____ 得分：_____

考核内容及要求	评 分 标 准	扣分	得分	考评员签名
一、画三相有功计量电路及保护措施：10 分 （有功表型号：DT862－2）	计量部分(6 分)			
	保护措施(4 分)			
二、电气线路的连接(70 分)(按图 1－2 接线，包括绘制的计量电路)				
1. 选择和检查元件：15 分	未选择和检查元件，此项不得分			
2. 接线工艺：15 分	此项得分以三个等级评定： A 级：15 分；B 级：10 分；C 级：5 分			
3. 通电试车：40 分 （得到考评员许可后，在规定的考试时间内给予两次通电机会）	有功表运转：10 分 1. 有功计量电路运转正常得 10 分 2. 有功表反转或不转此项不得分			
	电动机运转：30 分 1. 第一次运转成功得 30 分 2. 第二次运转成功得 10 分 3. 第二次运转不成功或放弃者此项不得分			
三、电器选用：20 分	电动机功率由考评员现场指定			
四、安全文明操作	对于违反安全文明的操作，由考评员视情况扣分，所有在场考评员签名有效			

考核说明：

（1）时间继电器为 JS14P 型。

（2）考试时间一到，所有考生必须停止操作，上交试卷，已接完线的考生等候考评员通知进场，给予一次通电机会(已通电两次的除外)。

（3）对于在考评中因扣分易引起争议的项目，考评员应在扣分栏中写明原因。

（4）此题占总分的 1/3。

（二）技术要求

（1）画三相有功计量电路及保护措施：10分（有功表：DT862-2）（计量部分：6分；保护措施：4分）。

（2）电气线路的连接：70分（按图1-2接线，包括绘制的计量电路）。

① 元件选择：15分（考生应按图选择及检查元件，如发现元件损坏务必及时更换）。

② 接线工艺：15分（此项得分以三个等级评定：A级：15分；B级：10分；C级：5分）。

③ 通电试车：40分（在规定的时间内，第一次运转成功得30分，第二次运转成功得10分，第二次运转不成功或放弃者，此项不得分；有功表运转得10分，反转或不转不得分）。

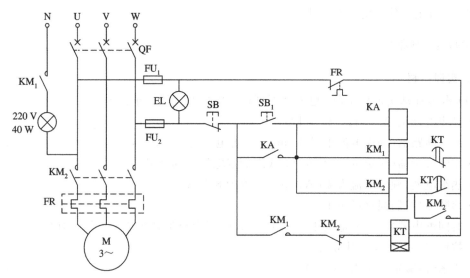

图1-2 电动机控制与计量原理图

（3）电器选用部分：20分（考生应根据考评员现场给定的电动机功率进行估算并选择系列值，填入表1-3对应的栏目中）。

表1-3 电器选用表

给定功率：_____ kW，选择内容（低压电器的额定值及导线规格、型号）：	扣分	得分	考评员签名
选择空气断路器(5分)_____，_____			
选择主回路熔体(5分)_____			
选择主回路导线截面(穿管敷设)(5分)_____			
热继电器整定(5分)_____			

(4) 安全文明操作:违反安全文明操作由考评员视情况扣分,所有在场的考评员签名有效(① 有作弊等违反考场纪律行为的按考场规定执行;② 未将考核设备复位及清理现场的扣除 20 分;③ 未归还考试工具、仪表、图纸的扣除 50 分;④ 造成主要设备损坏的该项目记 0 分)。

(三) 实训目的

(1) 掌握三相有功电度表的连接方法和保护措施。
(2) 掌握电流互感器的使用。
(3) 掌握中间继电器的应用。
(4) 掌握时间继电器的应用。
(5) 掌握电气线路的检查方法。

(四) 实训原理

1. 实训器材

(1) 电力拖动实训柜 1 台,已安装下列低压电器及接线端子:

·异步电动机(Y-112-4 4 kW)	1 台
·漏电断路器(动作电流小于 30 mA,额定电流为 25 A)	1 个
·交流接触器(额定电流为 60 A,线圈额定电压为 380 V)	3 个
·热继电器(额定电流为 40 A,整定电流为 8.8 A)	1 个
·熔断器(控制回路可用 1~5 A)	2 个
·时间继电器(线圈额定电压为 380 V,延时闭合与延时断开触头各 1 对)	1 个
·按钮(1 对常开,1 对常闭)	3 个
·指示灯(额定电压为 380 V)	1 个

(2) 电工常用工具 1 套。
(3) 导线(常温明敷 1 mm² 或穿管暗敷 2.5 mm² 的 BV 铜芯塑料绝缘导线)若干。

2. 电路分析

图 1-2 中,主电路由一盏白炽灯、一台需三角形连接的电动机和两个接触器、一个热继电器组成。另外,根据技能鉴定要求,还需要补充有功电度表。当 KM_1 得电时,白炽灯点亮,此时为单相负载,有功电度表转动。当 KM_2 得电时,电动机运行,此时为三相负载,有功电度表也转动。

3. 动作原理

按下 SB_1 ┬→中间继电器 KA 线圈得电吸合,电路自锁
　　　　├→接触器 KM_1 线圈得电吸合,灯泡即亮 →电度表转动
　　　　└→时间继电器 KT 线圈得电,开始计时,计时到 ┬→KM_1 失电,灯泡熄灭
　　　　　　　　　　　　　　　　　　　　　　　　　　└→KM_2 得电吸合,电机运行,电度表转得快
　　　　由于 KM_2 线圈得电 →KM_2 常闭触点断开 →KT 线圈失电 →KM_1 又得电 →灯泡又亮
按下 SB →KA、KM_1、KM_2 线圈失电 →灯泡熄灭,电机停转 →电度表也停转

（五）实训步骤

1. 元件检查

重点检查三相有功电度表中各电流、电压线圈，电流互感器两端子(K_1、K_2)以及交流接触器的线圈和触点等。

2. 线路装接

首先画出三相四线有功电度表的原理图（见图 1 - 3），经教师检查后方可接线。按要求电动机绕组应接成△形连接，其余按照原理图接线即可。

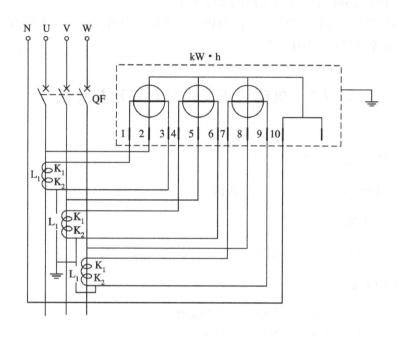

图 1 - 3　三相四线有功电度表的原理图

3. 线路检查（取下 FU_1）

（1）主电路的检查。主电路的检查主要是检查电动机绕组是否接成△，将万用表打到 $R×1$ 或数字表的 2 kΩ 挡，将表笔分别放在 U 相、V 相处，按 KM_2，读数约为电动机两绕组串联再与另一绕组并联的电阻值(不考虑电度表的影响)；将表笔放在 U 相、W 相或 V 相、W 相处，按 KM_2，读数同上；将表笔放在 U 相、N 处，按 KM_1，读数为灯泡的阻值。

（2）控制电路的检查。检查控制电路时，应将万用表打到 $R×10$ 或 $R×100$ 或数字表的 2 kΩ 挡，按如下步骤检查：

① 将表笔放在 U 相和 FU_1 出线处，此时万用表读数应为无穷大。

② 按下 SB_1 或 KA，则万用表的读数为 KA 线圈与 KM_1 线圈电阻的并联值。

③ 按下 KM_1，则万用表的读数应为 KT 线圈的电阻值。

④ 按下 SB_1 或 KA，再同时按下 KM_2，则万用表的读数应为 KA、KM_1、KM_2 的并联值。

（六）注意事项

（1）该控制电路较为简单。重点在于训练学员熟练掌握电度表的接线、保护措施及电流互感器变比的计算。因此学员需预习有关内容，认真检查上述元件。

（2）注意 JS14P 型时间继电器的延时闭合和延时断开触头有一个共用端子，接线时必须注意。

（七）分析思考

（1）根据控制线路图，写出该电路的动作顺序。

（2）控制电路中，与启动按钮并联的自锁触头采用了中间继电器 KA 的常开触点，而不采用 KM_1 的常开触点，为什么？

实训 2　电动机正反转能耗制动与计量

（一）技能鉴定评分表

该实训的技能鉴定评分表与实训 1 相同。

（二）考核要求

该实训的考核要求与实训 1 相同。

（三）实训目的

（1）掌握无功电度表的绘制及电气元件的选择。

（2）掌握正反转能耗制动控制的动作原理。

（3）掌握电气线路的检查方法，并根据故障现象判断故障的位置。

（四）实训原理

实训原理图如图 1 - 1 所示。

1. 实训器材

根据中级电工实训的需要，选用额定功率为 4 kW、额定电压为 380 V、额定电流为 8.8 A 的△连接的三相异步电动机，其他低电压电气设备的选择如下。

1）低压断路器的选择

根据公式（1 - 3），可得低压断路器的额定电流为

$$I_e \geqslant 1.3 I_{js} = 1.3 \times 8.8 = 11.44 \text{ A}$$

查附录表 A - 1 得，触头额定电流（第二列）比 11.44 A 大的一级为 25 A，且额定电压等其他条件也相符，故可选 DZ5 - 25 型低压断路器，其额定电压 $U_e = 380$ V，主触头额定电流为 25 A，脱扣器额定电流为 15 A。

根据公式（1 - 4），可得瞬时动作的脱扣器的整定电流为

$$I_{zd} \geqslant KI_f = (1.7 \sim 2) \times I_q$$
$$= (1.7 \sim 2) \times (4 \sim 7)I_{de}$$
$$= (1.7 \sim 2) \times (4 \sim 7) \times 8.8 \text{ A}$$

可取 $I_{zd} \approx 88$ A，即瞬时动作的脱扣器的整定电流为 88 A。

所以，为防止人身触电，可选漏电动作电流小于 30 mA、额定电流为 25 A 的漏电断路器。

2）交流接触器额定电流的选择

交流接触器额定电流为 1.3×8.8 A＝11.44 A，所以，应选额定电流为 60 A（交流接触器额定电流选大一些，对电路无影响）、额定电压为 380 V 的交流接触器。

3）热继电器额定电流的选择

由于电动机额定电流为 8.8 A，因此，热继电器额定电流可选 40 A（热继电器额定电流选大一些，对电路无影响）、整定电流为 8.8 A；又由于电动机为"△"运行，因此，应选带断相保护的热继电器。

4）导线的选择（按常温 25℃）

（1）常温明敷。因为电动机额定电流为 8.8 A，查附录表 A - 3 可知，常温 25℃时，BV 铜芯塑料绝缘导线的允许载流量大于 8.8 A 的一级为 18 A，其对应的导线截面积为 1 mm²，不需要电压损失校验。

（2）常温穿管暗敷。根据附录 B 的口诀十七，可选导线截面积为 2.5 mm² 的 BV 铜芯塑料绝缘导线穿管暗敷。

通过以上选择，实训器材清单如下（其他实训的器材与此类似，不再重复）：

① 电力拖动实训柜 1 台，已安装下列低压电器及接线端子：

· 异步电动机（Y - 112 - 4, 4 kW）　　　　　　　　　　　　　　　　　1 台
· 漏电断路器（动作电流小于 30 mA，额定电流为 25 A）　　　　　　　1 个
· 交流接触器（额定电流为 60 A，线圈额定电压为 380 V）　　　　　　3 个
· 热继电器（额定电流为 40 A，整定电流为 8.8 A）　　　　　　　　　1 个
· 熔断器（控制回路可用 1～5 A）　　　　　　　　　　　　　　　　　2 个
· 时间继电器（线圈额定电压为 380 V，延时闭合与延时断开触头各 1 对）　1 个
· 按钮（1 对常开，1 对常闭）　　　　　　　　　　　　　　　　　　　3 个
· 指示灯（额定电压为 380 V）　　　　　　　　　　　　　　　　　　　1 个

② 电工常用工具。

③ 导线（常温明敷 1 mm² 或穿管暗敷 2.5 mm² 的 BV 铜芯塑料绝缘导线）若干。

2. 电路分析

图 1 - 1 中，KM_1、KM_2 分别是正反转接触器，其主触头的接线相序不同：当 KM_1 闭合时，电动机从左至右按 U、V、W 相序接线；当 KM_2 闭合时，电动机从左至右按 W、V、U 相序接线。所以，当 KM_1 闭合时，电动机正转；当 KM_2 闭合时，电动机由于相序不同而反转。KM_3 是制动接触器，当 KM_3 闭合时，电动机定子绕组通入直流电而制动。

3. 动作原理

（1）正转制动。其动作原理如下：

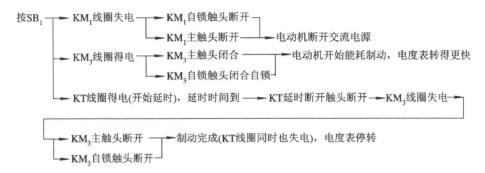

当需要制动时,其动作原理如下:

（2）反转制动。其动作原理如下:

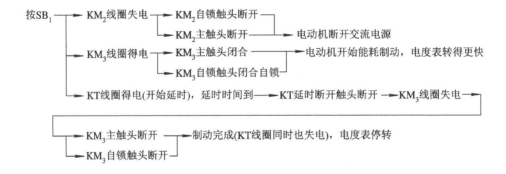

当需要制动时,其动作原理如下:

4. 适用场所

该线路适用于 10 kW 以下小容量异步电动机,且对制动要求不高的场所,如升降机、机床等需要正反转能耗制动的设备。

（五）实训步骤

1. 元件检查

（1）用万用表检查接触器(KM)的主触点及辅助常开、常闭触点,当按下试验按钮时,常开触点应闭合,常闭触点应断开。

（2）测量接触器、时间继电器线圈电阻值是否正常。

（3）检查热继电器热元件及其常闭触头是否处于完好状态。

（4）测量电动机绕组的电阻值是否正常。

（5）检查整流二极管是否具有单向导电性。

（6）检查按钮的常开、常闭触点，当按下时，常开触点应闭合，常闭触点应断开。

（7）检查各熔断器两端的电阻，以确定其好坏。

（8）检查无功电度表及互感器是否正常。

（9）排除指示灯的短路。

2. 线路装接

图 1-1 的主电路主要由正反转和能耗制动两部分组成。其接线可根据原理图进行，也可参考《电工初级技能实训》的有关部分；同时还必须加装无功计量电度表（有功计量电度表在实训 1 中学过），无功电度表的接线如图 1-4 所示。

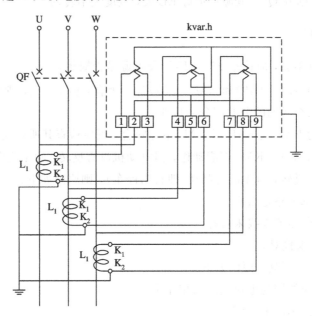

图 1-4　DX862-2 型无功电度表的接线

3. 线路检查（取下 FU_2）

1）主电路的检查

将万用表打到 $R\times1$ 或数字表的 200 Ω 挡，按如下步骤检查（不考虑电度表的影响）：

（1）表笔放在 1、2 处，分别按 KM_1、KM_2，读数约为电动机两绕组串联再与另一绕组并联的电阻值。

（2）表笔放在 1、3 或 2、3 处，分别按 KM_1、KM_2，读数约为电动机两绕组串联再与另一绕组并联的电阻值。

（3）表笔放在 1、5 处，按 KM_3，读数为电动机两绕组并联的电阻值。

2）控制电路的检查

将万用表打到 $R\times10$ 或 $R\times100$ 或数字表的 2 kΩ 挡，表笔放在 3、4 处，按如下步骤检查：

（1）此时万用表读数应为无穷大。

（2）按 SB_2（或 KM_1），读数应为 KM_1 线圈的电阻值，再轻按 SB_1，则变为无穷大。

（3）按 SB_3（或 KM_2），读数应为 KM_2 线圈的电阻值，再轻按 SB_1，则变为无穷大。

（4）按 SB_1（或 KM_3），读数应为 KM_3 与 KT 线圈的并联电阻值。

（5）同时按 KM_1、KM_2、KM_3 中的任何两个，读数为 KT 线圈的电阻值。

4. 通电试车

经上述检查无误后，可在教师监护下通电试车。

（1）电路送电。合上 QF，电源指示灯 EL 亮，电度表不转动。

（2）正转制动。按 SB_2，电动机正转，电度表正转，当需要制动时，按 SB_1 电动机制动（即立即停止）。

（3）反转制动。按 SB_3，电动机反转，电度表正转，当需要制动时，按 SB_1 即制动。

（4）电路停电。断开 QF，电源指示灯 EL 灭，电度表不转动。

（六）故障分析

（1）电源指示灯不亮，应检查 FU_1、FU_2 及电源是否缺相。

（2）控制回路的 KM_1（正转）和 KM_2（反转）都不吸合，但 EL 亮，则应检查 SB_1 及 FR 的常闭触头，以及两个线圈的公共部分的接线。

（3）控制回路的 KM_1 或 KM_2 或 KM_3 不能吸合，则应检查其所在支路的接线。

（4）控制回路的 KM_1、KM_2 都能动作，但电动机没有反转，则是主电路没有换相。

（5）电动机能正反转，但无能耗制动（即自由停车），则原因如下：

① 时间继电器 KT 整定太短。

② 二极管 VD 断路或零线未接好。

③ KM_3 主触头未接对。

（6）电度表不转或反转，原因如下：

① 电度表的电压线圈与电流线圈的相序不一致。

② 电流互感器的 K_1、K_2 接反。

③ 电动机功率太小，或电流互感器变比太大。

（七）注意事项

（1）时间继电器的整定不能太长，也不能太短。

（2）电流互感器二次侧的一端要接地，K_1、K_2 不能接反。

（3）电度表的电压与电流线圈的相序要一致。

（4）正反转的主电路要调换相序。

（八）分析思考

（1）无功和有功电度表有何区别？

（2）二极管的阴阳两极能否反过来连接？为什么？

（3）在检查主电路时，表笔放在 1、2 处，分别按 KM_1、KM_2，读数约为电动机两绕组串联再与另一绕组并联的电阻值，这里为什么是一个约数？其具体值应该是什么？

（4）测量无功电能的目的是什么？

（5）供电局规定功率因数一般要大于多少？

实训 3　具有点动功能的电动机正反转控制

（一）技能鉴定评分表

考核项目：具有点动功能的正反转控制

姓名：_____　准考证号：_____　考核日期：____年____月____日

考核时间定额：___150___分钟　开考时间：____时____分　交卷时间：____时____分

监考人：_____　评卷人：_____　得分：_____

考核内容及要求	评 分 标 准	扣分	得分	考评员签名
一、电气线路的连接（见图 1-5）：70 分				
1. 选择和检查元件：15 分	未选择和检查元件，此项不得分			
2. 接线工艺：15 分	此项得分以三个等级评定：A 级：15 分；B 级：10 分；C 级：5 分			
3. 通电试车：40 分（得到考评员许可后，在规定的考试时间内给予两次通电机会）	电动机运转：40 分 1. 第一次运转成功得 40 分 2. 第二次运转成功得 15 分 3. 第二次运转不成功或放弃者，此项不得分			
二、电器选用：30 分	电动机功率由考评员现场指定			
三、安全文明操作	对于违反安全文明的操作，由考评员视情况扣分，所有在场考评员签名有效			

考核说明：

（1）鉴定所提供电气控制柜。

（2）考试时间一到，所有考生必须停止操作，上交试卷，已接完线的考生等候考评员通知进场，给予一次通电机会（已通电两次的除外）。

（3）对于在考评中因扣分易引起争议的项目，考评员应在扣分栏中写明原因。

（4）此题占总分的 1/3。

（二）技术要求

（1）电气线路的连接：70 分（按图 1-5 接线）。

① 元件选择：15 分（考生应按图选择及检查元件，如发现元件损坏务必及时更换）。

② 接线工艺：15 分（此项得分以三个等级评定：A 级 15 分；B 级 10 分；C 级 5 分）。

③ 通电试车：40 分（在规定的时间内，第一次运转成功得 40 分，第二次运转成功得 15

分,第二次运转不成功或放弃者,此项不得分)。

(2)电器选用部分:30分(考生应根据考评员现场给定的电动机功率进行估算并选择系列值,填入表1-3的对应栏目中)。

(3)安全文明操作:与实训1相同。

(三)实训目的

(1)掌握复合按钮的功能及接线。

(2)掌握具有点动功能的正反转控制的动作原理。

(3)掌握电气线路的检查方法,并根据故障现象判断故障的位置。

(四)实训原理

1.电路分析

图1-5中,KM_1、KM_2分别是正反转接触器,其主触头的接线相序不同:当KM_1闭合时,电动机从左至右按 U、V、W 相序接线;当KM_2闭合时,电动机从左至右按 W、V、U 相序接线。所以,当KM_1闭合时,电动机正转;当KM_2闭合时,电动机由于相序不同而反转。

采用复合按钮SB_1、SB_3的常闭触点实现按钮互锁;采用复合按钮SB_2、SB_4的常闭触点分别断开自锁电路,达到实现点动的目的。

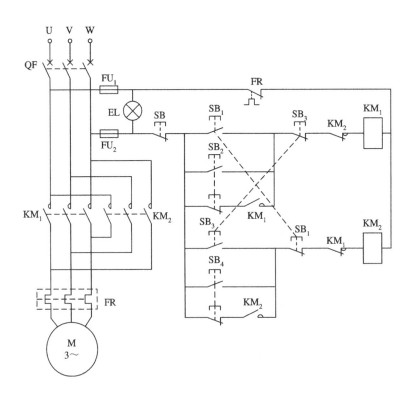

图1-5 具有点动功能的正反转控制原理图

2．动作原理

（1）正转。当需要连续正转时，其动作原理如下：

当需要正转点动时，其动作原理如下：

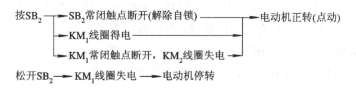

松开SB₂ → KM₁线圈失电 → 电动机停转

（2）反转。连续反转及反转点动的动作原理同上。

3．适用场所

该线路适用于 10 kW 以下小容量异步电动机的正反转和点动的场所，如升降机、机床等需要正反转和点动的设备。

（五）实训步骤

1．元件检查

（1）用万用表检查接触器（KM）的主触头及辅助常开、常闭触点，当按下试验按钮时，常开触点应闭合，常闭触点应断开。

（2）测量接触器线圈电阻值是否正常。

（3）检查热继电器热元件及其常闭触点是否处于完好状态。

（4）测量电动机绕组的电阻值是否正常。

（5）检查按钮和复合按钮常开、常闭触点，当按下时常开触点应闭合，常触闭点应断开。

（6）检查各熔断器两端的电阻，以确定其好坏。

2．线路装接

图 1-5 的主电路由正转和反转两部分组成。接线时必须注意，反转交流接触器（KM₂）的主触头和电源端的接线相序应与正转接触器（KM₁）的接线相序相同，而反转交流接触器（KM₂）的主触头和热继电器的接线相序应与正转接触器（KM₁）的接线相序相反。

控制电路采用了 4 个复合按钮，线路较复杂，应遵循"左进右出，上进下出，一并到底"的原则，耐心细致地接线。

3．线路检查（取下 FU₂）

1）主电路的检查

将万用表打到 $R \times 1$ 或数字表的 2 kΩ 挡，按如下步骤检查：

（1）表笔放在 U、V 相处，分别按 KM₁、KM₂，读数约为电动机两绕组串联再与另一绕组并联的电阻值。

(2) 表笔放在 U、W 相处或 V、W 相处，分别按 KM_1、KM_2，因为电动机的绕组是△连接，故读数为电动机两绕组串联再与另一绕组并联的电阻值。

2) 控制电路的检查

将万用表打到 $R \times 10$ 或 $R \times 100$ 或数字表的 $2\ k\Omega$ 挡，表笔放在 U 相和 FU_2 出线处，按如下步骤检查：

(1) 不按任何按钮，此时万用表读数应为无穷大。

(2) 按 SB_1(或 KM_1)，读数应为 KM_1 线圈的电阻值，再按 SB，则变为无穷大。

(3) 按 SB_3(或 KM_2)，读数应为 KM_2 线圈的电阻值，再按 SB，则变为无穷大。

(4) 同时按 SB_1 和 SB_3，由于有复合按钮的联锁，故读数应为无穷大。

(5) 同时按 KM_1、KM_2，由于有常闭触点的电气联锁，故读数为无穷大。

(6) 按下 SB_2 或 SB_4，读数应为 KM_1 线圈或 KM_2 线圈的电阻值。

4. 通电试车

经上述检查无误后，可在教师监护下通电试车。

(1) 电路送电。合上 QF，电源指示灯 EL 亮，供电正常。

(2) 按 SB_1，电动机正转；按 SB_2，则电动机点动正转。

(3) 按 SB_3，电动机反转；按 SB_4，则电动机点动反转。

(4) 按 SB_1，电动机正转；按 SB_3，则电动机立即反转。

(5) 按 SB_3，电动机反转；按 SB_1，则电动机立即正转。

(6) 按 SB，则电动机停转(无制动)。

(六) 故障分析

(1) 电源指示灯不亮，应检查 FU_1、FU_2 及电源是否缺相。

(2) 控制回路的 KM_1(正转)和 KM_2(反转)都不吸合，但 EL 亮，则应检查停止按钮 SB 及 FR 的常闭触点，以及两个线圈的公共部分的接线。

(3) 控制回路的 KM_1 或 KM_2 不能吸合，则应检查其所在支路的接线。

(4) 控制回路的 KM_1、KM_2 都能动作，但电动机没有反转，则是主电路没有换相。

(5) 电动机能正反转，但无点动，则应检查点动复合按钮和对应的接触器常开辅助触点连接(自锁)是否正确。

(七) 注意事项

(1) 需认真检查元器件。

(2) 注意 4 个复合按钮的各自功能，可做必要的注记以免混淆。

(3) 对于主电路接线，要注意主触头的接线相序。

(八) 分析思考

(1) 控制线路中，接触器辅助常开触点的作用是什么？

(2) 控制线路中，接触器辅助常闭触点的作用是什么？

(3) 控制线路中，复合按钮的作用是什么？

实训 4　多台电动机的联动控制

（一）技能鉴定评分表

该实训的技能鉴定评分表与实训 3 相同。

（二）考核要求

该实训的考核要求与实训 3 相同。

（三）实训目的

（1）掌握行程开关控制电路的原理、实现方法及接线。
（2）掌握多台电动机联动的工作原理、实现方法及接线。
（3）进一步掌握电气线路的检查方法。

（四）实训原理

1. 电路分析

图 1 - 6 所示电路采用三个交流接触器（KM_1、KM_2、KM_3）和三个行程开关（SQ_1、SQ_2、SQ_3）实现 M_1 电动机的正反转和 M_1、M_2 之间的顺序控制。用 KM_1、KM_2 实现 M_1 电动机的正反转；用 SQ_1、SQ_2、SQ_3 实现 M_1 正转→到位→M_2 转动→到位→M_1 反转→到位的顺序控制。

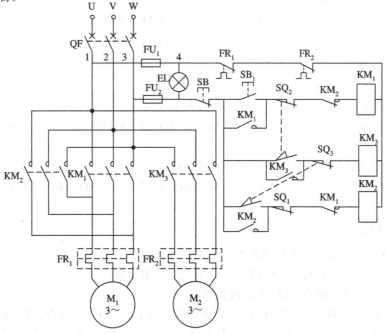

图 1 - 6　多台电动机的联动控制原理图

2. 动作原理

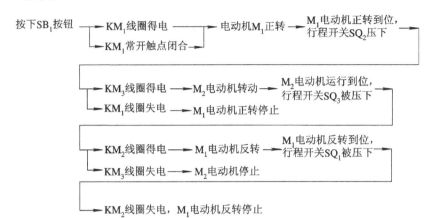

3. 使用场所

该电路适用于需往返运动、限位控制的场所,如刨床等机械加工设备。

(五)实训步骤

1. 元件检查

除重点检查三个限位开关动作是否灵敏,常开和常闭触点是否正常外,其余元件的检查同前。

2. 线路装接

图 1-6 的主电路由两台电动机、三个接触器组成,节点处连线较多,注意元件的每一接线处接线不要多于两根,以免接触不良。

3. 线路检查(取下 FU₁)

(1)主电路的检查。主电路的检查主要是检查 KM₁、KM₂、KM₃ 的主触头是否能正常闭合和 M₁、M₂ 电动机的各绕组是否有正常的阻值,方法同前。

(2)控制电路的检查。检查控制电路,应将万用表打到 $R \times 10$ 或 $R \times 100$ 或数字表的 $2\ k\Omega$ 挡,按如下步骤检查:

① 表笔放在 3、4 处,此时万用表读数应为无穷大。

② 按 SB₁(或 KM₁),读数应为 KM₁ 线圈的电阻值,再同时轻按 KM₂,则读数变为无穷大。

③ 按 SQ₂(或 KM₃),读数应为 KM₃ 线圈的电阻值。

④ 按 SQ₃(或 KM₂),读数应为 KM₂ 线圈的电阻值,再按 SQ₁ 或轻按 KM₁,则变为无穷大。

4. 通电试车

经上述检查无误后,可在教师监护下通电试车。

(1)电路送电。合上 QF,电源指示灯 EL 亮,供电正常。

(2)按 SB₁,KM₁ 吸合,M₁ 电动机正转。

(3)按行程开关 SQ₂,KM₁ 失电,M₁ 电动机停转;同时 KM₃ 吸合,M₂ 电动机转动。

(4)按行程开关 SQ₃,KM₃ 失电、M₂ 停止转动;同时 KM₂ 得电,M₁ 电动机反转。

（5）按 SQ_1，KM_2 失电，M_1 电动机停车。

（六）故障分析（略）

（七）注意事项

（1）M_1 电动机的主电路接线时要注意正确调换相序，否则会造成主电路短路或未换相。

（2）认真识别和检查行程开关的常开触点和常闭触点，并正确连接。

（3）若采用两台电动机，则要注意身体与电动机保持一定距离，以免在电动机启动和切换时伤及操作者。

（八）分析思考

（1）电路中 SQ_3 和 SQ_1 的作用是什么？

（2）若要在 M_2 电动机停转后 2 秒再启动 M_1 电动机反转，应如何改造控制电路？

实训 5　电动机顺序启动控制

（一）技能鉴定评分表

该项目的技能鉴定评分表与实训 3 相同。

（二）考核要求

该项目的考核要求与实训 3 相同。

（三）实训目的

（1）掌握负载的星形接法及中性线的作用。

（2）掌握顺序启动控制的动作原理。

（3）进一步掌握电气线路的检查方法，并根据故障现象判断故障的位置。

（四）实训原理

（1）主电路分析。由三相异步电动机 M 和两组星形连接的白炽灯组成了顺序启动控制的主电路，如图 1-7 所示。两组白炽灯代表两台电动机。为保证三相电压对称，两组白炽灯都采用了星形、有中性线的连接方法。

（2）控制电路分析。按钮 SB_1 控制电动机 M 的启动和时间继电器的第一次计时开始。第一次计时时间到，KM_2 控制第一组白炽灯启动，同时时间继电器失电（复位）。KM_2 得电时，按下 SB_2 按钮，KM_3、KM_4 得电，第二组白炽灯启动，同时时间继电器第二次计时。第二次计时时间到，中间继电器 KA_1 失电，电动机 M 和两组白炽灯均停止（熄灭）。由电路图可知，由于 KM_3 的两个常开触点已用完，因此，KM_4 的作用是保证 KM_3 的自锁。

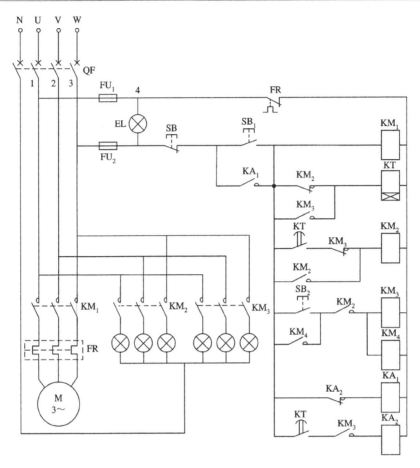

图 1-7　顺序启动控制原理图

（五）实训步骤

1．元件检查

（1）用万用表检查接触器的主触点及辅助常开、常闭触点，当按下试验按钮时，常开触点应闭合，常闭触点应断开。

（2）测量接触器、时间继电器线圈电阻值是否正常，JS14P 型时间继电器的线圈电阻值约为 8 kΩ。

（3）检查热继电器热元件及其常闭触头是否处于完好状态。

（4）测量电动机绕组的电阻值是否正常，检查六个白炽灯是否正常。

（5）检查中间继电器的常开触点和常闭触点是否正常。

（6）检查按钮和复合按钮常开、常闭触点，当按下时，常开触点应闭合，常闭触点应断开。

（7）检查各熔断器两端的电阻，以确定其好坏。

2．线路装接

图 1-7 的主电路由一台电动机和两组白炽灯组成，注意白炽灯应接成星形，并引出中性线至零线。

控制电路采用了四个交流接触器、两个中间继电器和一个时间继电器，元件较多，线路较复杂。应遵循"左进右出，上进下出，一并到底"的原则，耐心细致地接线。时间继电器的定时时间以 3～5 秒为宜。

3. 线路检查（取下 FU_1）

(1) 主电路的检查。学员在预习时自行写出检查步骤。

(2) 控制电路的检查。将万用表打到 $R \times 1k$ 或数字表的 20 kΩ 挡，分别测量和记录各接触器及中间继电器、时间继电器线圈的阻值后，按如下步骤检查：

① 表笔放在 3、4 处，此时万用表读数应为无穷大。

② 按 SB_1（或 KA_1），读数应为 KM_1、KA_1 和 KT 三个线圈电阻值的并联值。再轻按 SB，则变为无穷大。

③ 按 SB_1（或 KA_1），同时按下 KM_2，测量读数应为 KM_1、KA_1 和 KM_2 三个线圈电阻值的并联值。

④ 同时按下 SB_1、KM_2 和 SB_2（或 KM_4），测量读数应为 KM_1、KA_1、KM_2 和 KM_3、KM_4 五个线圈电阻值的并联值。

⑤ 短接第二个 KT 的延时闭合触点，按 SB_1 和 KM_3，则测量读数应为 KM_1、KT、KA_1、KA_2 四个线圈电阻的并联值。

4. 通电试车

经上述检查无误后，可在教师监护下通电试车。

(1) 电路送电。合上 QF，电源指示灯 EL 亮，供电正常。

(2) 按下 SB_1，KM_1 吸合，电动机转动。KT 得电，延时时间到，KM_2 得电，第一组白炽灯亮，KT 失电。

(3) 按下 SB_2，KM_3、KM_4 吸合，第二组白炽灯亮，KT 再次得电（此时电动机和两组白炽灯同时工作）。延时若干后，电动机和两组白炽灯应同时停止。

（六）故障分析

(1) 电源指示灯不亮，应检查 FU_1、FU_2 及电源是否缺相。

(2) 按下 SB_1，第一组白炽灯即亮，应检查 KT 的延时闭合触点是否接为常闭。

(3) 若按下 SB_2，第二组白炽灯亮，松开即灭，则检查 KM_4 的常开触点是否接在 SB_2 两端，形成自锁。

(4) 第二次延时时间到，电动机和两组白炽灯仍在工作，则检查 KA_2 的常闭触点是否与 KA_1 线圈串联。

（七）注意事项

(1) 因元件较多，线路较复杂，需认真检查各元器件。

(2) 注意四个交流接触器和两个中间继电器各自的作用，可做必要的注记，以免混淆。

(3) 注意 JS14P 型时间继电器的各端子（管脚）的实际位置，避免接错。

（八）分析思考

(1) 根据控制线路图，写出该电路的动作顺序。

（2）控制电路中，KA_1 起什么作用？KA_2 的作用又是什么？

实训6　电动机 Y/△ 启动及顺序控制

（一）技能鉴定评分表

该实训的技能鉴定评分表与实训 3 相同。

（二）考核要求

该实训的考核要求与实训 3 相同。

（三）实训目的

（1）掌握电动机 Y/△ 启动的接线原理。
（2）掌握电动机 Y/△ 启动及顺序控制的动作原理。

（四）实训原理

1. 电路分析

该电路有两台电动机，其中一台电动机采用 Y/△ 降压启动，第二台采用直接启动，同时，第二台电动机必须在第一台"△"运行后才能启动，是一个顺序启动的过程；停止时，可先停第二台，再停第一台，也可以两台同时停。Y/△ 启动及顺序控制原理图如图 1-8 所示。

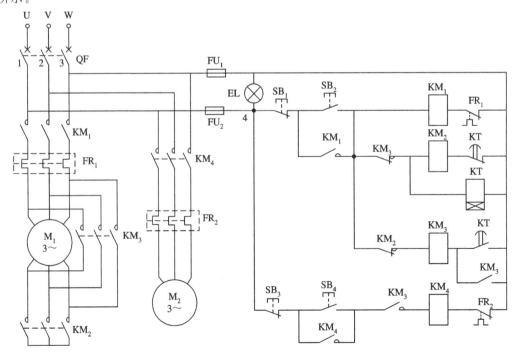

图 1-8　Y/△ 启动及顺序控制原理图

2. 动作原理

(1) 电动机 Y/△启动。其动作原理如下:

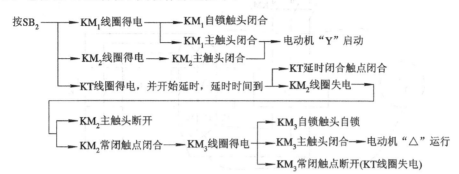

(2) 顺序控制。其动作原理如下:

(3) 停止运动。其动作原理如下:

3. 适用场所

Y/△降压启动适用于空载或轻载启动的、额定工作电压为 380 V、正常运行时为三角形连接的电动机。该电路适用于两台电动机顺序启动的场所。

(五) 实训步骤

1. 元件检查

除重点检查 Y/△启动的电动机的同相绕组及首尾端以外,其他的与实训 2 相似。

2. 线路装接

图 1-8 是在 Y/△启动的基础上增加了一个顺序控制,其难点还是在 Y/△启动的主回路的接线上,故请参照图 1-9 的接线图进行,其接线步骤如下:

(1) 用万用表判别出电动机每个绕组的两个端子,可设为 U_1、U_2、V_1、V_2 和 W_1、W_2。

(2) 按图 1-9 将电动机的六条端线分别接到 KM_3 的主触头上。

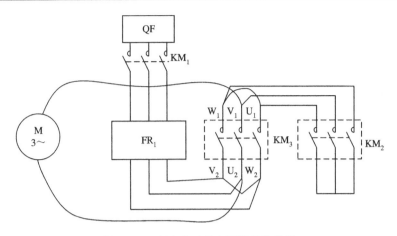

图 1 - 9 Y/△启动的主回路的接线图

(3) 从 W_1、V_1、U_1 分别引出一条线,再将这三条线不分相序地接到 KM_2 主触头的三条进线处,将 KM_2 主触头的 3 条出线短接在一起。

(4) 从 V_2、U_2、W_2 分别引出一条线,再将这三条线不分相序地接到 FR_1 的 3 条出线处,然后将主电路的其他线按图 1 - 7 进行连接。

(5) 主电路接好后,可用万用表的 $R\times1$ 挡分别测 KM_3 的三个主触头对应的进出线处的电阻。若电阻为无穷大,则正确;若其电阻不为无穷大(而为电动机绕组值),则三角形的接线有错误。

3. 线路检查(取下 FU_2)

(1) 主电路的检查(万用表挡位同前)。主电路的检查包括电动机 M_1 和 M_2 的主电路检查。M_1 的主电路检查请参见《电工初级技能实训》的 Y/△启动控制的有关部分。电动机 M_2 的主电路检查很简单,故这里就不再作介绍。

(2) 控制电路的检查(万用表挡位同前):

① 按 SB_2 或 KM_1,读数为 KM_1、KM_2、KT 线圈的并联电阻值。

② 同时按 KM_1(或 SB_2)和 KM_3,读数为 KM_1、KM_3 线圈的并联电阻值。

③ 同时按 KM_3、KM_4(或 SB_4),读数为 KM_4 线圈的电阻值。

④ 表笔放在时间继电器的 ⊓ 的两端,读数为 KM_1、KM_2、KT 线圈并联后再和 KM_3 线圈的串联电阻值。

4. 通电试车

经上述检查正确后,在教师的监护下通电试车。

(1) 电路通电。合上 QF,电源指示灯亮。

(2) Y/△启动。按 SB_2,电动机 M_1 进行 Y/△启动。

(3) 顺序控制。电动机 M_1 在△运行时,按 SB_4,则电动机 M_2 运行。

(4) 停车。若按 SB_3,电动机 M_2 停止运行,M_1 正常运行;若再按 SB_1,则电动机 M_1 停止运行。若直接按 SB_1,则电动机 M_1、M_2 均停止运行。

(5) 电路断电。断开 QF,电源指示灯 EL 灭。

（六）故障分析

该项目的故障分析请参考有关部分。

（七）注意事项

（1）在 Y/△启动的主电路中，未标明电动机的首尾端，所以必须注意电动机△接线的原理。

（2）时间继电器的 ⅂ 和 ⅃ 有公共点。

（3）电动机 M_1、M_2 启动时有先后顺序。

（八）分析思考

（1）图 1－8 中的主电路和《电工初级技能实训》的 Y/△启动的主电路（只指 Y/△启动部分）有何不同？其功能是否相同？

（2）时间继电器的 ⅂ 和 ⅃ 为什么要画在最右边？能否画在其他位置？

（3）电动机 M_1 在 Y 形启动的过程中，能否启动电动机 M_2？为什么？

实训 7　双速电动机控制

（一）技能鉴定评分表

该实训的技能鉴定评分表与实训 3 相同。

（二）考核要求

该实训的考核要求与实训 3 相同。

（三）实训目的

（1）了解双速电动机的结构及原理。
（2）掌握双速电动机控制的动作原理。
（3）掌握双速电动机的接线及接线工艺。
（4）掌握用 6 只灯泡代替双速电动机的原理及接线要领。

（四）实训原理

1. 电路分析

当 KM_1 闭合时，电动机作"△"连接，如图 1－10(a)所示，U_2、V_2、W_2 空着，而 U_1、V_1、W_1（为顺时针）分别和电源 U、V、W 相连接，此时为普通三角形连接，电动机低速运行；当 KM_2、KM_3 闭合时，电动机作双"Y"连接，如图 1－10(b)所示，U_1、V_1、W_1 经

KM_3 短接在一起,而 U_2、V_2、W_2(为逆时针)分别和电源 U、V、W 相连接,此时两个半相绕组并联,其中一个半相绕组电流反相,电动机极对数减少一半,于是电动机高速运行。

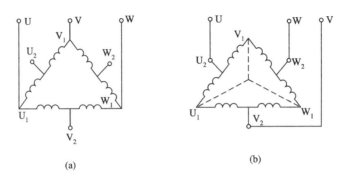

(a)   (b)

图 1 - 10 双速电动机的接线原理

由上可知,电动机由低速变成高速以后,电源相序由顺时针变成了逆时针,但是,电动机不会反转,这是因为电动机三相绕组的空间机械角度不变,而电角度随着极对数的变化而变化,极对数的变化要求电源的相序改变。实训时,如果条件有限,可以采用 6 个灯泡来代替 6 个半绕组。

2. 动作原理

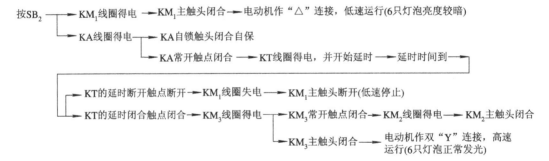

3. 适用场所

该双速电动机适用于各种机床,如车床、镗床、钻床、铣床等,在粗加工时用低速,在精加工时用高速。

(五) 实训步骤

1. 元件检查

参照实训 1 所介绍的方法,将图 1 - 11 所需元件进行检查。如用灯泡代替双速电动机,则必须要 6 个灯泡的电阻相等。

2. 线路装接

图 1 - 11 的主电路用 6 只灯泡代替后,其接线比较复杂,经简化后,可按图 1 - 12 接线,并且灯泡不存在正反转的问题,所以,接线时不要管电源的相序,这样,思路就比较清楚了,其他部分就按照图 1 - 11 进行接线。

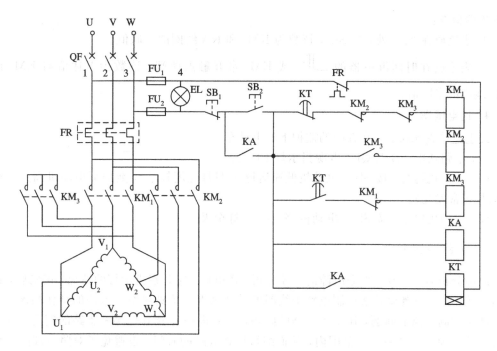

图 1-11 双速电动机控制原理图

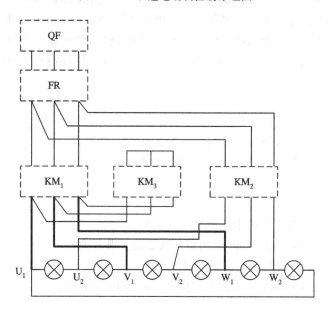

图 1-12 主电路简化接线图

3. 线路检查（取下 FU₁）

（1）主电路的检查。将万用表打到 $R\times10$ 或 $R\times100$ 或数字表的 2 kΩ 挡，然后按如下步骤检查：

① 表笔放在 1、2（或 1、3 或 2、3）处，按 KM₁，读数为 $4R_{灯}/3$。

② 表笔放在 1、2（或 1、3 或 2、3）处，同时按 KM₂ 和 KM₃，读数为 $R_{灯}$。

（2）控制电路的检查。将万用表打到 $R\times10$ 或 $R\times100$ 或数字表的 20 kΩ 挡，然后按

如下步骤检查:

① 表笔放在 3、4 处,按 SB_2,读数为 KM_1 和 KA 线圈的并联值。

② 表笔放在时间继电器的 ⊥ 或 KM_3 常开触点两端,读数为上述值与 KM_3 或 KM_2 线圈的串联值。

4. 通电试车

经上述检查无误后,在教师的监护下通电试车。

(1) 电路通电。合上 QF,电源指示灯 EL 亮。

(2) 电动机运行。按 SB_2,电动机低速运行(6 只灯亮度较暗),延时后电动机高速运行(6 只灯正常发光)。

(3) 电动机停止。按 SB_1,电动机停止(6 只灯全灭)。

(六)故障分析

故障分析时,一般要根据故障的现象分析。送电后,应观察指示灯的情况,正确后,再按启动按钮,这时既要观察控制电路中线圈的动作情况,又要观察主电路的动作情况,从而判断是控制电路的问题,还是主电路的问题,然后进一步分清是哪一支路的问题。这样就可将故障锁定在某一个小范围内,从而缩短检查故障的时间,也避免了对照原理图一根线一根线地查找。例如,双速电动机线路中,经常出现有低速运行而无高速运行的情况,这时应先观察控制回路是否正常。如果正常,则是主回路接线错误;如果控制回路动作不正常,则要看时间继电器是否得电,再看其延时触点(包括延时断开和闭合)是否有问题,最后看 KM_3、KM_2 的得电情况,这样逐渐缩小范围,逐渐排除故障,直到通电成功。

(七)注意事项

(1) 6 只灯泡的功率要一样大。

(2) 时间继电器的延时闭合和延时断开触头要有一公共点。

(3) 双速电动机由低速转换到高速时要注意相序。

(八)分析思考

(1) 双速电动机的调速实际上是改变了什么?

(2) 能否去掉中间继电器 KA?若可以,则要改变哪些地方?

(3) 若缺一相,则 6 只灯泡的亮度怎样变化?

(4) 双速电动机的主接线为什么要调换电动机绕组的相序?

实训 8 三速电动机控制

(一)技能鉴定评分表

该实训的技能鉴定评分表与实训 3 相同。

（二）考核要求

该实训的考核要求与实训 3 相同。

（三）实训目的

（1）了解三速电动机的结构及原理。
（2）掌握三速电动机的接线和用 9 只灯泡代替三速电动机的接线原理。
（3）掌握三速电动机控制的动作原理。
（4）掌握复杂的控制线路的接线及接线工艺。
（5）掌握复杂的控制线路的故障检查方法，并根据故障现象准确地判断故障的位置。

（四）实训原理

1. 电路分析

如图 1 - 13 所示，三速电动机有两套在连接上独立的定子绕组，有三种不同的转速。当接触器 KM_1、KM_2 闭合时，电动机的绕组端头 U_1、U_1、V_1、W_1（逆时针）接到电源的 U、V、W 相上，作"△"连接，电动机低速运行；当接触器 KM_3 闭合时，电动机的绕组端头 U、V、W 接到电源的 U、V、W 相上，作单"Y"连接，电动机中速运行；当接触器 KM_4、

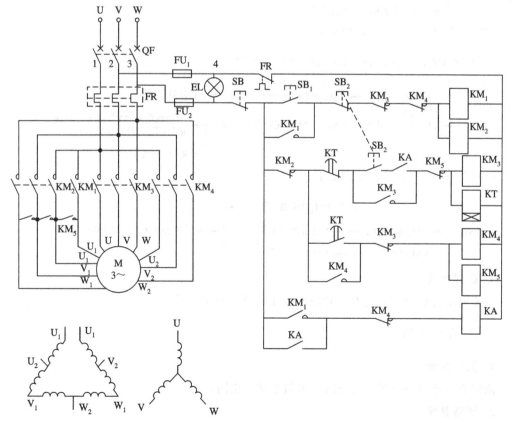

图 1 - 13　三速电动机控制原理图

KM₅闭合时,电动机的绕组端头 U₁、V₁、W₁ 经 KM₅ 短接,而端头 U₂、V₂、W₂(顺时针)接到电源的 U、V、W 相上,作双"Y"连接,电动机高速运行。电动机由"△"连接变成双"Y"连接的变极原理与双速电动机相同,只是三速电动机三相绕组是开口三角形,如果接成为闭口三角形,那么,电动机中速运行时,在闭口三角形中将产生环流,而开口三角形就不会。实训时,如果条件有限,可以采用 9 只灯泡来代替 9 个半绕组。

2. 动作原理

(1)低速运行。其动作原理如下:

(2)中速运行。其动作原理如下:

(3)高速运行。其动作原理如下:

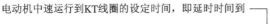

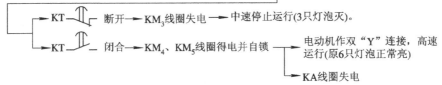

(4)停止运行。其动作原理如下:

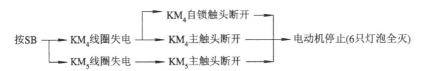

3. 适用场所

三速电动机适用于需要有三种速度变化的机床和生产设备。

(五)实训步骤

1. 元件检查

除检查三速电动机外,其余的与实训 2 基本相同。

2. 线路装接

图 1 - 13 的主电路可按图 1 - 14 进行接线,其余的按照原理图接线。

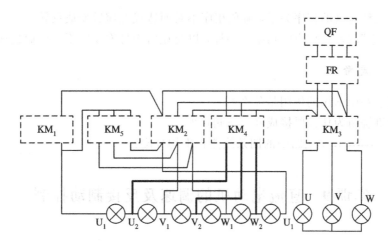

图 1 - 14　主电路简化接线图

3. 线路检查（取下 FU_2）

(1) 主回路的检查（万用表打到 $R×10$ 或 $R×100$ 或数字表的 $2\ k\Omega$ 挡）：

① 表笔放在 1、2 处，按 KM_1 和 KM_2，读数为 $4R_{灯}/3$。

② 表笔放在 1、2 处，按 KM_3，读数为 $2R_{灯}$。

③ 表笔放在 1、2 处，按 KM_4 和 KM_5，读数为 $R_{灯}$。

④ 表笔放在 1、3 或 2、3 处，重复上述步骤。

(2) 控制回路的检查（万用表挡位同前）：

① 按 SB_1，读数为 KM_1 和 KM_2 线圈的并联值。

② 按 KM_1，读数为 KM_1 和 KM_2 及 KA 线圈的并联值。

③ 同时按 SB_2 和 KA 或只按 KM_3，读数为 KM_3、KT、KA 线圈的并联值。

④ 按 KM_4，读数为 KM_4 和 KM_5 线圈的并联值。

4. 通电试车

经过上述检查无误后，可在教师的监护下通电试车。

(1) 电路送电。合上 QF，电源指示灯亮。

(2) 低速运行。按 SB_1，电动机低速运行（6 只灯较暗）。

(3) 中速运行。按 SB_2，电动机中速运行（另 3 只灯正常发光）。

(4) 高速运行。经过延时后，电动机高速运行（3 只灯灭，原 6 只灯正常发光）。

(5) 停车。按 SB，电动机停车（6 只灯灭）。

(6) 电路断电。断开 QF，电源指示灯灭。

（六）故障分析

请根据前面介绍的三个实训项目的故障分析方法自行分析，然后进行总结。

（七）注意事项

(1) KM_5 主电路的接线要避免造成短路。

(2) 各灯泡的连接关系应使之符合电路要求。

(3) 注意三种速度的相序关系，避免相序不对而造成变速后变成反转。

(4) 接成"△"的六只灯泡的功率要一样，以避免由于灯泡亮度不一致而造成的误判。

（八）分析思考

(1) 控制电路中 KA 的作用是什么？

(2) 电动机绕组为什么要接成开口三角形？

(3) KM_1、KM_2 在主电路中的四条线能否平均分配？

实训 9　直流电动机的调速及反接制动控制

（一）技能鉴定评分表

考核项目：直流电动机反接制动控制

姓名：_____准考证号：_____考核日期：____年____月____日

考核时间定额：__150__分钟　开考时间：____时____分　交卷时间：____时____分

监考人：_____评卷人：_____得分：_____

考核内容及要求	评　分　标　准	扣分	得分	考评员签名
一、电器元件检查及接线工艺(30分)				
1. 选择和检查元件：15分	未选择和检查元件，此项不得分			
2. 接线工艺：15分	此项得分以三个等级评定： A级：15分；B级：10分；C级：5分			
二、电气线路的连接(70分)(在规定的时间内，每人只有两次通电机会)				
1. 控制线路运行：20分	控制线路运行正常：20分			
2. 电动机运转：50分	电动机运转：50分 1. 第一次运转成功得50分 2. 第二次运转成功得30分 3. 第二次运转不成功或放弃者，此项不得分			
三、安全文明操作	对于违反安全文明的操作，由考评员视情况扣分，所有在场考评员签名有效			

考核说明：与实训 1 相同。

（二）考核要求

(1) 电器元件检查及接线工艺：30分(元件检查15分，考生应按图选择及检查元件，如发现元件损坏务必及时更换；接线工艺15分，此项得分以三个等级评定：A级15分；B

级 10 分；C 级 5 分）。

（2）电气线路的连接：70 分（考生应按图接线，在规定的时间内，每人只有两次通电机会）。

① 控制线路的运行：20 分（控制线路运行正常：20 分）。

② 电动机运行：50 分（在规定的时间内，第一次运转成功得 50 分，第二次运转成功得 30 分，第二次运转不成功或放弃者，此项不得分）。

（3）安全文明操作：与实训 1 相同。

（三）实训目的

（1）了解和掌握直流电动机反接制动的工作原理及线路。

（2）掌握直流电动机主电路的接线方法。

（3）掌握直流电动机控制电路的接线方法。

（4）掌握直流电动机调速及反接制动电路的检查方法。

（四）实训原理

1. 实训器材

（1）电力拖动实训柜 1 台，已安装下列低压电器及接线端子：

· 漏电断路器（动作电流小于 30 mA，额定电流为 25 A）	1 个
· 直流电动机（110SZ56H3 123W）	1 台
· 单相交流变压器（220/127 V，200 V·A）	1 个
· 整流桥堆	1 个
· 可调线绕电阻（RXYT - T - 150，150 W，150 Ω）	1 个
· 可调线绕电阻（RXYT - T - 150，150 W，50 Ω）	1 个
· 熔断器（额定电流为 1～10 A）	4 个
· 交流接触器（同前）	2 个
· 中间继电器（同前）	2 个
· 行程开关（1 对常开，1 对常闭）	4 个
· 按钮（1 对常开，1 对常闭）	2 个

（2）电工常用工具 1 套。

（3）导线若干。

2. 电路分析

如图 1 - 15 所示，该电路由变压整流、直流电动机主电路和控制电路三部分组成。

（1）变压整流部分由一个 220 V/127 V 的减压变压器和一个整流桥堆组成，作用是将交流 220 V 电压减压后，整流为一个 110 V 的直流电供给直流电动机。

（2）主电路部分是直流电源，由并励直流电动机的励磁绕组 T_1T_2、电枢绕组 S_1S_2、制动（限流）电阻 R_F 及接触器 KM_1、KM_2 的主触头和 KA 的常开触点组成。

（3）控制电路是交流电源，由交流接触器 KM_1、KM_2，中间继电器 KA，行程开关 SQ 和按钮 SB_1、SB_2 组成，是调速及反接制动控制电路。

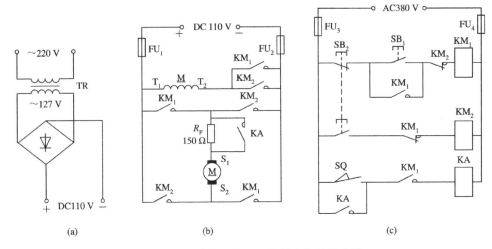

图 1 - 15 直流电动机反接制动控制原理图

3. 动作分析

按下启动按钮 SB₁，KM₁ 得电，KM₁ 的常开触点闭合，使直流电动机 S₁ 端得正电压，S₂ 端得负电压，电动机正转。此时，电枢绕组串有电阻 R_F，为串阻启动，电动机低速运行。当按下限位开关 SQ 时，中间继电器 KA 得电，限流电阻 R_F 被短接，电动机正转并以最大转速运行。

按下停止按钮 SB₂ 并保持，接触器 KM₁ 和中间继电器 KA 失电，KM₂ 得电，直流电动机 S₂ 端得正电压，S₁ 端得负电压。此时，电动机的电磁转矩与正转时相反，形成电动机的反接制动，但由于惯性作用，电动机仍在正转。由于电阻 R_F 的限流作用，反转时的制动转矩较小，此时可观察电动机的转速变化。当电动机接近停止时，松开 SB₂ 按钮，完成反接制动。

(五)实训步骤

1. 元件检查

学员自行制定检查方案，并依次用万用表检查。

2. 线路装接

先接电源部分，再接主电路，然后接控制电路。

3. 线路检查

在线路连接完成后，应制定检查步骤，用万用表分别对直流部分和控制部分进行检查，并将检查结果报告给指导教师，在教师认可后方可通电。

(六)故障分析

(1)电动机启动并压合行程开关 SQ 后，转速无法上升，应检查交流控制电路中 KA 的线圈和常开触点是否能正常吸合。

(2)按下停止按钮 SB₂ 后，电动机转速没有下降反而高速反转，应检查控制电路及主电路中的 R_F 电阻的连接是否正确。

(3)整流电路接通 220 V 交流电源后，输出直流电压为零，应检查整流桥堆是否损毁，输入、输出端接线是否正确。

（七）注意事项

（1）认真检查整流桥堆是否正常，并正确连接输入、输出端。

（2）主电路的电源为直流，控制电路的电源为交流，不可混淆。

（3）R_F 电阻应串联在电枢电路中，不可并联在电枢两端。

（八）分析思考

（1）电阻 R_F 在电路中起什么作用？取消后会出现什么情况？

（2）如何检查该电路的直流部分连接是否正确？

（3）如何检查交流控制电路的连接是否正确？

（4）如何检查桥堆的好坏？如何确定其输入、输出端？

实训 10　直流电动机的正反转、调速与制动控制

（一）技能鉴定评分表

考核项目：直流电动机正反转、调速与制动控制

姓名：_____　准考证号：_____　考核日期：____年____月____日

考核时间定额：____150____分钟　开考时间：____时____分　交卷时间：____时____分

监考人：_____　评卷人：_____　　　　得分：_____

考核内容及要求	评　分　标　准	扣分	得分	考评员签名
一、电器元件检查及接线工艺(30 分)				
1. 选择和检查元件：15 分	未选择检查元件此项不得分			
2. 接线工艺：15 分	此项得分以三个等级评定： A 级 15 分；B 级 10 分；C 级 5 分			
二、电气线路的连接(70 分)(在规定的时间内，每人只有两次通电机会)				
1. 控制线路运行：20 分	控制线路运行正常：20 分			
2. 电动机运转：50 分	电动机运转：50 分 1. 第一次运转成功得 50 分 2. 第二次运转成功得 30 分 3. 第二次运转部分成功： ① 正反转 6 分，单向转得 3 分 ② 双向制动 6 分，单向制动 3 分 ③ 单向调速正常，6 分 4. 第二次运转不成功或放弃者，此项不得分			
三、安全文明操作	对于违反安全文明的操作，由考评员视情况扣分，所有在场考评员签名有效			

考核说明：与实训 1 相同。

（二）考核要求

（1）电器元件检查及接线工艺：30 分(元件检查 15 分，考生应按图选择及检查元件，如发现元件损坏务必及时更换；接线工艺 15 分，此项得分以三个等级评定：A 级 15 分；B 级 10 分；C 级 5 分)。

（2）电气线路的连接：70 分(考生应按图接线，在规定的时间内，每人只有两次通电机会)。

① 控制线路的运行：20 分(控制线路运行正常得 20 分)。

② 电动机运行：50 分(在规定的时间内，第一次运转成功得 50 分，第二次运转成功得 30 分。第二次运转部分成功：正反转得 6 分，单向转动得 3 分；双向制动得 6 分，单向制动得 3 分；单向调速正常得 6 分。第二次运转不成功或放弃者，此项不得分)。

（3）安全文明操作：与实训 1 相同。

（三）实训目的

（1）了解直流电动机的结构。
（2）掌握直流电动机的正反转、调速、制动的工作原理。
（3）掌握直流电动机控制线路的接线方法。
（4）掌握直流电动机控制线路的检查方法。
（5）了解桥式整流的作用。

（四）实训原理

1. 实训器材(同前)

2. 电路分析

直流电动机正反转、调速及制动控制主要由三个部分组成：

第一部分是直流电源部分，如图 1-16(a)所示，它由一个交流 220 V/127 V 的降压变压器和一个桥堆组成，可将 220 V 的交流电变成 110 V 的直流电提供给直流电动机。

第二部分是主电路部分，如图 1-16(b)所示，它主要由励磁绕组 $T_1 T_2$、电枢绕组 $S_1 S_2$ 及调速电阻 R_1(可调线绕电阻)和制动电阻 R_2 组成。由图 1-16(b)可知，该电动机为并励式直流电动机，可选用型号为 110SZ 的直流电动机。当接通交流 220 V 电源时，励磁绕组 $T_1 T_2$ 就接在 DC 110 V 的电源上，当 KM_1 主触头闭合时(其辅助常闭触点断开)，电流从电源的正极→左边的 KM_1 主触头→R_1→电枢绕组 $S_1 S_2$→右边的 KM_1 主触头→电源负极，此时电动机正转，由于 R_1 与电枢绕组 $S_1 S_2$ 串联，故电动机低速正转运行。当 KA_1 常开触点闭合时，R_1 只有一部分与电枢绕组 $S_1 S_2$ 串联，此时电动机中速运行。当 KA_2 常开触点闭合时，R_1 被短接，此时电动机高速运行。当 KM_1 主触头断开时，KM_1 辅助常闭触点闭合，此时电枢绕组 $S_1 S_2$ 与 R_2 构成制动回路，将电枢绕组 $S_1 S_2$ 的能量用 R_2 消耗掉。当 KM_2 主触头闭合时(其辅助常闭触头断开)，电流从电源的正极→左边的 KM_2 主触头→电枢绕组 $S_2 S_1$→R_1→右边的 KM_2 主触头→电源负极，此时电动机反转，调速及制动与正转时相同，请读者自行分析。

第三部分是控制电路部分，通过控制电路的动作来控制直流电动机的正反转、调速及制动。

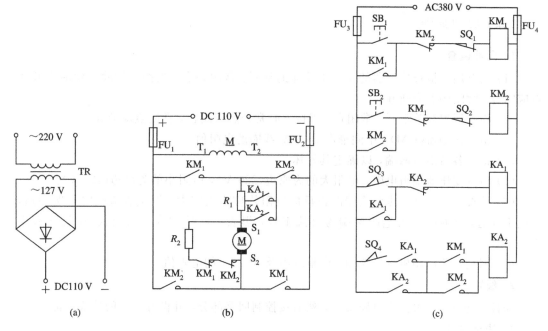

图 1-16　直流电动机正反转、调速及制动控制原理图

（a）直流电源部分；（b）主电路部分；（c）控制电路部分

3. 动作原理

（1）正转运行。其动作原理如下：

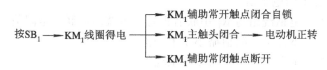

（2）调速。

① 当需要加速时，其动作原理如下：

按下SQ₃ —— KA₁线圈得电 —— 控制回路的KA₁常开触点闭合自锁
—— 主回路的KA₁常开触点闭合 —— 电动机中速运行

② 当需要再加速时，其动作原理如下：

按下SQ₄ —— KA₂线圈得电 —— 控制回路的KA₂常开触点闭合自锁
—— 主回路的KA₂常开触点闭合 —— 电动机高速运行

（3）制动。其动作原理如下：

电动机反转、调速及制动的原理，请读者参照以上内容分析。

4．适用场所

该电路应用在电梯开关门的控制电路中。

（五）实训步骤

1．元件检查

（1）用万用表检查接触器的主触头及辅助常开、常闭触点，当按下试验按钮时常开触点应闭合，常闭触点应断开。

（2）检查行程开关常开、常闭点，当按下时常开点应闭合，常闭点应断开。

（3）检查接触器（KM）、中间继电器（KA）线圈的电阻值。

（4）检查各熔断器两端，以确定其好坏。

（5）检查变压器绕组电阻，电阻大的为原边（220 V），电阻小的为副边（127 V）。

（6）检查整流桥堆，其交流端的正反向电阻均应为无穷大；测量直流端时一次导通，一次不导通，导通时红表笔所接端为直流正极，黑表笔所接端为直流负极（指针式万用表）。

（7）测量直流电动机励磁绕组、电枢绕组及 R_1、R_2 的电阻值。

2．线路装接

先接电源部分，再接主电路部分，然后接控制回路部分，并做好必要的接线标记。

3．线路检查

（1）直流部分检查。在断开 220 V 电源情况下，断开 FU$_3$、FU$_4$，将万用表打到欧姆挡 $R \times 100$，红表笔接 DC 110 V 直流正极，黑表笔接 DC 110 V 直流负极，然后按下述步骤检查：

① 此时为直流电动机励磁绕组的电阻值。

② 按下 KM$_1$ 或 KM$_2$，电阻为电枢绕组与 R_1 串联后再与励磁绕组并联的电阻值。

③ 按住 KM$_1$ 或 KM$_2$，再按下 KA$_1$，电阻值略小于上一值。

④ 按住 KM$_1$ 或 KM$_2$，再按下 KA$_2$，电阻值略小于上述值。

（2）交流部分检查。断开电源及 FU$_1$、FU$_2$，将万用表打到欧姆挡 $R \times 100$，两表笔接到 AC 380 V 两端，然后按下述步骤检查：

① 按 SB$_1$ 或按 KM$_1$，电阻为 KM$_1$ 线圈的电阻值。

② 按 SB$_2$ 或按 KM$_2$，电阻为 KM$_2$ 线圈的电阻值。

③ 按行程开关 SQ$_3$ 或按 KA$_1$，电阻为 KA$_1$ 线圈的电阻值。

④ 同时按 KM$_1$、KA$_1$、SQ$_4$，电阻为 KM$_1$、KA$_1$、KA$_2$ 线圈并联的电阻值。

4．通电试车

（1）按 SB$_1$（或 SB$_2$），直流电动机正（或反）转运行。

（2）按 SQ$_3$，直流电动机中速运行。

（3）按 SQ$_4$，直流电动机高速运行。

（4）按 SQ$_1$（或 SQ$_2$），直流电动机正（或反）转制动，立即停止运行。

（六）故障分析

（1）控制回路能正反转，也能到中速，但不能到高速。这时要检查 KA$_2$ 线圈左边的接线是否接错。

（2）直流电动机不能正反转。

① 交流回路 KM_1、KM_2 能否得电闭合。

② 若控制回路正常，则检查直流回路 KM_1、KM_2 主触头是否交叉连接。

（3）直流电动机能正反转，但不能调速。

① 检查 KA_1、KA_2 线圈能否得电闭合。

② 检查主电路中的中间继电器常开触点 KA_1、KA_2 的公共点是否连接到了 R_1 上端或 KM_1 与 KM_2 主触头的中间。

（4）直流电动机能正反转，也能调速，但无制动。

① 检查 R_2 下端与 KM_1、KM_2 辅助常闭触点是否导通。

② 测量 S_1、S_2 两端电阻是否是电枢绕组与 R_2 并联的电阻值。

（七）注意事项

（1）直流电源部分的桥堆好坏及输入和输出端。

（2）主电路部分的主触头 KM_1、KM_2 及辅助常闭触点 KM_1、KM_2 的区别。

（3）主电路部分的电源是直流 110 V，而控制电路部分的电源是交流 380 V，不能混淆。

（八）分析思考

（1）直流电动机的启动方法有哪几种？

（2）直流电动机的调速方法有哪几种？

（3）直流电动机制动的含义是什么？有哪几种制动方法？

（4）为什么直流电动机只能从中速到高速而不能从低速直接到高速？

第 2 章　电子技术实训

　　电子技术是现代电工技术的基础，其内容极丰富，应用很广泛，更新速度又快，是中级电工技能的重要基础内容之一。所以，我们选择了具有代表性的三类电路来进行实训，其目的有两个：一是通过对几个典型模拟电子电路的反复训练，使学生掌握相关电路的焊接、调试和检测等基本方法，为建立科学的思维方法和灵活处理实际工作中的相关问题打下良好的基础；二是通过对运算放大电路和数字电子电路的学习，为掌握新知识、新技能和进一步学习奠定基础。

　　电子技术实训从电子仪器的使用、模拟电子技术、数字电子技术和运算放大器这四个方面出发，从中选取了具有代表性的七个电路来进行实训。通过这七个电路的实训，要求熟练掌握常见电子元件的识别、电子仪器的使用及电子线路的焊接；熟练掌握三极管放大电路中静态工作点的调试；熟练掌握可控整流电路的原理及差动放大稳压电路的工作原理；了解组合逻辑电路及运算放大器的功能及测试方法。

实训 1　常用电子仪器的使用

（一）实训目的

（1）掌握常用电子仪器(示波器、信号发生器、稳压电源等)的使用方法。

（2）掌握电烙铁的使用方法。

（3）掌握电子线路的调试方法。

（二）实训器材

（1）12 V 直流稳压电源 1 台。

（2）信号发生器 1 台。

（3）示波器 1 台。

（4）电烙铁 1 个。

（5）指针式万用表 1 块。

（6）万能板一块。

（7）电阻、电容、三极管、焊锡、导线若干。

（三）实训内容

1. 示波器

1）功能介绍

这里以日立 V - 552 型示波器为例进行介绍，其他型号大同小异，请参照使用。日立 V - 552 型示波器的面板如图 2 - 1 所示。

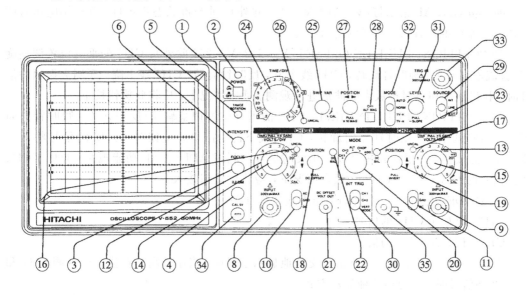

图 2 - 1　日立 V - 552 型示波器的面板

① POWER：电源开关。按入($\square\square$)状态电源接通，弹出($\square\square$)状态电源切断。

② 电源指示灯：电源接通时，此指示灯发光。

③ FOCUS：聚焦调整旋钮。调整 INTEN 旋钮使方格线的亮度合适后，用此旋钮进行聚焦调整。

④ ILLUM(V - 522/V - 552/V - 223/V - 222)：显示屏亮度旋钮。顺时针方向旋转，亮度增大。用于环境亮度较小和波形摄影等情况。

⑤ TRACE RQTATION：方格线旋转旋钮。受地磁场的影响，水平方格线可能与水平线形成角度，用此旋钮可使方格线旋转，进行校准。

⑥ INTENSITY：方格线亮度旋钮。顺时针旋转，方格线亮度增大。接通电源之前，请将此旋钮反时针方向旋转到底。

⑦ 保险丝盒/电源电压切换器(后面板)：保险丝盒兼做电源电压选择切换器。

⑧ CH1 INPUT：通道 1(CH1)信号输入插座。

⑨ CH2 INPUT：通道 2(CH2)信号输入插座。

⑩、⑪ AC - GND - DC 输入耦合方式切换开关：

AC：经电容器耦合，输入信号的直流分量被抑制，只显示其交流分量。

GND：垂直放大器的输入端被接地。

DC：直接耦合，输入信号的直流分量和交流分量同时显示。

⑫、⑬ VOLTS/DIV：垂直轴电压幅值标度开关(即每一格多少伏)。需要根据输入信号的幅度进行适当的设定。使用 10∶1 探头时，请将测量结果进行×10 的换算。

⑭、⑮ VAR、PULLx 5GAIN：垂直轴电压微调旋钮/增益×5 开关。可连续调整垂直灵敏度，反时针方向旋转，可以使显示波形的幅度连续减小，直至原来幅度的 1/2.5 以下。通常情况下，应将此旋钮顺时针方向旋转到底，置于校准位置。拉出此旋钮，垂直增益将放大 5 倍，读实际值时，请将测量结果进行除 5 的换算。

⑯、⑰ UNCAL 指示灯(V−212/V−252 除外)：非校准状态指示灯。垂直轴电压微调旋转处于非校准位置时，此红色指示灯发光。

⑱ POSITION, PULL DC OFFSET(V−212/V−252 除外)：CH1 的垂直位置调整旋钮/直流偏移开关。顺时针旋转，CH1 线上升，反时针旋转，CH1 线下降。观测大振幅的信号时，拉出此旋钮可对被放大的波形进行观测。通常情况下，应将此旋钮按下。

⑲ POSITION, PULL INVERT：CH2 的垂直位置调整旋钮/反相开关。顺时针方向旋转，CH2 线上升，反时针方向旋转，CH2 线下降。拉出此旋钮时，CH2 的信号将被反相。调整此按钮，便于比较两个极性相反的信号和利用 ADD(叠加)功能观测 CH1 与 CH2 两路信号的差[CH1]−[CH2]。通常情况下，应将此旋钮按入。

⑳ MODE 切换开关：垂直轴工作方式选择开关。

CH1：仅显示 CH1 的信号。

CH2：仅显示 CH2 的信号。

ALT：交替显示方式。两路信号交替地显示于屏面。当用较高的扫描速度观测 CH1 和 CH2 两路信号时，可使用这种显示方式。

CHOP：切换显示方式。以约 250 kHz 的频率对两路信号进行切换，同时显示于屏面。当用较低的扫描速度观测 CH1 和 CH2 两路信号时，可使用这种显示方式。

ADD：叠加显示方式。此时显示的波形为 CH1 与 CH2 两路信号的代数和。

注：有的示波器有 PUAL，这是双踪显示，即同时显示 CH1 和 CH2 两路信号。

㉑ DC OFFSET VOLTBOUT：直流偏移电压输出端子。

㉒、㉓ DC BAL：衰减器平衡调整旋钮。

㉔ TIME/DIV：周期(时间)标度旋钮，即每格多少秒(或微秒)。可以分 19 段，从 0.2 μs/DIV 到 0.2 s/DIV 进行切换。

㉕ SWP VAR：时间轴微调旋钮。按箭头方向旋转到头，为 TIME/DIV 开关的设定值。逆时针旋转，可以降低设定值。通常情况下，请将此旋钮置于 CAL 校准位置。

㉖ UNCAL：SWP VAR 处于非校准状态时，此红色指示灯发光。

㉗ POSITION PULL×10MAG：水平位置调整旋钮/周期放大开关。

㉘ CH1 ALT MAG：CH1 扫描交替开关。

㉙ SOURCE：触发信号源选择开关。

INT：以 CH1 或 CH2 的输入信号作为触发信号源。

LINE：以交流电源信号作为触发信号源。用于观测与交流电源信号具有固定相位关系的信号。

EXT：以 TEIG INPUT 的输入信号作为触发信号源。可以用与被测信号有同步关系的特殊信号作为触发信号源进行观测。

○30 INT TRIG：内部触发信号源选择开关。当 SOURCE 开关置于 INT 时，用此开关具体选择触发信号源。

CH1：以 CH1 的输入信号作为触发信号源。

CH2：以 CH2 的输入信号作为触发信号源。

VERT MODE：交替地分别以 CH1 和 CH2 两路信号作为触发信号源。当观测两个通道的波形时，进行交替扫描的同时，触发信号源也交替地切换到相应的通道上。

○31 TRIG LEVEL：触发电平调整旋钮/触发极性选取开关。调整触发电平可以改变波形上扫描开始的位置。这个旋钮同时作为 SLOPE（触发极性）切换开关。推入位置（正常位置）触发极性为正；拉出位置触发极性为负。

○32 MODE：触发方式选择开关。

AUTO：自动方式，任何情况下都有扫描线。有触发信号时，正常进行同步扫描，波形静止；无信号输入或触发失步时，也自动进行扫描。通常使用这种方式比较方便。

NORM：正常方式，仅在有触发信号时进行扫描。无信号输入或触发失步时，无扫描线出现，观测超低频信号（低于 25 Hz），调整触发电平时，请使用这种触发方式。

○33 TRIG IN：外接触发信号源输入通道。

○34 CAL 端子：探头校正信号的输出端子，输出 0.5 V/1 kHz 的方波信号。

○35 GND：接地端子。

2）示波器的使用

（1）熟悉示波器各旋钮、开关的功能和作用。

（2）显示水平线（CH1 通道）：

① 调节○11，使之处于 GND。

② 调节○32，使之处于 CH1。

③ 调节○21，使之处于 CH1。

④ 调节○35，使之处于 AUTO。

⑤ 调节○31，使之处于 INT。

⑥ 调节○3 、○6 、○19 、○29 。

（3）用标准信号校准：调节○13 、○15 、○26 、○27 、○34，使之显示稳定的幅值为 0.5 V、$f=1$ kHz 的方波。

（4）测量被测信号：调节○13 、○26 、○34，使之显示稳定的波形。

（5）读出信号周期和电压值：

$$信号周期 = \frac{方格数 \times 周期标度}{周期放大倍数}$$

$$信号电压 = \frac{方格数 \times 幅值标度 \times 指针衰减数}{垂直增益倍数}$$

3）注意事项

（1）示波器使用前一定要校准，否则测量不准。

（2）注意电压峰值与峰—峰值之间的区别。

（3）电压（频率）值不能以信号发生器或电子实训台上的显示为准，而应以示波器测量的读数为准。

2. 直流稳压电源

直流稳压电源一般采用双路稳压电源(主电源＋辅助电源),其电源面板如图 2 - 2 所示。

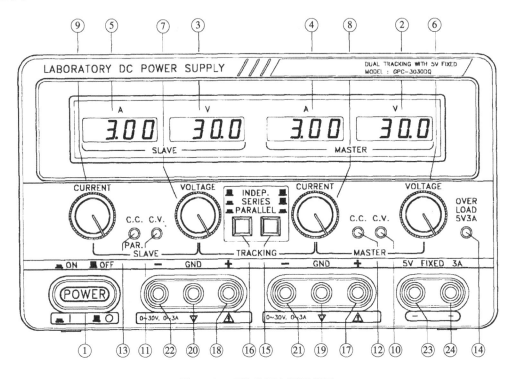

图 2 - 2 双路稳压电源面板图

1) 面板控制功能说明

① 电源开关(POWER):整机电源控制。

②、③ 电压表(V):数显式分别指示Ⅰ、Ⅱ路输出电压值;指针式分别指示Ⅰ、Ⅱ路输出电压值。

④、⑤ 电流表(A):数显式分别指示Ⅰ、Ⅱ路稳流(限流)电流值;指针式分别指示Ⅰ、Ⅱ路稳流(限流)电流值。

⑥、⑦ 电压控制旋钮(VOLTAGE):Ⅰ、Ⅱ路各一只,分别调节各路的输出电压值。

⑧、⑨ 电流控制旋钮(CURRENT):Ⅰ、Ⅱ路各一只,分别调节各路的稳流(限流)电流值。

⑩、⑪ 稳压指示(C.V):Ⅰ、Ⅱ路处于稳压状态时,此灯亮。

⑫、⑬ 稳流指示(C.C):Ⅰ、Ⅱ路处于稳流状态时,此灯亮。

⑭ 过载指示:过载时灯亮。

⑮、⑯ 输出工作方式开关:独立、跟踪、串联、并联。

⑰、⑱ "＋"输出端。

⑲、⑳ "地"端。

㉑、㉒ "－"输出端。

㉓ "－"输出端(5 V)。

㉔ "＋"输出端(5 V)。

2) 输出工作方式

(1) 独立工作方式。将"跟踪/独立"按钮置"独立",得到两组完全独立的电源。用直流稳压电源或电子实训台调出±12 V电压,并分别用万用表和示波器测量。

(2) 跟踪工作方式。将"跟踪/独立"按钮置"跟踪",将主电路输出"－"端与从路输出"＋"端短接,即可得到一组输出电压数值完全相同,极性相反的电源。

(3) 并联工作方式(扩大电流使用)。将"跟踪/独立"按钮置"独立",两路输出电压都调至使用值,将两路的"＋"连在一起,"－"连在一起。

(4) 串联工作方式。将"跟踪/独立"按钮置"独立",两路输出预置电流应大于使用电流,将Ⅰ路的"－"与Ⅱ路的"＋"连在一起,然后将负载接在Ⅰ路的"＋"与Ⅱ路的"－"上。

3) 注意事项

(1) 稳压电源运行中严禁输出电源线短路,以免损坏设备。

(2) 双路输出时,要选择好输出工作方式和接线位置。

3. 信号发生器

信号发生器的结构各不相同,但其使用步骤基本相同,一般有如下几步:

(1) 按下电源按键接通电源。

(2) 根据所需信号要求,选择信号的种类。

(3) 根据所需信号要求,选择信号的频率和幅值旋钮。

(4) 根据所需信号的频率要求,调整信号的频率。

(5) 根据所需信号的幅值要求,调整信号的幅值。

(6) 信号发生器在使用过程中要严防输出短路。

4. 电烙铁

为保证焊接质量,使焊点牢固、光亮、圆滑、不出虚焊,必须了解锡焊工艺,掌握电烙铁的使用方法,从而进一步掌握锡焊技术。

1) 焊接的工具及焊料

电烙铁是常用的焊接工具,它的规格品种很多。焊接印制板上的电子元器件一般常采用 20~30 W 的电烙铁,焊接较粗的导线或焊接面积较大的部件时,可适当选择较大功率的电烙铁。焊接的其他辅助工具有尖嘴钳、斜口钳、镊子等。焊料的选择对焊接质量有很大的影响,常用的焊料为低熔点管状松香焊锡丝。助焊剂是锡焊中最重要的辅料之一。助焊剂性能的优劣,直接影响焊接的质量和焊接效率。松香焊剂是一种传统的助焊剂,它价格低廉,去除焊件表面氧化物的能力强,是常用的物美价廉的助焊剂。

2) 焊接技术

(1) 净化焊接部位表面。引线、管脚和焊点处要刮干净,涂上松香水,或先搪上锡。

(2) 掌握好焊接温度和时间。温度不够,焊锡流动性差,很容易凝固;温度过高,焊锡流淌,焊点不易存锡。焊接时烙铁头的温度要高于焊锡的熔点,烙铁头与焊点接触时间以使锡焊点光亮、圆滑为宜。焊点不亮或成"豆腐渣"状,说明温度不够,焊接时间太短。焊剂不能充分挥发,容易形成"虚焊"。焊接温度过高和时间过长,容易损坏元器件和印制板。

(3) 焊接时,被焊元器件要扶稳、扶牢,电烙铁不必加压或来回移动。尤其在焊锡凝固过程中,不要晃动被焊元器件,否则容易造成"虚焊"。烙铁蘸锡多少应视焊点大小而定,最好让所蘸锡量刚好能包住被焊物。一次上锡不够可以再次填补，但补锡时一定要和上次的锡一同熔化后方可移开烙铁头，以使焊点熔为一体。

（4）为提高效率，减少重复劳动，一般先将电阻、电容、晶体二极管、三极管等元件引线弯成所需的形状，一次性插入印制板的焊孔内，并排列整齐，然后统一焊接，检查焊点后剪去过长的引线。焊接元器件的顺序一般是先焊电阻、电容、二极管等元件，再焊晶体三极管和集成电路，集成电路最好采用专用插座。焊接三极管和集成电路的时间要短，以避免烫坏管子和集成电路。如果印制板上要焊接较重的元器件，如继电器、变压器等，可留到最后一步去焊接，以免在焊接、翻转印制板时，笨重的元器件折坏印制板。

（5）焊接完所有元器件后，要检查焊点的质量，每个焊点应饱满适中，表面光滑，焊点周围干净，无毛刺和虚焊点，有漏焊处应及时补焊。

5. 电子线路的调试

电子线路的调试是一个复杂的过程，也是一个对电子基础知识、基本原理的综合应用的过程，它主要靠平时多积累经验和技巧。现将电子线路的调试过程介绍如下：

（1）检查电路。对照电路图检查电路元器件是否连接正确，三极管和集成电路管脚，二极管、电容器的极性，电源线、地线是否接对；连接或焊接是否牢固；电源电压的等级和方向是否符合电路要求等。

（2）按功能块分别调试。任何复杂的电子设备都是由简单的单元电路组成的，把每一个单元电路调试正常，把它们连接成整机后，才能进行整机调试，这是整机正常工作的基础和前提。所以先分块调试电路既容易排除故障，又可以逐步扩大调试范围，实现整机调试。分块调试最好是装好一部分就调试一部分。有些设备不便于简单地分块调试，也可以在整机装配好后，再分块、分单元进行调试。

（3）先静态、后动态调试。电路安装结束后，不宜同时加电源又加信号进行电路调试。因为电路安装完毕后，未知因素太多，如接线是否正确无误，元器件是否完好无损，参数是否合适，分布参数影响如何等，都需要从最简单的工作状态开始观察、测试。所以，一般是先加电源不加信号进行静态调试，如调放大器的静态工作点、电路的分压值等。直流(即静态)工作状态正确后再加信号进行动态调试。

（4）整机联调。单元电路或功能块工作正常后，再联机进行整机调试。调试重点应放在关键单元电路或采用新电路、新技术的部位。调试顺序可以按信号传递的方向或路径，从前往后，也可以从后往前，一级一级地测试，逐步完成全电路的调试工作。

（四）操作练习

（1）用直流稳压电源或电子实训台调出直流 12 V 电压，并分别用万用表和示波器测量。

（2）用直流稳压电源或电子实训台调出±12 V 电压，并分别用万用表和示波器测量。

（3）用信号发生器或电子实训台调出电压峰值为 40 mV、频率为 1 kHz 的正弦波，用示波器观察并画出其波形。

（4）用信号发生器或电子实训台调出电压峰—峰值为 50 mV、频率为 2 kHz 的正弦波，用示波器观察并画出其波形。

（5）将所给的电阻、电容、三极管等电子元件插到万能板上进行焊接练习。

实训 2　电流串联负反馈放大电路

（一）技能鉴定评分表

考核项目：电流串联负反馈放大电路

姓名：_____　准考证号：_____　考核日期：___年___月___日

考核时间定额：___120___分钟　开考时间：___时___分　交卷时间：___时___分

监考人：_____　评卷人：_____　得分：_____

考核内容及要求	评 分 标 准	扣分	得分	考评员签名
一、元件选择及判别：10 分	选择及判别正确得 10 分			
二、按图 2 - 3 焊接电路：25 分	焊接正确 25 分			
三、焊接工艺：15 分	此项得分以三个等级评定： A 级：15 分；B 级：10 分；C 级：5 分			
四、静态工作点调试：15 分 　调节可变电阻 RP，实测 $U_{ce}=$___V，并根据实测数据确定工作点，写出有关计算公式	1. 工作点对且公式正确得 15 分 2. 工作点不对但公式正确得 7 分			
五、周期、频率的测试及放大倍数的计算：20 分 　在输入端加上 1 kHz、U_{P-P} 为 30～80 mV 的正弦波信号，用示波器测试输入、输出信号的周期和频率，并在最大不失真的情况下计算放大倍数 A_u	1. 能观察信号且正确得 5 分 2. 能调出饱和失真和最大不失真状态得 5 分 3. 读取周期、频率正确得 5 分 4. 放大倍数计算正确且有公式得 5 分；未写公式得 3 分			
六、观察波形：10 分 　用示波器观察波形并画出失真与不失真的波形	每对一个得 5 分			
七、回答问题：5 分	分析正确得 5 分			
八、安全文明操作	对于违反安全文明的操作，由考评员视情况扣分，所有在场的考评员签名有效			

考核说明：

（1）由鉴定所提供电子实训台和元器件。

(2)考试时间一到,所有考生必须停止操作,上交试卷,已接完线的考生等候考评员通知进场,给予一次通电机会(已通电两次的除外)。

(3)对于在考评中因扣分易引起争议的项目,考评员应在扣分栏中写明原因。

(4)此题占总分的 1/3。

(二)考核要求

(1)元件选择及判别:10 分(考生应按图选择及检查元件,如发现元件损坏,务必及时更换)。

(2)按图焊接:25 分(按图焊接正确得 25 分)。

(3)焊接工艺:15 分(此项得分以三个等级评定:A 级 15 分,B 级 10 分,C 级 5 分)。

(4)静态工作点调试:15 分(工作点对且公式正确得 15 分,只写公式且正确得 7 分)。调节可变电阻 RP,实测 $U_{ce}=$___V,并根据实测数据确定工作点,写出有关计算公式。

(5)周期、频率的测试及放大倍数的计算:20 分(能观察信号且正确得 5 分;能调出饱和失真和最大不失真状态得 5 分;读取周期、频率正确得 5 分;放大倍数计算正确且有公式得 5 分;未写公式得 3 分)。

在输入端加上 1 kHz、U_{P-P} 为 30～80 mV 的正弦波信号,用示波器测试输入、输出信号的周期和频率,并在最大不失真的情况下计算放大倍数 A_u。

(6)观察波形:10 分(每对一个得 5 分)。

用示波器观察波形并画出失真与不失真的波形。

(7)回答问题:5 分(分析工作点的稳定过程,如分析正确得 5 分)。

(8)安全文明操作:违反安全文明操作,由考评员视情况扣分,所有在场的考评员签名有效(有作弊等违反考场纪律行为的,按考场规定执行;未将考核设备复位及清理现场的,扣除 20 分;未归还考试工具、仪表、图纸的,扣除 50 分;造成主要设备损坏的,该项目记 0 分)。

(三)实训目的

(1)掌握电子线路的焊接及工艺要求。
(2)掌握电流串联负反馈放大电路静态工作点的调试及计算。
(3)掌握放大电路的电压放大倍数的测量。
(4)熟练掌握常用电子仪器(示波器、信号发生器、稳压电源等)的使用方法。

(四)实训器材

(1)12 V 直流稳压电源 1 台。
(2)信号发生器 1 台。
(3)示波器 1 台。
(4)电烙铁 1 个。
(5)指针式万用表一个。
(6)直流毫安(10 mA)1 个。
(7)直流微安(50 μA)1 个。

(8) 100 kΩ 可调电阻 1 个。

(9) 30 kΩ 电阻 1 个。

(10) 10 kΩ 电阻 1 个。

(11) 2.4 kΩ 电阻 1 个。

(12) 510 Ω 电阻 1 个。

(13) 100 μF 电解电容 1 个。

(14) 47 μF 电解电容 1 个。

(15) 22 μF 电解电容 1 个。

(16) 3DG6(或 9013)三极管 1 个。

(17) 万能板 1 块。

(18) 焊锡、导线若干。

（五）元件介绍

图 2-3 中所用到的电子元件主要是晶体三极管，它又称双极型晶体管，内含两个 PN 结，三个导电区域。从三个导电区引出三根电极，分别为集电极(c)、基极(b)和发射极(e)，它的基本结构示意图及电路符号如图 2-4 所示。在电路中，三极管常用 VT 来表示。三极管的用途非常广泛，主要用于各类放大、开关、限幅、恒流、有源滤波等电路。

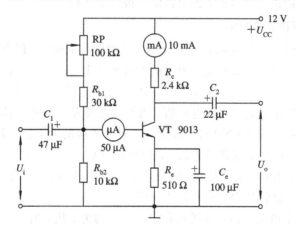

图 2-3　电流串联负反馈放大电路

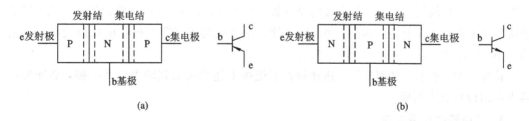

图 2-4　三极管的基本结构及电路符号
(a) PNP 型；(b) NPN 型

1. 三极管的参数

三极管的参数是用来表征管子性能优劣和适用范围的，也是选用的依据。三极管的参数较多，最常用到的有以下几个参数：

（1）电流放大系数 β。β 是三极管在共发射极接法时的电流放大系数。有直流和交流电流放大系数之分。β 值的离散性很大，一般在 $20\sim200$ 范围之内。β 值大，电路增益大，但容易产生自激，所以必须根据电路参数恰当选择 β 值。

（2）极间反向电流 I_{CBO}、I_{CEO}。集电极—基极反向饱和电流 I_{CBO} 表示发射极开路，c、b 间加上一定反向电压时的反向电流；集电极—发射极反向饱和电流 I_{CEO} 表示基极开路，c、e 间加上一定反向电压时的集电极电流，又称穿透电流。这两个电流要求越小越好。

（3）集电极最大允许电流 I_{CM}。电路工作时，集电极的最大工作电流不能大于 I_{CM}，否则三极管的性能将显著下降，甚至烧坏管子。

（4）集电极最大允许功耗 P_{CM}。表示集电结上允许功率损耗的最大值，若超过就会使管子性能变坏，甚至烧坏。

（5）反向击穿电压 U_{EBO}、U_{CBO}、U_{CEO}。三极管反向击穿电压有集电极开路时发射极—基极间的反向击穿电压 U_{EBO}、发射极开路时集电极—基极间的反向击穿电压 U_{CBO}、基极开路时集电极—发射极间的反向击穿电压 U_{CEO}。实际使用时，电路中各极之间的反向工作电压都必须小于上述反向击穿电压值，否则将使三极管永久损坏。

2. 三极管的类型和管脚判别

三极管的类型和管脚排列可从有关手册或管子的标志来确定，但有时管子上的标志失去了，就需要用指针式万用表来判别三极管的类型和三个管脚，方法如下：

将指针式万用表置于 $R\times100$ 或 $R\times1$ k 挡位，红表笔任意接一个管脚，黑表笔依次接另外两个管脚，分别测量它们之间的电阻值。当红表笔接某一管脚，其余两管脚与该管脚间均为几百欧姆时，则该管为 PNP 型三极管，红表笔所接的为 b 极。若以黑表笔为基准，即将两只表笔对调后，重复上述测量方法。若同时出现低电阻的情况，则该管为 NPN 型三极管，黑表笔所接的为 b 极。若不能出现上述测量结果，或者管脚之间正反向测量均为无穷大或很小，则表明三极管管脚之间断路或短路。

在判别出类型和基极 b 之后，再任意假定一个管脚为 e 极，另一个为 c 极。对于 PNP 型管，用红表笔接 c 极，黑表笔接 e 极，同时用手捏住管子的 b、c 极，观察指针式万用表指针摆动的幅度，按此法对调红、黑表笔，比较两次测量表针摆动的幅度，摆动较大的那一次，红表笔接的是 c 极，黑表笔接的是 e 极。对于 NPN 型管，摆动较大的那一次，黑表笔接的是 c 极，而红表笔接的是 e 极。用这种方法也能初步判断三极管电流放大系数 β 值的大小，摆动越大，三极管的 β 值也越大。

特殊类型三极管，如阻尼管、达林顿管不能按上述方法来判断类型及引脚，必须根据其内部结构特点去判断。

3. 三极管的使用常识

设计、安装、维修电子电路，选用和更换三极管时，必须注意以下几个方面的问题：

（1）小功率管不能代替中、大功率管，反向击穿电压低的管子不能代替高反压管，低频管不能代替高频管，不同类型的三极管不能互换。

（2）三极管的三个引线不能接错，不能互换。

（3）在高频电路中，有的三极管有四个引出脚，除 b、e、c 三个管脚外，第四个是"地线"，起屏蔽作用。

（4）中小功率三极管管脚的线径较细，容易折断，在安装、拆卸三极管时，不要过度弯曲。

（5）安装、拆卸三极管时，焊接速度要快，防止因时间太长、温度过高而把三极管烧坏。

（6）一些和三极管外形完全相同的特殊半导体器件，如单结晶体管、晶闸管、三端稳压管、场效应管等，不能简单地混为晶体三极管，也不能通过用指针式万用表测量三个管脚之间的电阻来判断其好坏。此时，必须用专用仪器或管子上的标志来鉴别是何种类型的晶体管。

（六）原理分析

图 2 - 3 中所用到的电子元件在电路中的作用如下：

（1）mA 为直流毫安表，用来测量集电极电流 I_c。

（2）μA 为直流微安表，用来测量基极电流 I_b。

（3）VT 为晶体三极管，是放大电路的核心，只有保证发射结上加正向电压（正向偏置）、集电结上加反向电压（反向偏置）时，晶体三极管才能起放大作用。

（4）U_{cc} 为工作电源，它是放大器的能源，保证了放大器能将弱信号变为强信号（晶体管本身不产生能量，只起能量控制和转换的作用）。

（5）R_c 为集电极电阻，集电极的电流信号经过 R_c 时，产生压降，从而使晶体管的电流放大作用转化为电压放大作用。

（6）R_{b1}、R_{b2} 与 RP 为分压电路，保证晶体管发射结处于正向偏置，调节 RP 就可以改变晶体管的静态基极电流，从而相应地改变集电极静态电流和管压降 U_{ce}，使放大器建立起合适的静态工作点，使晶体管工作于线性区，减少非线性失真。

（7）R_e 为射极偏置电阻，它将输出回路 I_c 的变化反馈到输入回路（这叫电流串联负反馈），消除环境温度、电源电压的影响，从而达到稳定工作点的目的。

（8）C_1、C_2 为耦合电容器，又叫隔直电容器，可使交流信号顺利通过，而直流信号不能通过，一般电容量较大。C_e 用来傍通输出电流中的交流成分，使之不通过 R_e，避免了交流成分也产生负反馈，这样就不会使输入信号的放大倍数下降。

由于半导体的导电特性与温度有关，因此温度的变化对晶体管特性有很大影响。当温度升高时，就会使静态工作点偏离，使 I_c 和 U_{ce} 发生异常变化，偏离预定的数值，为了改善静态工作点，一般采用射极偏置电路（见图 2 - 3）和集基偏置电路（见图 2 - 5）。图 2 - 3 采用射极偏置（或称电流串联负反馈）的方法，利用输出回路电流 I_c 的变化反馈到输入回路来抑制 I_c 的变化，改善静态工作点，具体过程如下：

$$温度或负载 \uparrow \longrightarrow I_c \uparrow \longrightarrow I_e \uparrow \longrightarrow U_e \uparrow \longrightarrow U_{be} \downarrow \longrightarrow I_b \downarrow$$
$$I_c \downarrow \longleftarrow$$

该电路较好地改善了静态工作点，所以，实际工作时，各相关参数相对稳定，不受外界温度和负载变化的影响。

（七）实训步骤

（1）按照原理图选择合适的元器件，判别元件好坏、极性或管脚，并进行元件参数的确认。

（2）按照原理图排列并焊接线路。首先应按照原理图及工艺要求排列好各元器件，并确认无误后才进行焊接。焊接时，应先用电烙铁稍稍加热万能板和元件后，再加焊锡，要避免元件因过热而损坏以及虚焊和焊不牢的现象，并且要求各焊点光亮整洁，工艺美观。

（3）调节直流稳压电源，使输出电压为 12 V，并接入电路。

（4）静态工作点的调试（直流状态）。改变 RP，应能使 U_{ce} 可调节，用万用表实测 $U_{ce} \approx 6$ V，记录 I_c、I_b 及 $R_{P测}$ 的值。

（5）静态工作点的估算。

因为

$$U_b = U_{CC} \times \frac{R_{b2}}{R_{b2} + R_{b1} + R_{p测}}$$

而

$$I_e = \frac{U_b - U_{be}}{R_e}$$

又因为 $I_c \approx I_e$，所以

$$I_b = \frac{I_c}{\beta}$$

所以

$$U_{ce} = U_{CC} - I_c(R_c + R_e)$$

（6）取交流信号。调节信号发生器，使其输出峰-峰值为 40 mV、频率为 1 kHz 的正弦交流电压信号（通过示波器读取），并加入电路输入端。

（7）观察输出信号。调节 RP，使电路工作于最大不失真（放大）和截止失真状态，并记录波形；然后调节信号发生器的幅值旋钮，使电路工作于饱和失真状态，并记录波形。

（8）计算电压放大倍数及频率。通过示波器读取电路工作于最大不失真状态时的 U_{iP-P}、U_{oP-P} 和周期 T 的值，计算最大不失真时的电压放大倍数 A_V 及频率 f。

（八）注意事项

（1）注意三极管管脚及电容极性以及直流电源的正负极性。

（2）静态调试时，调节 RP 的值，U_{ce} 和 I_c 应能连续变化。

（3）取交流正弦信号时，应以示波器观察到的信号为准。

（九）故障分析

（1）静态调试时，调节 RP，U_{ce} 为 12 V 或 0 V。这种情况必须先检查三极管的管脚好坏，然后检查是否有接触不良和电路其他元件损坏。

（2）动态调试时，无论怎样调节 RP，输出均为饱和失真。这时肯定是输入信号太强，必须检查示波器是否有衰减或未校准。

（3）静态调试正常，但动态调试时无信号输出。这时必须检查 C_1、C_2 是否开路或极性接反以及输入信号、集电极直流工作电压是否正常。

（十）分析思考

（1）观察输出信号时，为什么放大器的输入和输出波形正好倒相？

（2）为什么用万用表测出的信号电压值与示波器的不一样？

实训 3　电压并联负反馈放大电路

（一）技能鉴定评分表

该实训的技能鉴定评分表与本章实训 2 相同。

（二）考核要求

该实训的考核要求与本章实训 2 相同。

（三）实训目的

（1）掌握电子线路的焊接及工艺要求。

（2）掌握电压并联负反馈放大电路静态工作点的调试及计算。

（3）观察静态工作点对放大倍数及非线性失真的影响。

（4）掌握放大电路的电压放大倍数的测量。

（5）熟练掌握常用电子仪器（示波器、信号发生器、稳压电源等）的使用方法。

（四）实训器材

（1）12 V 直流稳压电源 1 台。

（2）信号发生器 1 台。

（3）示波器 1 台。

（4）指针式万用表 1 个。

（5）电烙铁 1 个。

（6）直流毫安表（10 mA）1 个。

（7）直流微安表（50 μA）1 个。

（8）2.4 kΩ 电阻 1 个。

（9）30 kΩ 电阻 1 个。

（10）500 kΩ 可调电阻 1 个。

（11）47 μF 电解电容 1 个。

（12）22 μF 电解电容 1 个。

（13）3DG6（或 9013）三极管 1 个。

(14) 万能板 1 块。

(15) 焊锡、导线若干。

(五)元件介绍

图 2-5 中所用到的电子元件都在实训 2 及《电工初级技能实训》中作过详细介绍,具体内容请参见有关部分。

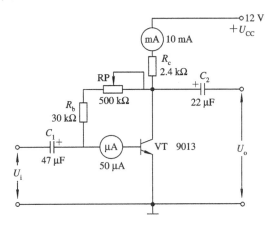

图 2-5 电压负反馈放大电路

(六)原理分析

图 2-5 中的大部分电子元件的作用与实训 2 中的相似,其中 R_b 与 RP 的作用有所不同,R_b 与 RP 为基极偏置电阻,使晶体管发射结处于正向偏置,调节 RP 就可以改变晶体管的静态基极电流,从而相应地改变集电极静态电流 I_c 和管压降 U_{ce},使放大器建立起合适的静态工作点,使晶体管工作于线性区,减少非线性失真。

在电子线路中,由于半导体的导电特性与温度有关,因此温度的变化对晶体管特性有很大影响。当温度升高时,就会使静态工作点偏离,使 I_c 和 U_{ce} 发生异常变化,偏离预定的数值。为了改善静态工作点,一般采用集基偏置电路和射极偏置电路。

图 2-5 为通过采用集基偏置(或电压并联负反馈)的方法来抑制因温度升高或负载增加而使 I_c 增大。该电路是利用 R_b 与 RP 跨接于晶体管的 c、b 两极之间,这时偏流 I_b 不是直接由 U_{cc} 驱动,而是由集电极电压 U_{ce} 驱动。故当集电极电流 I_c 因温度升高或负载增加而增加时,U_{ce} 下降,从而引起 I_b 减小,I_b 减小了,就有促使 I_c 回降的作用,这就使 I_c 的增加受到制约,趋向稳定,改善静态工作点。具体过程如下:

$$温度或负载\uparrow \longrightarrow I_c\uparrow \longrightarrow I_cR_c\uparrow \longrightarrow U_{ce}\downarrow \longrightarrow I_b\downarrow$$
$$I_c\downarrow$$

(七)实训步骤

(1) 按照原理图选择合适的元器件,判别其好坏、极性或管脚,并进行元件参数的确认。

（2）按照原理图焊接线路。焊接时，应先用电烙铁稍稍加热万能板和元件后，再加焊锡，要避免元件因过热而损坏以及虚焊和焊不牢的现象，并且要求各焊点光亮整洁，工艺美观。

（3）调节直流稳压电源，使输出电压为 12 V，并接入电路。

（4）静态工作点的调试（直流状态）。改变 RP，应能使 U_{ce} 可调节，用万用表实测 $U_{ce} \approx 6$ V，记录 I_c、I_b 的值。

（5）静态工作点的估算。

$$I_b = \frac{U_{CC} - U_{be}}{R_c(1 + \beta) + R_b + R_{P测}}$$

（U_{be} 为发射极的正向压降，硅管约为 0.7 V，锗管约为 -0.2 V，$R_{P测}$ 为调整后 RP 的实际值）

由于穿透电流很小，通常忽略不计，所以

$$I_c \approx \beta I_b$$
$$U_{ce} = U_{CC} - (I_c + I_b)R_c$$

（6）取交流信号。调节信号发生器，使其输出为 $U_{iP-P} = 40$ mV、$f = 1$ kHz 的正弦交流电压信号（通过示波器读取），并加入电路输入端。

（7）观察输出信号。调节 RP，使电路工作于非失真（放大）和截止失真状态，并记录波形；然后调节信号发生器，使电路工作于饱和失真状态，并记录波形。

（8）计算电压放大倍数及频率。通过示波器读取电路工作于最大不失真状态时的 U_{iP-P}、U_{oP-P} 和周期 T 的值，计算电压放大倍数 A_V 及频率 f。

（八）注意事项

（1）注意晶体三极管管脚及电容极性以及直流电源的正负极性。

（2）静态调试时，调节 RP，U_{ce} 和 I_c 应能连续变化。

（3）取交流正弦信号时，应以示波器观察到的信号为准。

（4）观察输出信号时，应注意放大器的倒相作用。

（九）故障分析

（1）静态调试时，调节 RP，U_{ce} 为 12 V 或 0 V。这种情况必须先检查三极管管脚的好坏，然后检查是否有接触不良和电路其他元件损坏。

（2）动态调试时，无论怎样调节 RP，输出均为饱和失真。这时肯定是输入信号太强，必须检查示波器是否有衰减或未校准。

（3）静态调试正常，但动态调试时无信号输出。这时必须检查 C_1、C_2 是否开路或极性接反以及输入信号、集电极直流工作电压是否正常。

（十）分析思考

（1）比较图 2-3 与图 2-5 的异同。

（2）测量各点电压时，万用表分别用什么挡位？

实训 4　单相桥式可控硅整流电路

(一) 技能鉴定评分表

考核项目：单相桥式可控硅整流电路

姓名：＿＿＿＿＿＿准考证号：＿＿＿＿＿＿＿＿＿考核日期：＿＿＿年＿＿月＿＿日

考核时间定额：＿120＿分钟　开考时间：＿＿＿时＿＿＿分　交卷时间：＿＿＿时＿＿＿分

监考人：＿＿＿＿＿＿＿＿＿　评卷人：＿＿＿＿＿＿＿＿＿　得分：＿＿＿＿＿＿

考核内容及要求	评　分　标　准	扣分	得分	考评员签名
一、元件识别及检测：30 分(用指针式万用表检测和判别)				
1. 稳压二极管的极性：5 分 2. 桥堆的交流端与输出的正、负极：10 分 3. BT33 的检查及极性的判别：5 分 4. SCR 的检查及极性的判别：10 分	稳压管检测正确：5 分 桥堆判别正确：10 分 BT33 判别正确：5 分 SCR 判别正确：10 分			
二、电路的焊接与调试(70 分)				
1. 焊接正确：30 分	通电正常得 30 分			
2. 负载的调节：25 分 接通电源，调节灯泡亮度	1. 亮度正常且能平滑改变得 25 分 2. 亮度正常但不能改变得 10 分 3. 不能亮不得分			
3. 波形测量：15 分 调节 RP，使导通角为最大或最小时，测整流桥输出端(A)、稳压器两端(B)、电容器两端(C)点的电压并绘出其波形	由考评员现场指定测最大或最小时的波形并抽查有效 每点波形正确得 5 分			
三、安全文明操作	对于违反安全文明的操作，由考评员视情况扣分，所有在场的考评员签名有效			

考核说明：与实训 2 相同。

(二) 考核要求

(1) 元件选择及判别：30 分。

① 稳压二极管极性的判别：稳压管判别正确得 5 分。

② 桥堆的交流端与输出的正、负极：桥堆判别正确得 10 分。

③ BT33 的检查及极性的判别：BT33 判别正确得 5 分。

④ SCR 的检查及极性的判别：SCR 判别正确得 10 分。

（2）电路的焊接与调试：70 分（考生务必按图 2 - 6 焊接）。

① 焊接正确：通电正常得 30 分。

② 负载的调节：接通电源，调节灯泡亮度（亮度正常且能平滑改变得 25 分；亮度正常但不能改变得 10 分；不能亮不得分）。

③ 波形测量：调节 RP 的值，使导通角为最大或最小时，测整流桥输出端（A）、稳压器两端（B）、电容器两端（C）点的电压并绘出波形（由考评员现场指定测最大或最小时的波形并抽查，每点波形正确得 5 分）。

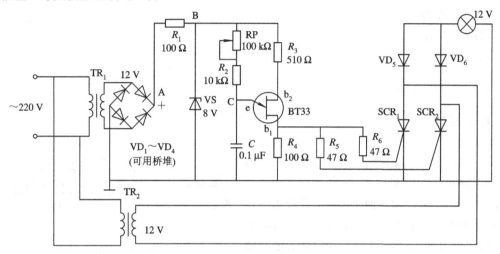

图 2 - 6　单相可控硅整流电路

（3）安全文明操作：与实训 2 相同。

（三）实训目的

（1）掌握单结晶体管和可控硅的工作原理。

（2）了解单结晶体管触发脉冲产生的原理。

（3）了解调压的原理。

（4）掌握各工作点的输出波形。

（5）掌握输出电压与控制角之间的关系。

（四）实训器材

（1）220 V/12 V 交流变压器 2 个。

（2）示波器 1 台。

（3）指针式万用表 1 块。

（4）桥堆 1 个。

（5）100 Ω 电阻 2 个。

（6）8 V 稳压管 1 个。

（7）100 kΩ 可调电阻 1 个。

（8）10 kΩ 电阻 1 个。

（9）0.1 μF 电容 1 个。

(10) 510 Ω 电阻 1 个。

(11) 单结晶体管(BT33) 1 个。

(12) 47 Ω 电阻 2 个。

(13) 二极管 2 个。

(14) 可控硅 2 个。

(15) 12 V 灯泡 1 个。

(16) 万能板 1 块。

(17) 导线若干。

(18) 烙铁 1 个。

(19) 焊锡若干。

(五)元件介绍

1. 可控硅

1) 结构

可控硅也称为晶闸管。它有三个电极,即阳极 a、阴极 c 和控制极 g。一般情况下,螺母一端是阳极 a,另一端有两个电极,引线粗的是阴极 c,细的是控制极 g。通过用指针式万用表测量极间电阻的方法可以判断其好坏、触发能力及管脚。可控硅的图形文字符号及内部结构示意图如图 2 - 7 所示。

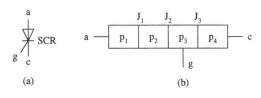

图 2 - 7　可控硅

(a) 图形文字符号;(b) 内部结构示意图

2) 工作原理

在可控硅的阴阳极加反向电压时,只有 J_2 结正向偏置,故只能通过很小的反向漏电流,可控硅不导通,呈反向阻断状态。在可控硅的阴阳极加正向电压时(控制极断开),J_1、J_3 结正向偏置,而 J_2 结反向偏置,故在此时还是只有极小的正向漏电流通过,可控硅仍不导通,呈正向阻断状态。在可控硅的阴阳极加正向电压,并在控制极与阴极之间加上一定的正向触发电压 U_g,此时 J_1、J_2、J_3 结均为正偏值,并且由于自身的正反馈作用,即使触发电压消失,它们也能保持导通,只有当阳极电压切除或反向时,才能使之关断。

3) 主要参数

使用时必须注意加在可控硅上的正、反向电压峰值不应超过正、反向峰值阻断电压,通过的平均电流值不应超过额定正向平均电流值,否则,可能损坏可控硅元件。其主要参数如下:

(1) 正向阻断峰值电压(PFV)。

(2) 反向阻断峰值电压(PRV)。

(3) 额定正向平均电流(I_f)。

(4) 控制极触发电压(U_g)。

(5) 维持电流(I_h)。

4) 好坏判别

(1) 在 $R \times 100$ 挡,测量晶闸管阴阳极间正、反向电阻值,正常的晶闸管正、反向电阻值都应在几百千欧以上,若只有几欧或几十欧,则说明晶闸管已短路损坏。

（2）在 $R\times10$ 挡或 $R\times1$ 挡，测量控制极与阴极间的正向电阻应很小（几十欧），反向电阻应很大（几十至几百千欧），但有时由于控制极 PN 结特性并不太理想，反向呈不完全阻断状态，故有时测得的反向电阻不是太大（几千欧或几十千欧），这并不能说明控制极特性不好。测试时，如果控制极与阴极间的正、反向电阻都很小（接近 0）或很大，这说明晶闸管已损坏。

5）管脚判别

将指针式万用表量程拨至 $R\times1$ 挡，将黑表笔接阳极，红表笔接阴极，记下表针位置。然后用一导线或通过开关，将晶闸管阳极与控制极短路一下（这相当于给控制极加上正向控制电压），晶闸管导通，读数为几至几十欧。再把导线断开，若读数不变，说明晶闸管良好。本法仅适用于小容量晶闸管，对于中容量和大容量晶闸管，可在指针式万用表 $R\times1$ 挡上再串一个 1.5 V 电池来测试。

2. 单结晶体管

1）结构

单结晶体管由一个 PN 结、发射极 e、第一基极 b_1（离 e 较远）和第二基极 b_2（离 e 较近）组成，由于有两个基极，故又称为双基极二极管。其图形符号和等效电路如图 2 - 8 所示。

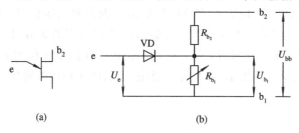

图 2 - 8　单结晶体管
（a）图形符号；（b）等效电路

图中，VD 代表发射极 e 与基极 b_1、b_2 间的等效二极管，因此，单结晶体管的发射极与任一基极间都有单向导电性，而基极 b_1 与 b_2 之间有约 $2\sim12$ kΩ 的电阻。

2）工作原理

单结晶体管工作时，如果 $U_e<U_{b_1}$，则 PN 结反向截止，e、b_1 极之间是高阻状态。如果 $U_e>U_P$（U_P 为峰点电压，且 $U_P=U_{b_1}+U_V$，一般 U_V 为 $0.6\sim0.7$ V，为 PN 的正向电压降，即谷点电压），则 PN 结正向导通，e、b_1 极间的电阻突然减小，发射极 e 即流过一个很大的脉冲电流，导通后，只要 $U_e>U_V$，它就能维持导通状态，当 $U_e<U_V$ 时，它就呈截止状态。

3）单结晶体管管脚判别

（1）发射极 e。指针式万用表置于 $R\times1$ k 挡，任意测量两个管脚间的正反向电阻，其中必有两个电极间的正反向电阻是相等的，约为 $2\sim12$ kΩ（这两个管脚分别为第一基极 b_1 和第二基极 b_2），则剩余一个管脚为发射极 e（因为单结晶体管是在一块高电阻率的 N 型硅半导体基片上引出两个欧姆接触的电极作为两个基极 b_1、b_2 的，b_1 和 b_2 之间的电阻就是硅片本身的电阻，正反向电阻相同）。

（2）b_1、b_2 极。测量发射极与某一基极间的正向电阻，阻值较大的为 b_1，阻值较小的为 b_2。

4）单结晶体管和普通晶体三极管（NPN）的判别

单结晶体管不但外形与普通三极管相似，而且与 NPN 三极管测量时也有相似之处。

单结晶体管(双基极二极管)的发射极 e 对两个基极 b_1、b_2 均呈现 PN 结的正向特性,利用单结晶体管的 b_1、b_2 之间没有 PN 结的特性,可以与普通 NPN 管相区别。单结晶体管的 b_1、b_2 间正反向电阻都一样约为 $2\sim12$ kΩ,而 NPN 型晶体管的集电极与发射极之间是一个正向 PN 结和一个反向 PN 结串联,用指针式万用表测量时正反向阻值都很大。

3. 桥堆

(1)桥堆好坏判别。桥堆相邻两个管脚间都有一个 PN 结(正向导通,反向阻断),如果有相邻两个管脚正反向电阻都无穷大(开路)或接近于 0(短路),则桥堆已经损坏。

(2)管脚判别。将指针式万用表打到 $R\times1$ k 挡,选定一管脚接到指针式万用表黑(红)表笔上,红(黑)表笔分别接到其余三个管脚。如果三个阻值都很小,则所选定管脚为桥堆直流输出负(正)极端;若有大有小,则为桥堆输入电源端。

(六)原理分析

图 2-6 所示电路为一可控硅整流调压电路,由单结管组成的触发电路和单相桥式半控整流电路组成。在图示的触发电路中,由桥式整流电路输出全波整流电压信号,通过限流电阻 R_1 和稳压管后,稳压管使整流电源的输出电压幅值限制在一定值上,输出一梯形波,提供给 RC 振荡电路,经电容 C 充放电后输出一锯齿波电压信号,该信号又作为单结管的发射极的输入电压信号,从而使单结管输出一系列较窄的尖峰脉冲;主电路工作后,当控制极接收到同步的脉冲信号时,可控硅的阴阳极在正向电压作用下触发导通。调节充放电回路中的 RP,改变控制角 α,可改变导通角 β,从而达到调节输出电压的目的。

(七)实训步骤

(1)根据原理图,选择合适的元器件。对有极性或有管脚要求的元件应进行正确的判断,对其他元件应确认标称参数。

(2)按照原理图正确焊接线路。

(3)调试触发电路。线路焊好后,调节 RP,用示波器观察各工作点的电压波形,直至输出一连续可调的脉冲信号。

(4)系统调试。接通主电路,将脉冲信号加入可控硅的控制极,用示波器测试负载两端的电压波形;波形正常后,调节 RP,应使灯泡亮度发生变化。

(八)注意事项

(1)连接线路时,必须将各元件正确接入,特别应注意二极管、桥堆、稳压管的极性。

(2)主电路和触发电路必须同步(取同相电源)。

(3)测试负载电压波形时,因电压较高,应用带衰减器的探针直接从灯泡两端测试。

(九)故障分析

(1)观察电容两端的波形时,无锯齿波输出,这时需先检查整流桥是否有电压输出,稳压管是否接反或被击穿,然后检查单结管的好坏及管脚是否有误。

(2)触发电路有脉冲输出,但接好主电路后灯泡不亮。这种情况应先检查可控硅两端是否加上了正向电压,可控硅的好坏和管脚是否有问题,然后检查脉冲幅值是否达到要求。

（3）灯泡能发光，但亮度不可调。这时必须检查可调电阻及电容是否有问题，然后检查单结管接线及好坏。

（十）思考分析

（1）了解触发角 α、导通角 β 与负载电压的关系。

（2）若将触发电路的电源接到 A 相，主电路的电源接到 B 或 C 相，会出现什么现象？

（3）当脉冲的幅值不够高时，用什么方法增大其幅值？

实训 5　差分放大可调稳压电路

（一）技能鉴定评分表

考核项目：差分放大可调稳压电路

姓名：_____　准考证号：_____　考核日期：____年____月____日

考核时间定额：__120__分钟　开考时间：____时____分　交卷时间：____时____分

监考人：_____　评卷人：_____　得分：_____

考核内容及要求	评 分 标 准	扣分	得分	考评员签名
一、元件识别及检测：20 分 　用指针式万用表检测稳压二极管的极性及电容、三极管的好坏	稳压管检测正确：5 分 电容检测正确：5 分 三极管检测正确：10 分			
二、电路的插接与调试（70 分）				
1. 插接正确：20 分	通电正常得 20 分			
2. 波形测量：15 分 　接通电源，按表 2 - 1 的要求测量并填入表 2 - 1 中	现场抽查： 按表 2 - 1 中的要求评分			
3. 输出电压的调节：10 分 　调节 RP，使输出电压能在 6～12 V 之间连续可调	连续可调得 10 分 不能调但有电压得 4 分			
4. VT3 管压降 U_{ce} 的测量：10 分 　按表 2 - 2 的要求进行测量并填入表 2 - 2 中	现场抽查：按表 2 - 2 的要求评分			
5. 输出电流的测量：5 分 　按表 2 - 2 的要求进行测量并填入表 2 - 2 中	现场抽查：按表 2 - 2 的要求评分			
6. 接入负载：10 分 　将输出电压调到 12 V，接入负载电阻，其输出电压降不应超过 0.5 V	空载与有载相比，输出电压超过 0.5 V 不得分			
三、回答问题：10 分 　简述差动放大原理	能准确地答出要点得 10 分			
四、安全文明操作	对于违反安全文明的操作，由考评员视情况扣分，所有在场的考评员签名有效			

考核说明：与实训 2 相同。

(二) 考核要求

(1) 元件识别及检测：20 分(用指针式万用表检测稳压二极管的极性及电容、三极管的好坏。稳压管检测正确得 5 分；电容检测正确得 5 分；三极管检测正确得 10 分)。

(2) 电路的插接与调试：70 分(考生应按图 2 - 9 选择元件进行插接)。

① 插接正确：20 分(以通电调试成功为准，正确得 20 分)。

② 波形测量：15 分(接通电源，按表 2 - 1 的要求测量并填入表中)。

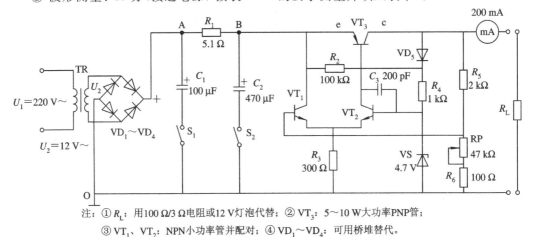

注：① R_L：用100 Ω/3 Ω电阻或12 V灯泡代替；② VT_3：5～10 W大功率PNP管；
③ VT_1、VT_2：NPN小功率管并配对；④ VD_1～VD_4：可用桥堆替代。

图 2 - 9 差分放大可调稳压电路

表 2 - 1 波形测量(由考评员抽查两个及以上的波形并签名生效)

波形 \ 电路状态	U_2(3分)	U_{a0}(6分)	U_{b0}(6分)	考评员签名
K_1、K_2 全断				
K_1 合，K_2 断				
K_1、K_2 全合				

③ 调节 RP，使输出电压能在 6～12 V 连续可调得 10 分；不能调但有电压得 4 分。

④ VT_3 管压降 U_{ce} 的测量：10 分。按表 2 - 2 的要求进行测量并填入表 2 - 2 中。

⑤ 输出电流的测量：5 分。按表 2 - 2 的要求进行测量并填入表 2 - 2 中。

表 2 - 2 U_{ce} 及输出电流的测量(由考评员抽查两个及以上的数据并签名生效)

输出电压值	6 V	8 V	9 V	10 V	12 V	考评员签名
VT_3 的 U_{ce} 值(每空 2 分)						
输出电流值(每空 1 分)						

⑥ 接入负载：10 分(将输出电压调到 12 V，接入负载电阻，其输出电压降不应超过 0.5 V)。

(3) 回答问题：10 分。简述差动放大原理。

（4）安全文明操作：与实训 2 相同。

（三）实训目的

（1）熟悉单相桥式整流滤波电路的工作特性。
（2）了解整流滤波电路输入、输出端的电压波形。
（3）了解差动放大稳压电路的特点和线路的工作原理。
（4）掌握比较复杂的电子线路的分析方法。
（5）进一步熟悉示波器的使用。

（四）实训器材

（1）示波器 1 台。
（2）指针式万用表 1 个。
（3）220/12 V 变压器 1 个。
（4）大面包板 1 块。
（5）桥堆 1 个。
（6）100 μF 电容 1 个。
（7）470 μF 电容 1 个。
（8）5.1 Ω 电阻（3 W）1 个。
（9）PNP 大功率三极管 1 个。
（10）NPN 小功率三极管（配对）2 个。
（11）100 kΩ 电阻 1 个。
（12）300 Ω 电阻 1 个。
（13）200 pF 电容 1 个。
（14）1 kΩ 电阻 1 个。
（15）4.7 V 稳压器 1 个。
（16）2 kΩ 电阻 1 个。
（17）47 kΩ 可调电阻 1 个。
（18）100 Ω 电阻 1 个。
（19）100 Ω 电阻（或灯泡）1 个。
（20）300 mA 直流毫安表 1 个。
（21）导线若干。

（五）原理分析

在《电工初级技能实训》中，我们学习过串联稳压电路。串联稳压电路在输入电压变化或负载电流变化时能保持输出电压的稳定，但是当环境温度变化时，三极管的参数会发生变化，从而影响输出电压的稳定，所以在输入电压变化或负载电流变化且要求输出电压的温度稳定度高的稳压电路中，就常常使用差动放大稳压电路或运算放大器。

图 2 - 9 就是一个差动放大的稳压电路，图中，$VD_1 \sim VD_4$ 组成单相桥式整流，将交流电变成脉动性较大的直流电；C_1、C_2、R_1 组成 π 型滤波电路，将电路中的交流成分滤掉，

变成脉动性较小的直流电;VT_3 为调整管,起电压调节作用;R_4、RP、R_6 组成分压电路,用来把输出电压 U_o 的变化量的一部分取出,加到直流放大器 VT_1 的基极,故分压电路也叫取样电路,从 RP 上取出的电压叫取样电压;VD_5、R_4、VS 组成稳压电路,用来提供基准电压,加到直流放大器 VT_2 的基极;基准电压信号与取样电压信号经差动放大后,作用于 VT_3,使 VT_3 的发射极与集电极之间的电压 U_{ce} 发生变化,从而达到稳定输出电压的目的。

稳压过程如下:

(1) 当负载不变,因输入电压变化(或者输入电压不变,负载变化)而使 U_o 增加时:

$$U_i \uparrow \rightarrow I_L \uparrow \rightarrow U_o \uparrow \rightarrow U_{b_1} \uparrow \rightarrow U_{b_3} \uparrow \rightarrow U_{ce_3} \uparrow$$
$$U_o \downarrow \leftarrow$$

(2) 当温度变化时,差动放大电路能抑制零点漂移,其工作过程如下:

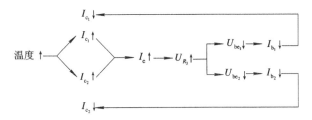

(六) 实训步骤

(1) 根据图 2-9 选择良好的元件,正确判别元件的极性、管脚及参数。

(2) 按照图 2-9 正确插接线路。

(3) 线路无误后,接入电源,在 K_1、K_2 不同状态下,用示波器测量整流电路波形,并填入表 2-1 中。

(4) 调节 RP,测量电路输出电压,应能在 6~12 V 之间连续可调。

(5) 在不同的输出电压下,测量 VT_3 的管压降 U_{ce} 和电路的输出电流,并记录于表 2-2 中。

(6) 输出电压为 12 V 时接入负载电阻,测量负载两端电压,观察电压变化情况,其波动范围应不超过 0.5 V。

(七) 注意事项

(1) 连接线路时,注意元件的极性,将管脚正确接入线路。

(2) 三极管 VT_3 使用 5~10 W 的 PNP 管,VT_1、VT_2 使用 NPN 型小功率管并配对。

(3) 负载采用 100 Ω/3 W 电阻或用 12 V 灯泡。

(4) 测量波形时,注意信号交、直流特性,所画波形周期应一致。

(八) 故障分析

(1) 当 K_1、K_2 全合时,U_{BO} 的脉动性较大。这时应检查 K_1、K_2 是否真正合上,再检查 C_1、C_2 是否开路,然后检查 VD_1~VD_4 中是否有二极管开路(桥堆损坏)。

(2) U_{BO} 输出正常,但经过差动放大后,无输出电压或输出电压不可调。这时必须先检查接线是否有问题，再检查 VT_3 是否正常工作，然后检查 U_{b1} 是否随 RP 的变化而变化，以及 U_{b2} 是否有稳定的电压信号。

（3）电源接通后，输出电压很低，调节 RP 时也调不上去。这时要检查稳压管是否接反或被击穿，以及取样电路是否有问题。

（九）思考分析

（1）输出电压 U_o 的大小与哪些因素有关？

（2）VD_5 在电路中起何作用？

（3）本实训电路与《电工初级技能实训》中的串联可调稳压电源电路比较，电路有何异同？并说明各自的优缺点。

实训 6　运算放大电路

（一）技能鉴定评分表

考核项目：运算放大电路

姓名：＿＿＿＿＿＿　准考证号：＿＿＿＿＿＿＿＿＿　考核日期：＿＿年＿＿月＿＿日

考核时间定额：＿＿120＿＿分钟　开考时间：＿＿时＿＿分　交卷时间：＿＿时＿＿分

监考人：＿＿＿＿＿＿＿＿＿　评卷人：＿＿＿＿＿＿＿＿＿　得分：＿＿＿＿＿

考核内容及要求	评 分 标 准	扣分	得分	考评员签名
一、反相比例运算放大器的连接与调试(50分)				
1. 按图 2-10(a)接线：20 分	接线正确得 20 分			
2. 输出电压的测量及放大倍数的计算：30 分 在输入端加信号，按表 2-3 的要求测量并填入表中	1. 通过分压电路正确取出信号，每个得 1 分 2. 输出电压测量正确，每个得 1 分 3. 放大倍数实测每对 1 个得 2 分 4. 放大倍数理论计算，每对 1 个得 2 分(公式正确)			
二、同相比例运算放大器的连接与调试(50分)				
1. 按图 2-10(b)接线：20 分	接线正确得 20 分			
2. 输出电压的测量及放大倍数的计算：30 分 在输入端加信号，按表 2-4 的要求测量并填入表中	1. 通过分压电路正确取出信号，每个得 1 分 2. 输出电压测量正确，每个得 1 分；放大倍数实测，每对 1 个得 2 分 3. 放大倍数理论计算，每对 1 个得 2 分(公式正确)			
三、安全文明操作	对于违反安全文明的操作，由考评员视情况扣分，所有在场考评员签名有效			

考核说明:

(1) 由鉴定所提供小面包板及元件,考生不得自行带元件进入考场。

(2) 考试时间一到,所有考生必须停止操作,上交试卷,已接完线的考生等候考评员通知进场,给予一次通电机会(已通电两次的除外)。

(3) 此题占总分的 1/3。

(二)考核要求

(1) 反相比例运算放大器的连接与调试:50 分(考生根据图 2-10 选择和检查元件,如发现元件损坏,务必及时更换)。

① 按图接线:20 分(接线正确得 20 分)。

② 输出电压的测量及放大倍数的计算:30 分。在输入端加信号,按表 2-3 的要求测量并填入表中(通过分压电路正确取出信号,每个得 1 分;输出电压测量正确,每个得 1 分;放大倍数实测,每对 1 个得 2 分;放大倍数理论计算,每对 1 个得 2 分(公式正确))。

表 2-3 反相输入测量值(由考评员抽查两个及以上数据并签名有效)

输入值		0 V	0.5 V	0.8 V	−0.5 V	−0.8 V
输出值						
放大倍数	实测值					
	理论值					

(2) 同相比例运算放大器的连接与调试(50 分)。

① 按图 2-10 接线:20 分(接线正确得 20 分)。

② 输出电压的测量及放大倍数的计算:30 分。在输入端加信号,按表 2-4 的要求测量并填入表中(通过分压电路正确取出信号,每个得 1 分;输出电压测量正确,每个得 1 分;放大倍数实测每对一个得 2 分;放大倍数理论计算每对一个得 2 分(公式正确))。

表 2-4 同相输入测量值(由考评员抽查两个及以上数据并签名有效)

输入值		0 V	0.5 V	0.8 V	−0.5 V	−0.8 V
输出值						
放大倍数	实测值					
	理论值					

(3) 安全文明操作:与实训 2 相同。

(三)实训目的

(1) 了解比例运算放大器的特点,掌握运算放大器的测量和分析方法。

(2) 掌握同相、反相运算放大器的接线及调试。

（四）实训器材

（1）＋/－12 V 直流电源 1 个。

（2）小面包板 1 块。

（3）10 kΩ 电阻 4 个。

（4）1 kΩ 可调电阻 2 个。

（5）100 kΩ 电阻 1 个。

（6）470 Ω 电阻 2 个。

（7）发光二极管 2 个。

（8）LM324 集成块 1 块。

（9）导线若干。

（10）指针式万用表 1 个。

（五）元件介绍

图 2 - 10 的主要元件为 LM324，是一块具有四个放大器的集成运算芯片。用集成运算放大器实现的基本运算有比例、求和、积分、微分、对数、指数、乘法和除法等。进行运算时，输出量一定要反映输入量的某种运算结果，即输出电压将在一定的范围内变化。所以集成运算放大器必须工作在线性区。

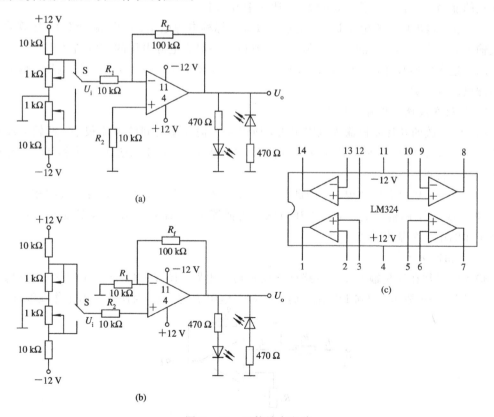

图 2 - 10 运算放大电路

（a）反相运算放大器；（b）同相运算放大器；（c）LM324 的管脚图

1) 运放的组成

运算放大器的内部电路通常由输入级、中间级、输出级三部分组成。输入级是运算放大器的关键部分,一般由差动放大电路组成,它具有输入电阻很高,能有效地放大有用(差模)信号,抑制干扰(共模)信号的作用。中间级一般由共发射极放大电路构成,能提供足够的电压放大倍数。输出级一般由互补对称式电路构成,使运算放大器的输出电阻很低,能输出较大的功率,推动负载。

2) 主要参数

集成运放的参数是反映其性能优劣的指标,是正确选择和使用集成运放的依据。主要包括:

(1) 开环电压放大倍数 A_{uo}:也称差模电压放大倍数,是衡量集成运放运算精度的参数。它是在运放加标称电源电压、输出端开路时,输出电压与两个输入端信号电压之差的比值。该值越高,运算精度就越高。

(2) 开环差模输入电阻 r_{id}:是衡量运算放大器从信号源取用电流大小的参数。该值越大,从信号源取用的电流就越小,运算精度越高。

(3) 开环输出电阻 r_o:是衡量集成运放带负载能力的参数。输出电阻 r_o 越小,集成运放带负载的能力就越强,一般为几百欧。

(4) 共模抑制比 K_{CMR}:是衡量运放抑制干扰信号能力大小的参数。K_{CMR} 数值越大,抑制干扰的能力就越强。一般运放的 K_{CMR} 达几十万以上。

(5) 最大输出峰—峰电压 U_{opp}:是指运放加上标称电源电压、输出端开路时,运算放大器能输出的基本上不失真的最大峰值电压。其电压一般为电源电压的 70% 左右。

除上述主要参数外,还有输入失调电压、输入失调电流、输入失调温漂电压、输入失调温漂电流等参数。

3) 运放在线性工作时的特点

(1) 因运放的开环差模输入电阻很大,所以两个输入端之间的电流很小,两输入端相当于断路,称为"虚断",此电流可认为近似等于零(即 $i_i = 0$),这是运算放大器线性工作的第一个基本特点。

(2) 由于开环放大倍数很高,因此两个输入端之间的电位差很小,两输入端相当于短路,称为"虚短",两输入端之间的电压可认为近似等于零(即 $U_+ \approx U_-$),这是运算放大器线性工作的第二个基本特点。

4) 反相比例运算

输入信号加在反相输入端的电路称为反相运算电路。图 2-11 是反相比例运算电路。输入信号 U_i 经电阻 R_1 加到 IN_- 端,而 IN_+ 端经电阻 R_2 接地。为使放大器工作在线性区,

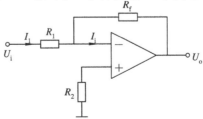

图 2-11 反相比例运算

在运放的 OUT 端与 IN_- 端之间接有反馈元件 R_f，此时电路的闭环电压放大倍数 $A_{uf}=U_o/U_i$。

由前述两个基本特点可知：$U_+ \approx U_-$，$i_i=0$。

则

$$I_f = I_1$$

所以

$$\frac{U_- - U_o}{R_f} = \frac{U_i - U_-}{R_1}$$

所以反相比例运算电路的输出电压为

$$U_o = -\frac{R_f}{R_1} U_i \qquad (2-1)$$

闭环电压放大倍数为

$$A_{uf} = \frac{U_o}{U_i} = -\frac{R_f}{R_1} \qquad (2-2)$$

式(2-1)表明，输出电压 U_o 与输入电压 U_i 之间存在着比例运算关系，比例系数由电阻 R_f 与 R_1 的比值确定，与运算放大器本身的参数无关。改变 R_f 与 R_1 的比值，可以获得不同的比例，实现了比例运算，且闭环电压放大倍数 A_{uf} 总为负值，说明 U_o 与 U_i 总是相反的。

在反相比例运算电路中，输入信号由反相端输入，同相端接地，即 $U_+ = 0$，$U_- \approx 0$，说明反相端电位为"地"电位，但它并没有真正接地，故称为"虚地"。

5) 同相比例运算

输入信号加在同相输入端的电路称为同相比例运算电路。图 2-12 是同相比例运算电路，由图可看出，信号从运算放大器 IN_+ 端输入，因 U_o 与 U_i 同相位，故称为同相比例运算电路。为使运放工作在线性区，在电路的输出端通过反馈电阻 R_f 加到 IN_- 端实现负反馈。因 $U_+ = U_i \neq 0$，而 $U_- \approx U_+$，故此时反相输入端不再称为"虚地"。

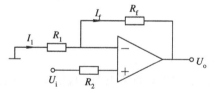

图 2-12　同相比例运算

由运放的两个基本工作特点可知：$U_+ \approx U_-$，$i_i=0$。所以

$$\frac{U_o}{R_1 + R_f} = \frac{U_i}{R_1}$$

则同相比例运算电路的输出电压为

$$U_o = \left(1 + \frac{R_f}{R_1}\right) U_i \qquad (2-3)$$

闭环电压放大倍数为

$$A_{uf} = \frac{U_o}{U_i} = 1 + \frac{R_f}{R_1} \qquad (2-4)$$

可见,电压放大倍数 U_o/U_i 也与放大器本身的参数无关,而与 R_f/R_1 的比值有关。式中,A_{uf} 总为正值,表明 U_o 与 U_i 同相,且 A_{uf} 总是大于1,这一点与反相比例运算不同。

(六)原理分析

集成运算放大器是一种典型的线性集成电路,是一个高放大倍数的直接耦合放大器。运算放大器有两个输入端(一个为反相输入端,另一个为同相输入端)、一个输出端。使用时,信号可从反相端输入(作反向比例放大器),也可以从同相端输入(作同相比例放大器),还可以从同、反相端同时输入(作差动比例放大器),使用非常方便灵活。

原理图(图2-10(a)、(b))中开关S的左边部分是取样电路,通过调节1 kΩ 的可调电阻,可以取得各种微小的电压信号;其右边是放大器,可以将小信号进行放大,通过发光二极管进行显示。

(1)反相运算放大电路:输入信号经过 R_1 接到集成运放的反相输入端,而同相输入端经 R_2 接地。在实际电路中,为保证运放的两个输入端处于平衡的工作状态,避免输入偏流产生附加的差动输入电压,应使反相输入端与同相输入端对地的电阻相等。

(2)同相运算放大电路:信号经 R_2 接至同相输入端,但为了保证电路稳定工作,反馈应接至反相输入端。在实际电路中,应使 $R_2 = R_1 /\!/ R_f$,以保持两个输入端对地的电阻相等。

(3)根据"虚地"、"虚短"的概念可知,反相比例运算放大电路的放大倍数为

$$A_{uf} = \frac{U_o}{U_i} = -\frac{R_f}{R_1}$$

(4)根据"虚短"、"虚断"的概念可知,同相比例运算放大电路的放大倍数为

$$A_{uf} = \frac{U_o}{U_i} = 1 + \frac{R_f}{R_1}$$

(七)实训步骤

(1)按运算放大器的电路图正确接线。

(2)连接取样电路,并接入 ± 12 V直流电源,应能调节小电压信号。

(3)将取得的正、负小电压信号加入反相运放器的反相输入端和同相运放器的同相输入端,测量对应的输出电压 U_o,分别记录于表2-3及表2-4中。

(八)注意事项

(1)使用集成电路时,应注意+、-电源的引入。

(2)在改接线路之前,必须切除电源和信号源,否则会使组件损坏。

(3)切忌将放大器的输出端对地短接。

(九)分析思考

(1)为什么输入信号越大,实测的放大倍数与理论值相差越远?

(2)怎样将运算放大器作为同相器和反相器?

实训 7　宿舍灯控制电路

（一）技能鉴定评分表

考核项目：宿舍灯控制电路

姓名：_____ 准考证号：_____ 考核日期：____年____月____日

考核时间定额：__90__分钟　开考时间：____时____分　交卷时间：____时____分

监考人：_____　评卷人：_____　得分：_____

考核内容及要求	评 分 标 准	扣分	得分	考评员签名
控制要求：宿舍内住两人，第一盏灯只要 A 同意开就亮，第二盏灯必须两人同意开才亮				
一、按要求列出真值表：20 分	正确得 20 分			
二、由真值表写出逻辑表达式：15 分	正确得 15 分			
三、通电检查与非门好坏：10 分	1. 会检查得 10 分 2. 不会检查不得分			
四、线路连接：25 分	调试成功得 25 分			
五、输出状态的测试：30 分　根据输入变量取值，测试输出状态，应满足设计要求	1. A 高电平，Y_1 亮得 15 分 2. A、B 高电平，Y_1、Y_2 亮得 15 分 3. A 高电平，Y_1、Y_1 都亮扣 15 分 4. A、B 高电平，Y_1、Y_2 只有一个亮扣 15 分			
六、安全文明操作	对于违反安全文明的操作，由考评员视情况扣分，所有在场的考评员签名有效			

考核说明：与实训 6 相同。

（二）考核要求

（1）列出真值表：20 分。

（2）由真值表写出逻辑表达式：15 分。

（3）通电检查与非门好坏：10 分（会检查得 10 分；不会检查不得分）。

（4）线路连接：25 分。

（5）输出状态的测试：30 分。

根据输入变量取值，测试输出状态，应满足设计要求（A 高电平，Y_1 亮得 15 分；A、B

高电平，Y_1、Y_2亮得 15 分；A 高电平，Y_1、Y_2都亮扣 15 分；A、B 高电平，Y_1、Y_2只有一个亮扣 15 分)。

(6) 安全文明操作：与实训 2 相同。

(三) 实训目的

(1) 了解组合逻辑电路的特点。

(2) 熟悉 CMOS 门电路的逻辑功能及其特点，掌握测试方法。

(3) 掌握一般电路的分析方法，能根据要求列真值表并根据真值表写出最简单与非表达式。

(四) 实训器材

(1) +5 V 直流稳压电源 1 个。

(2) 小面包板 1 块。

(3) 指针式万用表 1 个。

(4) 1.5 kΩ 电阻 2 个。

(5) 470 Ω 电阻 2 个。

(6) 发光二极管 2 个。

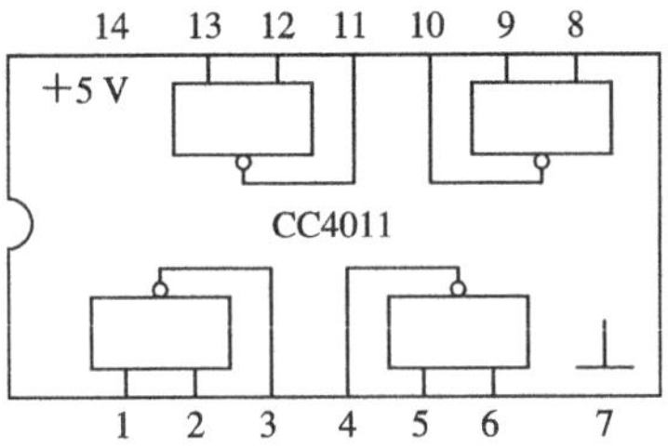

图 2-13 CC4011 集成块管脚图

(7) CC4011 集成块(管脚图如图 2-13 所示) 1 块。

(8) 导线若干。

(五) 元件介绍

逻辑门电路是一种具有一个或多个输入端和一个输出端的开关电路，能按照给定的条件，决定是否让信号通过，起到控制信号传输的作用，且输入信号与输出信号之间存在一定的因果关系。与逻辑门电路、或逻辑门电路、非逻辑门电路为三种最基本的逻辑门电路。在与、或、非的基础上可以组成许多复合逻辑门电路，如与非门、或非门、与或非门、异或门、同或门等。

1. 门电路中多余端的处理

TTL 集成电路和 MOS 门电路是应用最广泛的数字集成电路，它们的多余端的处理方式不同。TTL 与非门的多余端应接到电源的正端，或者和接信号的输入端并联使用或悬空。MOS 门电路的多余端应根据逻辑功能或接高电平(如与门、与非门)，或接低电平(如或门、或非门)，或和接信号的输入端并联使用，决不能悬空。

2. 组合逻辑电路设计的一般过程

(1) 逻辑关系分析。确定逻辑输入、输出量，并给予定义。

(2) 列出真值表。根据逻辑关系列真值表时，输入变量一般要按二进制递增的规律书写，以避免遗漏输入变量的状态。

(3) 根据真值表写出逻辑函数式。具体方法是：挑出使函数值为 1 的输入变量取值组合，变量值为 1 的写原变量，为 0 的写成反变量，把这样对应于函数值为 1 的每个输入变量的取值组合写成一个乘积项，再把这些乘积项相加，就得到相应的逻辑表达式。

（4）求最简逻辑函数表达式。用公式法对逻辑函数式进行化简或变换，得出最简逻辑函数表达式。

（5）根据最简逻辑函数表达式，画逻辑电路图。

（6）选择能实现组合逻辑电路的器件，实现逻辑功能。

（六）实训内容

一宿舍内住 A、B 两人，使用两盏灯 Y_1 和 Y_2。第一盏灯（Y_1）只要 A 同意开就亮，第二盏灯（Y_2）必须 A、B 两人同意开才亮。设同意用"1"表示，不同意用"0"表示；灯亮用"1"表示，灯不亮用"0"表示。根据上述要求，实现逻辑功能。

（七）实训步骤

（1）根据逻辑功能列出真值表如表 2-5 所示。

表 2-5　真　值　表

A	B	Y_1	Y_2
0	0	0	0
0	1	0	0
1	0	1	0
1	1	1	1

（2）根据真值表列出逻辑函数表达式：

$$Y_1 = A\,\overline{B} + AB = A(\overline{B} + B) = A$$

$$Y_2 = AB = \overline{\overline{AB}}$$

注意：应将表达式化为最简与非门表达式。

（3）画出逻辑电路图。由逻辑函数表达式可知，需两个与非门，而与非门用得最多的是 CC4011（有四个与非门），故选一块 CC4011 就可以了。为观察方便，可选两个发光二极管进行显示，并用 $470\ \Omega$ 电阻进行限流。当 CMOS 与非门输入端接低内阻的信号源或引线过长时，在开机或关机过程中易形成较大的瞬态电流，所以应在门电路的输入端并接分流电阻。若信号电压为 $5\ \mathrm{V}$，则 R 取 $1.5\ \mathrm{k\Omega}$ 左右。根据以上分析可画出逻辑电路图如图 2-14 所示。

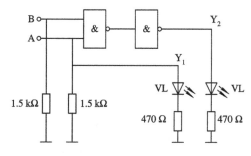

图 2-14　逻辑电路图

（4）元件检查。将 CMOS 与非门 CC4011 接上电源，两输入端分别接至两个逻辑开关，输出端接发光二极管，改变输入端的状态，观察输出端是否满足其逻辑关系。

（5）按照逻辑线路图连接线路。

（6）根据输入变量取值（A、B 分别取高、低电平），测试输出变量状态，两只发光二极管应按逻辑要求发光。

（八）注意事项

（1）当状态为逻辑"1"时，电压应大于 2.4 V。

（2）集成块管脚的排列应以左边缺口为标志，管脚从左下角开始以逆时针方向排列。

（3）使用时注意：接线时不使用的输入端不能悬空，即与非门中多余的输入端（而不是 CC4011 中多余的与非门的输入端），应根据逻辑功能的要求接 U_{DD} 或与使用的输入端并接。

（九）故障分析

数字电路一般很少出现故障，该实训常见的故障一般就是接线接触不良和与非门的多余端未处理及集成块的质量问题。

（十）分析思考

（1）与非门多余端悬空行吗？为什么？

（2）逻辑表达式为什么一般均化为与非门的形式？

（3）将与非门作与门使用时应怎样接线？

第 3 章　电气测量技术实训

　　随着生产和高新科技的发展，电气测量技术已广泛地应用到各个技术部门，不断地对生产过程进行调整和控制，从而为实现生产自动化提供有利的条件。应用电磁的基本规律对电气量进行测量叫做电气测量。电气测量是中级电工实训中不可缺少的一个重要部分，它的主要任务是测量电流、电压、电功率和电阻等各种电气量，从而达到下列几个要求：一是研究和确定电磁现象中各种量之间的关系，从而得出某种结论；二是了解生产中各种电气设备的工作情况，从而保证其正常运行；三是有助于检验、维护与检修等工作。

　　电气测量技术也是中级电工必须掌握的一项基本技能，所以，本章选取了三个典型的实训，旨在通过实训，达到以下目的：一是掌握电气测量的基本方法及常用测量仪表的使用；二是掌握供电系统中中性线的作用；三是掌握三相变压器组别的测试。

实训 1　电感线圈参数的测量

（一）技能鉴定评分表

考核项目：电感线圈参数的测量

姓名：_____　准考证号：_____　考核日期：____年____月____日

考核时间定额：____150____分钟　开考时间：____时____分　交卷时间：____时____分

监考人：_____　评卷人：_____　得分：_____

考核内容及要求	评 分 标 准	扣分	得分	考评员签名
一、直流电阻的测量：将测量结果填入表 3 - 1 中(15 分)				
1. 用万用表测电感线圈及灯泡的直流电阻并填入表 3 - 1 中：5 分	正确得 5 分 误差超过 30％不得分			
2. 用单臂电桥测电感线圈的直流电阻并填入表 3 - 1 中：10 分	测量正确得 10 分 不会操作或操作错误不得分			

考核内容及要求	评分标准	扣分	得分	考评员签名
二、线路连接(见图3-1):25分	连接正确得25分			
三、U、I、P的测量:10分 将测量值记入表3-2中	按表3-2的要求评分			
四、列出计算电感的公式:20分	公式规范每个得5分 公式不规范不得分			
五、计算电感值:20分 将计算结果填入表3-2中	1. 结果对且有计算过程得20分 2. 结果对但无计算过程得5分 3. 结果不对但有计算过程得8分			
六、计算功率因数:10分 将计算结果填入表3-2中	1. 结果对且有计算过程得10分 2. 结果对但无计算过程得2分 3. 结果不对但有计算过程得3分			
七、安全文明操作	对于违反安全文明的操作,由考评员视情况扣分,所有在场的考评员签名有效			

考核说明:

(1) 由鉴定所提供功率表、单臂电桥、15 W/220 V灯泡及20 W铁芯镇流器。

(2) 考试时间一到,所有考生必须停止操作,上交试卷,已接完线的考生等候考评员通知进场,给予一次通电机会(已通电两次的除外)。

(3) 对于在考评中因扣分易引起争议的项目,考评员应在扣分栏中写明原因。

(4) 此题占总分的1/3。

(二)考核要求

(1) 直流电阻的测量:15分。将测量结果填入表3-1中。

表3-1 直流电阻的测量(由考评员抽查并签名有效)

项目 类别	电感线圈	灯泡	考评员签名
用万用表测量 (每空2.5分)			
用电桥测量 (10分)			

① 用万用表测电感线圈及灯泡的直流电阻:5分(正确得5分;误差超过30%不得分)。

② 用单臂电桥测电感线圈的直流电阻：10 分（测量正确得 10 分；不会操作或操作错误不得分）。

（2）线路连接：25 分（按图 3 - 1 连接正确得 25 分）。

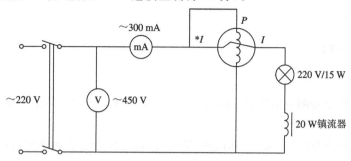

图 3 - 1　接线原理图

（3）测量电路的 U、I、P 的值：10 分。将测量值记入表 3 - 2 中。

表 3 - 2　电路的 U、I、P 的测量（由考评员抽查并签名有效）

测量数据			考评员签名	计算数据	
U(3 分)	I(3 分)	P(4 分)		L	$\cos\varphi$

（4）列出计算电感的公式：20 分（公式规范每个得 5 分；公式不规范不得分）。

（5）计算电感值：20 分。计算结果填入表 3 - 2 中（结果对且有计算过程得 20 分；结果对但无计算过程得 5 分；结果不对但有计算过程得 8 分）。

（6）计算功率因数：10 分。计算结果填入表 3 - 2 中（结果对且有计算过程得 10 分；结果对但无计算过程得 2 分；结果不对但有计算过程得 3 分）。

（7）安全文明操作：对于违反安全文明的操作，由考评员视情况扣分，所有在场的考评员签名有效（有作弊等违反考场纪律行为的，按考场规定执行；未将考核设备复位及清理现场的，扣除 20 分；未归还考试工具、仪表、图纸的，扣除 50 分；造成主要设备损坏的，该项目记 0 分）。

（三）实训目的

（1）掌握万用表、单臂电桥的使用方法。

（2）掌握功率表的接线及使用方法。

（3）掌握电感参数的测量原理。

（四）实训器材

（1）功率表（电压量程为 150 V、300 V、600 V，电流量程为 0.5 A、1 A）1 个。

（2）电压表（量程为 450 V）1 个。

（3）电流表（量程为 300 mA）1 个。

（4）灯泡（15 W/220 V）1 个。

（5）电感线圈（选择 20 W 的镇流器）1 个。

（6）单臂电桥 1 块。

（7）万用表 1 个。

（8）实训板 1 块。

（9）导线若干。

（五）元件介绍

1. 单臂电桥

单臂电桥的特点是测量精度高、范围大，适用于测量 1 Ω～10 MΩ 左右的中阻值电阻。

1）工作原理

直流单臂电桥简称电桥（又叫惠斯登电桥），它的特点是测量准确度高，其基本工作原理如图 3－2 所示。

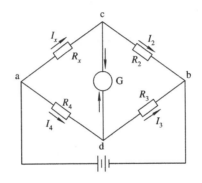

图 3－2　电桥的原理图

图 3－2 中被测电阻 R_x 与已知标准电阻 R_2、R_3 和 R_4 连成四边形的桥式电路，四条支路 ac、cb、bd、da 分别称为桥臂。当电源接通后，调节电桥的一个或几个臂的电阻，使检流计的指针指示为零，即达到电桥平衡。

电桥平衡时，$I_{cd}=0$，即 c 点和 d 点的电位相等，则

$$U_{ac} = U_{ad}, \quad 即 \ I_x R_x = I_4 R_4 \qquad (3-1)$$

$$U_{cb} = U_{bd}, \quad 即 \ I_2 R_2 = I_3 R_3 \qquad (3-2)$$

公式(3－1)除以公式(3－2)，得

$$\frac{I_x R_x}{I_2 R_2} = \frac{I_4 R_4}{I_3 R_3}$$

由于 $I_{cd}=0$，因此 $I_x = I_2$，$I_4 = I_3$，代入上式得

$$R_x = \frac{R_2 R_4}{R_3} \qquad (3-3)$$

式(3－3)中，R_2/R_3 称为电桥的比率，其比值 R_2/R_3 常配成各种固定的比例，构成仪表上的比率臂（又叫倍率盘，分为 ×0.001、×0.01、×0.1、×1、×10、×100、×1000 共七挡）。R_4 称为比较电阻，构成仪表上的比较臂（共有 ×1、×10、×100、×1000 四个可调旋钮），一般为可调电阻。在测量时，可根据被测电阻的粗测值，选择适当的倍率挡，然后调节比较臂旋钮，使电桥平衡，则比较臂的数值乘以倍率挡的倍数，就是被测电阻的电阻值。

2) 面板介绍

单臂电桥的面板如图 3 - 3 所示(以 QJ23a 型为例)。

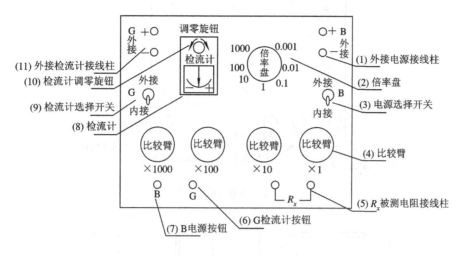

图 3 - 3　单臂电桥面板图

3) 操作步骤

(1) 用万用表粗测被测电阻,以便正确选择单臂电桥的倍率挡(表盒盖上或底部有选择范围)。

(2) 选择单臂电桥的电源和检流计(即内接还是外接),并确认其处于完好状态。

(3) 调节检流计调零旋钮,使检流计指零,然后把被测电阻接到"R_x"两端。

(4) 根据粗测电阻值,先把×1000 的比较臂旋钮置于相应的数字上,然后选择适当的倍率挡。

(5) 按照感性电阻的测量顺序,先按"B",然后点动"G",看表针是否打向"-"(或"+")的一边,此时应减少(或增加)千位或百位比较臂上的数值,使表针偏"-"或"+",且不打表针,然后分别锁住 B、G 按钮,逐步增加(或减少)百位、十位、个位或千位比较臂上的数值,使检流计逐渐指零,读出比较臂从千位到个位的数字,再乘以倍率值,即为精测电阻值。

例如,比较臂数字为 3125,倍率盘为×0.001,则电阻为 3.125 Ω。

(6) 测量完毕后,应按照先放开"G"再放开"B"的顺序进行操作,以防止电感放电损坏检流计。

注意:测量时如果检流计指针指不到零位,可能是倍率挡选错。

2. 功率表

(1) 工作原理。功率表(又称为瓦特表)大多采用电动系测量机构,电动系功率表与电动系电流表、电压表的不同之处为:定圈(即电流线圈)和动圈(即电压线圈)不是串联起来构成一条支路,而是分别将定圈与负载串联,将动圈与负载并联的。由于仪表指针的偏转角度与负载电流和电压的乘积成正比,故可测量负载的功率。

(2) 表盘介绍。功率表的表盘如图 3 - 4 所示。电流线圈有两个,可以接成串联(量程为 0.5 A),也可接成并联(量程为 1 A),如图 3 - 5 所示。

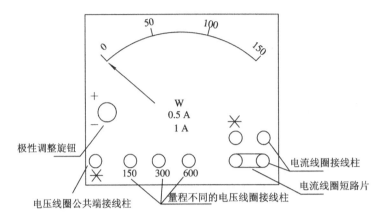

图 3-4　功率表的表盘图

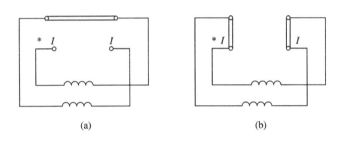

图 3-5　电流线圈连接图
(a)串联接法；(b)并联接法

（3）正确选择量程。选择瓦特表的量程，实际上是要正确选择瓦特表的电流和电压量程，务必使电流量程能允许通过负载电流，电压量程能承受负载电压。

（4）正确接线。瓦特表的偏转方向，是由通入电流线圈和电压线圈的电流方向来决定的，如改变其中一个线圈的电流方向，指针就反转(此时可调节极性调整旋钮)。为了使瓦特表在电路中不致接错，通常在电流线圈和电压线圈的一个端钮上标有"＊"，叫做电源端钮，接线时必须使电流线圈和电压线圈的电源端钮都接到同一极性的位置，以保证两个线圈的电流都从标有＊号的电源端钮流入。同时使电压线圈与负载并联，使电流线圈与负载串联。

（5）正确读数。在多量程瓦特表的面板上，一般只刻有一条标度尺。因此在使用时必须先求出选用的电压和电流的乘积与满标值的比值，即 $C = U_c \times I_c / m$（式中，U_c 为电压量程，I_c 为电流量程，m 为表盘满刻度的分格数），再根据系数 C 和功率表指示格数，算出实际功率 $P = C \times$ 格数，即得到负载的有功功率(单位为 W)。

例如，选择电压量程 300 V，电流量程 0.5 A，则 $C = 300 \text{ V} \times 0.5 \text{ A} / 150 \text{ 格} = 1 \text{ W/格}$。

(六)原理分析

电阻与电感元件串联的交流电路如图 3-6(a)所示，电路的各元件通过同一电流，电流与各个电压的参考方向如图 3-6(b)所示，电路分析如下。

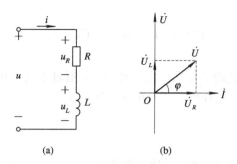

图 3 - 6　电阻与电感元件串联的交流电路

(a) 电路图；(b) 相量图

根据基尔霍夫电压定律可列出：

$$u = u_R + u_L = Ri + L \frac{\mathrm{d}i}{\mathrm{d}t} \tag{3-4}$$

设电流 $i = I_\mathrm{m} \sin\omega t$ 为参考正弦量，则电阻元件上的电压 u_R 与电流同相，即

$$u_R = RI_\mathrm{m} \sin\omega t = U_{R\mathrm{m}} \sin\omega t$$

电感元件上的电压 $u_L = I_\mathrm{m}\omega L \sin(\omega t + 90°) = U_{L\mathrm{m}} \sin(\omega t + 90°)$

在上列各式中：

$$\frac{U_{R\mathrm{m}}}{I_\mathrm{m}} = \frac{U_R}{I} = R$$

$$\frac{U_{L\mathrm{m}}}{I_\mathrm{m}} = \frac{U_L}{I} = \omega L = X_L$$

同频率的正弦量相加，所得出的仍为同频率的正弦量。所以电源电压为

$$u = u_R + u_L = U_\mathrm{m} \sin(\omega t + \varphi)$$

其幅值为 U_m，与电流 i 之间的相位差为 φ。

利用相量图来求幅值 U_m（或有效值 U）和相位差 φ 最为简便。如图 3 - 6(b)所示，如果将电压 u_R、u_L 用相量 $\dot{U}_R$、$\dot{U}_L$ 表示，则相量相加即可得出电源电压 u 的相量 $\dot{U}$。由电压相量 $\dot{U}$、$\dot{U}_R$ 及 $\dot{U}_L$ 所组成的直角三角形，称为电压三角形。利用这个电压三角形，可求得电源电压的有效值，即

$$U = \sqrt{U_R^2 + U_L^2} = \sqrt{(RI)^2 + (X_L I)^2} = I \sqrt{R^2 + X_L^2}$$

所以

$$\frac{U}{I} = \sqrt{R^2 + X_L^2} \tag{3-5}$$

由上式可见，这种电路中电压与电流的有效值之比为 $\sqrt{R^2 + X_L^2}$。它的单位是欧姆（Ω），具有对电流起阻碍作用的性质，称它为电路的阻抗模，用 $|Z|$ 代表，即

$$|Z| = \sqrt{R^2 + X_L^2} = \sqrt{R^2 + (\omega L)^2} = \sqrt{R^2 + (2\pi f L)^2} \tag{3-6}$$

$$\varphi = \arctan \frac{X_L}{R}, \quad \cos\varphi = \frac{R}{|Z|}$$

可见 $|Z|$、R、X_L 三者之间的关系也可用一个直角三角形——阻抗三角形来表示。由于电阻元件上要消耗电能，从电压三角形可得出 $U \cos\varphi = U_R = RI$，因此可得正弦交流电

路中有功功率 P 为

$$P = U_R I = R I^2 = UI \cos\varphi \tag{3-7}$$

式中，$\cos\varphi$ 称为功率因数。

交流电路中电压与电流的关系有一定的规律性，通过上述分析，我们看到电压三角形和阻抗三角形是相似的，只有找出这些规律才能使其在实际生产中发挥作用。

（七）实训步骤

（1）用万用表欧姆挡粗测灯泡、电感线圈的直流电阻，填入表 3-1 中。

（2）用单臂电桥精测电感线圈的直流电阻，填入表 3-1 中。

（3）根据图 3-1 连接电路。

① 将功率表电压线圈与电流线圈标有"∗"号的端连接在一起，接入电流表。

② 将电流表的另一端与电压表的一端连接后再接电源端。

③ 将功率表电流线圈的出线端与负载相连。

④ 将功率表电压线圈出线端（300 V 端）与电压表另一端连接，再与负载另一端连接后接到电源另一端（即公共回路）。

（4）计算每格瓦数。

① 根据功率表所选择的电压量程和电流量程，按下列公式计算：

$$C = U_N \times \frac{I_N}{am} \ (\text{W/ 格})$$

式中，am 为表盘满刻度的分格数。

② 根据系数 C 和功率表指示格数，算出实际功率 $P = C \times$ 格数。

例如，选择电压量程 250 V，电流量程 0.5 A，$C = 250 \ \text{V} \times 0.5 \ \text{A}/125 \ \text{格} = 1 \ \text{W/格}$。

（5）通电测量，读取电流表、电压表及功率表的读数。

（6）电感量及功率因数的计算。根据三表所测得的数据（I、U、P），由下列公式计算：

$$Z = \frac{U}{I} \ (\Omega), \quad R = \frac{P}{I^2} \ (\Omega), \quad X_L = \sqrt{Z^2 - R^2} \ (\Omega)$$

$$L = \frac{X_L}{2\pi f} = \frac{X_L}{314} \ (\text{H}), \quad \cos\varphi = \frac{P}{UI}$$

（八）注意事项

（1）电路经过检查无误后，方可通电试验。

（2）单臂电桥必须按照感性电阻测量的操作方法操作，即先按"B"，再按"G"，测量完后的操作与前面的相反。

（3）电桥使用完后，应将其置于"外接"处。

（九）分析思考

（1）用单臂电桥测量电感电阻时，为什么要先按电源按钮，再按检流计按钮？而断开时，为什么要先断开检流计，后断开电源？

（2）功率表选择电压、电流量程有什么作用？

（3）功率表能否超过电压、电流量程？为什么？怎样处理超量程的情况？

实训 2 三相负载的连接及测量

（一）技能鉴定评分表

考核项目：三相负载的连接及测量

姓名：＿＿＿＿＿＿ 准考证号：＿＿＿＿＿＿＿＿＿＿ 考核日期：＿＿年＿＿月＿＿日

考核时间定额：＿＿150＿＿分钟 开考时间：＿＿时＿＿分 交卷时间：＿＿时＿＿分

监考人：＿＿＿＿＿＿＿＿＿＿ 评卷人：＿＿＿＿＿＿＿＿＿＿ 得分：＿＿＿＿＿

考核内容及要求	评 分 标 准	扣分	得分	考评员签名
一、三相四线电路的连接（见图 3－7）与测量（40 分）（注：不接功率表）				
1. 对称负载的测量：20 分 S 断开时，按表 3－3 的要求测量并将结果填入表中	按表 3－3 的要求评分			
2. 不对称负载的测量：20 分 S 合上时，按表 3－3 的要求测量并将结果填入表中	按表 3－3 的要求评分			
二、三相三线电路的连接（见图 3－7）与测量（40 分）（注：不接功率表）				
1. 对称负载的测量：20 分 S 断开时，按表 3－3 的要求测量并将结果填入表中	按表 3－3 的要求评分			
2. 不对称负载的测量：20 分 S 合上时，按表 3－3 的要求测量并将结果填入表中	按表 3－3 的要求评分			
三、对称电路功率的测量：20 分 星形对称电路，用一表法测三相电路的功率，将所测数据填入表 3－4 中	不会使用功率表不得分			
四、安全文明操作	对于违反安全文明的操作，由考评员视情况扣分，所有在场的考评员签名有效			

考核说明：

（1）由鉴定所提供功率表、电流表和 220 V 灯泡。

（2）考试时间一到，所有考生必须停止操作，上交试卷，已接完线的考生等候考评员通知进场，给予一次通电机会（已通电两次的除外）。

（3）对于在考评中因扣分易引起争议的项目，考评员应在扣分栏中写明原因。

（4）此题占总分的 1/3。

（二）考核要求

（1）三相四线电路的连接（见图 3 - 7）与测量：40 分（注：不接功率表）。

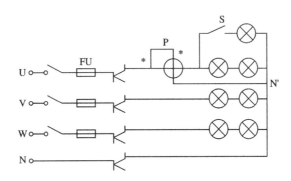

图 3 - 7　星形连接负载

① 对称负载的测量：20 分。

S 断开时，按表 3 - 3 的要求测量并将结果填入表中。

② 不对称负载的测量：20 分。

S 合上时，按表 3 - 3 的要求测量并将结果填入表中。

（2）三相三线电路的连接（见图 3 - 7）与测量：40 分（不接功率表）。

① 对称负载的测量：20 分。

S 断开时，按表 3 - 3 的要求测量并将结果填入表中。

② 不对称负载的测量：20 分。

S 合上时，按表 3 - 3 的要求测量并将结果填入表中。

表 3 - 3　三相负载的测量（每空 2.5 分）

顺序 \ 项目		测量							
		U_{UV}	$U_{UN'}$	$U_{VN'}$	$U_{WN'}$	$U_{NN'}$	I_U	I_V	I_N
有中线	负载对称								
	负载不对称								
无中线	负载对称								
	负载不对称								

（3）对称电路功率的测量：20 分。

星形对称电路，有中线时和无中线时，用一表法测三相电路的功率，所测数据填入表 3 - 4 中。

表 3 - 4　三相电路功率的测量（每空 5 分）

项目 ＼ 数据	单表功率（测量结果）	三相功率（计算结果）
负载对称，有中线（P_U）		
负载对称，无中线（P_{UV}）		

（4）安全文明操作：对于违反安全文明的操作，由考评员视情况扣分，所有在场的考评员签名有效（有作弊等违反考场纪律行为的，按考场规定执行；未将考核设备复位及清理现场的，扣除 20 分；未归还考试工具、仪表、图纸的，扣除 50 分；造成主要设备损坏的，该项目记 0 分）。

（三）实训目的

（1）掌握低压供电系统中中性线的作用。
（2）掌握无中性线时，负载不平衡的严重后果。
（3）掌握单相功率和三相功率的测量。
（4）掌握低压供电系统中相电流、线电流、相电压、线电压的测量。

（四）实训器材

（1）功率表（电压量程为 150 V、300 V、600 V，电流量程为 0.5 A、1 A）1 个。
（2）万用表 1 个。
（3）灯泡（60 W 或 100 W，220 V）7 个。
（4）熔断器 3 个。
（5）实训板 1 块。
（6）导线若干。

（五）原理分析

1. 三相电路的连接

三相电路中，负载的连接方式有星形连接和三角形连接两种。星形连接时根据需要可以采用三相三线制或三相四线制供电，三角形连接时只能用三相三线制供电。三相电路的电源和负载有对称和不对称两种情况。在实训中将研究三相电源对称、负载作星形和三角形连接时的电路工作情况。

1）三相负载的星形连接

三相负载星形连接的三相电路，可分为三相三线制（没有中性线的）和三相四线制（有中性线的），分别如图 3 - 8、图 3 - 9 所示。三相负载不对称，必须使用中线，否则会造成各相负载电压不平衡。有中性线时，不论负载对称与否，都可保证各相负载电压恒等于电源相电压，故三相三线制一定用于对称负载。对于不对称负载，只能用三相四线制。

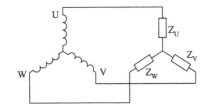 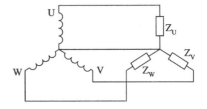

图 3 - 8　负载星形连接的三相三线制电路　　　图 3 - 9　负载星形连接的三相四线制电路

（1）三相负载对称。如图 3 - 10 所示为三相负载对称的情况，当接于三相对称电源时有如下关系：① 相电流等于相应的线电流，即 $I_p = I_1$；② 线电压是相电压的 $\sqrt{3}$ 倍，即 $U_1 = \sqrt{3} U_p$；③ 有中性线时，中性线电流 $I_N = 0$。

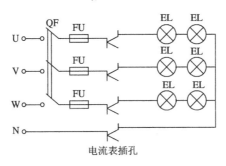

图 3 - 10　三相负载对称

（2）三相负载不对称。如图 3 - 11 所示为三相负载不对称的情况，当接于三相对称电源时有如下关系：① 相电流等于相应的线电流，即 $I_p = I_1$；② 线电压是相电压的 $\sqrt{3}$ 倍，即 $U_1 = \sqrt{3} U_p$；③ 有中性线时，中性线电流 $I_N \neq 0$。

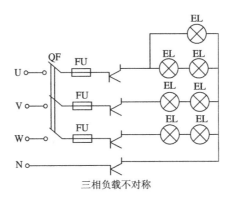

图 3 - 11　三相负载不对称

2）三相负载的三角形连接

三相负载首尾相连，再将三相连接点与三相电源端线 U、V、W 相接，即构成负载三角形连接的三相三线制电路，如图 3 - 12 所示。

（1）三相负载对称。对于三相负载对称的情况，当接于三相对称电源时有如下关系：① 相电压等于相应的线电压，即 $U_p = U_1$；② 线电流是相电流的 $\sqrt{3}$ 倍，即 $I_1 = \sqrt{3} I_p$。

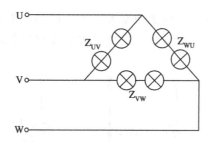

图 3 - 12　三相负载的三角形连接

（2）三相负载不对称。对于三相负载不对称的情况，当接于三相对称电源时有如下关系：① 相电压等于相应的线电压，即 $U_p = U_1$；② 线电流不等于相电流的 $\sqrt{3}$ 倍。

在对称三相电路中，根据理论分析可知：在星形连接时，其线电压 U_1 与相电压 U_p 之间的数量关系为 $U_1 = \sqrt{3} U_p$；在三角形连接时，其线电流 I_1 与相电流 I_p 之间的数量关系为 $I_1 = \sqrt{3} I_p$。

在负载不对称的三相电路中，都采用三相四线制。因为，不对称的三相负载连接成星形又不接中性线时，各相电压不对称，严重时会使负载的工作状态不正常。所以，在不对称三相电路中，中性线有其重要作用，它强迫保证各相负载电压对称，并且使各相负载间互不影响。

2. 三相电路的功率

根据电动系单相功率表的基本原理，在测量交流电路中负载所消耗的功率时，其读数 P 取决于式 $P = UI \cos\varphi$，其中，U 为功率表电压线圈所跨接的电压，I 为流过功率表电流线圈的电流，φ 为电压和电流之间的相位角。单相功率表也可以用来测量三相电路的功率，只是各功率表应采用适当的接法。

三相负载所吸收的功率等于各相负载功率之和，在对称三相电路中，因各相负载所吸收的功率相等，故用一只单相功率表测出任一相的功率后，三倍即得三相负载的功率；在不对称三相电路中，各相负载功率不等，可用一只单相功率表分别测出各相功率，然后相加即得三相负载的总功率。这种测量方法称为三瓦计法，其接线如图 3 - 13 所示。

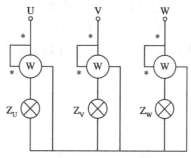

图 3 - 13　三瓦计法测功率

在三相三线制电路中，不论对称与否，均可使用两只单相功率表来测量三相功率。其接线如图 3 - 14 所示。两只功率表的电流线圈分别接入任意两条端线中（图示为 U、W 线，它们的电压线圈的非对应端（即无星号"＊"端）共同接到第三条端线上（图示为 V 线）。可以看出，在这种测量方法中，功率表的接线与负载及电源的连接方式无关。这时，两只功率表读数的代数和等于待测的三相功率，这种测量方法称为二瓦计法。如果按上述规定接线,功率表的指针作反向偏转时,应把功率表电流线圈的接头对调,并把读数记作负值。用二瓦计法测量三相功率时应注意,每一只功率表的读数与负载不存在对应关系(即没有任何实际意义)。

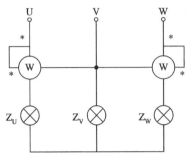

图 3 - 14　二瓦计法测三相功率

3. 原理归纳

(1)三相负载有两种连接方式,即三角形连接和星形连接,本次实训只讨论星形连接的负载情况(如图 3 - 7 所示)。在负载对称和不对称情况下,通过测量各相负载的电压、电流,来说明中性线的作用。

(2)当各相负载的阻抗大小相同时,三相负载是对称平衡的。此时,无论有无中线(即中线不起作用),各相负载所承受的电压都相等,各相电流对称,中线电流为零,各相负载都能正常工作,是理想的三相电路。

(3)当各相负载的阻抗大小不相同时,三相负载是不对称的。在有中线的情况下,即三相四线制电路中,由于三相电源的相电压是对称的,因此每相负载所承受的电压仍为电源的相电压,也是对称的。但是,经过负载的电流(即相电流)等于线电流,负载不对称,各相负载电流的大小就不同,应分别对每相进行测量。此时,各相负载所承受的电压相等,都能正常工作,只是各相电流不对称,中线电流不为零。

我们知道,在三相四线制中若负载不对称,则中线电流不为零,若忽略中线阻抗,而认为中线上无压降,则负载端电压是对称的。若中线断了,此时中线电流无法通过,会强迫负载改变原来的工作状态,这样使负载某一相(或两相)的电压升高,而使另两相(或一相)的电压降低(如图 3 - 15 所示)。严重时会使电压高的那相负载损坏,而使电压低的那些负载不能正常工作。

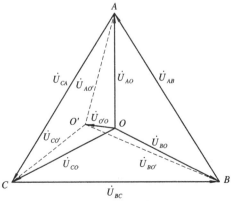

图 3 - 15　三相电路相量图

　　对于低压配电系统来讲,负载对称是特殊情况,而负载不对称则是一般情况,所以中线是很重要的。中线的作用是在三相不对称负载星形连接中,使三相负载成为互不影响的独立回路,无论负载有无变动,每相负载所承受的都是电源相电压,从而保证负载能正常工作。为避免中线断开,需采用机械强度较高的导线作中线,并且中线上不允许安装熔断器及开关。因为一旦熔断器熔断,中线的作用就失去了。此外,在安装和设计时,应尽量考虑三相负载平衡。因为三相负载严重不平衡时,会导致出现较大的中线电流,使在中线上产生较大的阻抗压降而不能被忽略,从而导致三相负载的电压不对称而不能正常工作。

　　(4) 用一只单相功率表测量三相电路的功率。当三相负载对称时,可在任一相上装一只单相功率表,即功率表的电流线圈串联在某一相上,电压线圈接在电流线圈所在相线与中线(N)之间,这样,其读数的三倍即为三相功率。

　　(5) 如果电压线圈接在两相之间,即测的是线功率,则其读数的两倍即为三相功率。

(六) 实训步骤

　　(1) 按图 3 - 7 将三相星形负载及功率表连接好,检查无误后,接入三相四线电源。

　　(2) 记录功率表的读数并计算三相功率。

　　(3) 退出功率表,按表 3 - 3 的要求,测量电路的各项数据,并填入表 3 - 3 中。

　　(4) 数据分析。通过对所测数据进行分析,可得出如下结论:

　　① U_{UV} 四组线电压数据相同。

　　② 在有中线(包括对称与不对称)和无中线对称时,三个相电压 $U_{UN'}$、$U_{VN'}$、$U_{WN'}$ 皆相同。

　　③ 无中线且负载不对称时,相电压 $U_{UN'}$ 与 $U_{VN'}$、$U_{WN'}$ 不相等。

　　④ 无中线且负载不对称时,$U_{NN'}$ 不为零,有中线(包括对称与不对称)或无中线且负载对称时,$U_{NN'}$ 为零。

　　⑤ 负载对称时(不管有无中线),相电流 I_U、I_V、I_W 相等。

　　⑥ 负载不对称时(不管有无中线),相电流 I_U、I_V 不相等。

　　⑦ 有中线且负载不对称时 I_N 不为零,有中线且负载对称时 I_N 为 0 A,无中线时就无 I_N 可言。

　　⑧ 测 P_U 时,功率表应选择 250 V(或 300 V)电压量程,0.5 A 电流量程,指示值每格 1 W。

　　⑨ 测 P_{UV} 时,功率表应选择 500 V(或 600 V)电压量程,0.5 A 电流量程,指示值每格 2 W。

(七) 注意事项

　　(1) 电路通有三相电压,应注意安全用电。

　　(2) 功率表接线时,应注意相电压和线电压所选择的量程应不同,并重新计算每格瓦数。

　　(3) 测量时正确选择万用表量程和电流表量程。

　　(4) 负载对称时,要使三相负载的电阻相等。

　　(5) 要尽量避免功率表、电流表对电路的影响。

（八）分析思考

（1）三相四线制供电系统中，零线断开会给用户家用电器造成什么样的后果？

（2）为什么测量 P_{UV} 功率时要改变功率表的电压量程？

（3）实训中，为什么每相负载要用两个灯泡串联？

实训 3　交流法测量变压器组别

（一）技能鉴定评分表

考核项目：交流法测量变压器组别

姓名：_____　准考证号：_____　考核日期：____年____月____日

考核时间定额：__150__分钟　开考时间：____时____分　交卷时间：____时____分

监考人：_____　评卷人：_____　得分：_____

考核内容及要求	评　分　标　准	扣分	得分	考评员签名
一、高、低压绕组的判别：6 分 　将结果填入表 3-5 中	结果正确得 6 分			
二、同相绕组及中间相绕组判别：12 分 　将结果填入表 3-6 中	1. 中间相正确得 6 分 2. 同相得 6 分			
三、同相绕组同名端的判别：6 分 　将结果填入表 3-7 中	结果正确得 6 分			
四、高压绕组同名端的判别：9 分 　将结果填入表 3-8 中	结果正确得 9 分			
五、各相绕组同名端的判别：12 分 　将结果填入表 3-9 中	结果正确得 12 分			
六、画出组别连接图、相量图：25 分 　在 Y/Y-12、△/Y-11、Y/△-5 中由考评员现场指定一种	1. 组别连接图正确得 12 分 2. 相量图正确得 13 分			
七、连接组别验证：30 分 　按指定组别接线，在高压侧通入 100 V 的相电压，连接 Uu(Aa)两点，测出 Nu、Nv、Nw 或 Vu(Ba)、Vv(Bb)、Vw(Bc)电压，并写出判别结果	考评员抽查验证： 1. 变压器连接正确得 10 分 2. 正确写出关系式得 10 分 3. 验证正确得 10 分			
八、安全文明操作	对于违反安全文明的操作，由考评员视情况扣分，所有在场的考评员签名有效			

考核说明：

(1) 考试时间一到，所有考生必须停止操作，上交试卷，已接完线的考生等候考评员通知进场，给予一次通电机会(已通电两次的除外)。

(2) 对于在考评中因扣分易引起争议的项目，考评员应在扣分栏中写明原因。

(3) 此题占总分的 1/3。

(二) 考核要求

(1) 高、低压绕组的判别：6 分(考生必须将结果填入表 3-5 中)。

表 3-5　高、低压绕组(每空 1 分)

项　目	高　压			低　压		
端子号						

(2) 同相绕组及中间相绕组的判别：12 分(考生必须将结果填入表 3-6 中)。

表 3-6　同相绕组及中间相绕组(中间相正确得 6 分，同相正确得 6 分)

项　目	高　压			低　压		
	1 U	1 V	1 W	2 U	2 V	2 W
端子号						

(3) 同相绕组同名端的判别：6 分(考生必须将结果填入表 3-7 中)。

表 3-7　同相绕组同名端(每空 2 分)

项　目	1U1　2U1	1V1　2V1	1W1　2W1
端子号			

(4) 高压绕组同名端的判别：9 分(考生必须将结果填入表 3-8 中)。

表 3-8　高压绕组同名端(每空 3 分)

项　目	1U1　1U2	1V1　1V2	1W1　1W2
端子号			

(5) 各相绕组同名端的判别：12 分(考生必须将结果填入表 3-9 中)。

表 3-9　各相绕组同名端(每空 1 分)

项　目	U 相				V 相				W 相			
	1U1	1U2	2U1	2U2	1V1	1V2	2V1	2V2	1W1	1W2	2W1	2W2
端子号												

(6) 画出组别连接的相量图：25 分(组别连接图正确得 12 分；相量图正确得 13 分)。在 Y/Y-12、△/Y-11、Y/△-5 中由考评员现场指定一种。

(7) 连接组别验证：30 分(考评员抽查验证；变压器连接正确得 10 分；正确写出关系式得 10 分；验证正确得 10 分)。按指定组别接线，在高压侧通入 100 V 的相电压，连接 Uu(Aa)两点，测出 Nu、Nv、Nw 或 Vu(Ba)、Vv(Bb)、Vw(Bc)间电压，并写出判别结果。

(8)安全文明操作:对于违反安全文明的操作,由考评员视情况扣分,所有在场的考评员签名有效(有作弊等违反考场纪律行为的,按考场规定执行;未将考核设备复位及清理现场的,扣除 20 分;未归还考试工具、仪表、图纸的扣除 50 分;造成主要设备损坏的,该项目记 0 分)。

(三)实训目的

(1)能用万用表判别变压器的高低压绕组。
(2)掌握变压器高低压同相绕组及中间相绕组的判别方法。
(3)掌握变压器同相绕组、高压侧绕组同名端的判别方法。
(4)能正确画出变压器的接线图、相量图、时钟图,并能通电验证。

(四)实训器材

(1)三相实训变压器 1 台。
(2)三相调压器 1 台。
(3)万用表 1 个。
(4)导线若干。

(五)原理分析

现代电力系统普遍采用三相制,三相变压器广泛应用于三相电路的电压变换中。现在的变电站多采用两台变压器并联运行,而变压器并联运行的条件之一就是要求变压器的连接组别相同。

1. 一次侧、二次侧绕组的极性

变压器除了能够改变电压外,还能改变一次侧和二次侧电压的相位关系。交流电虽然没有正极、负极之分,但根据变压器一、二次侧绕组中某一瞬时电流方向是否相同,也可用极性来表示。

单相变压器的一、二次侧绕组由一个共同的主磁通 Φ 相连,当 Φ 随时间变化时,在一、二次侧绕组中都会产生电动势。在某一瞬间,当一次侧绕组的端头为正(高电位)时,二次侧绕组中也一定有一个端头对应是正(高电位)的,这相应的两个端头,就叫同极性端或同名端(图上用"·"或"＊"表示出来),如图 3-16 所示。

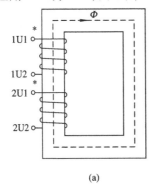
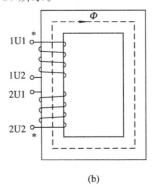

图 3-16　单相变压器线圈的极性及表示方法

图 3 - 16(a)中，一、二次侧绕组绕向相同，首端 1U1 和 2U1 都在外边，则首端(或末端)为同名端；图(b)中绕向相反，首端 1U1 和 2U1，一个在外边，一个在里边，则首端(或末端)为异名端。

2. 三相变压器的连接组别

三相变压器中有六个绕组，其中与三相电源相连接的三个绕组为一次侧绕组，其首端分别以 1U1(A)、1V1(B)、1W1(C)，末端以 1U2(X)、1V2(Y)、1W2(Z)来表示，而与这三个一次侧绕组相应的另外三个绕组为二次侧绕组，其首端和末端分别以 2U1(a)、2V1(b)、2W1(c)和 2U2(x)、2V2(y)、2W2(z)来表示，如图 3 - 17 所示。

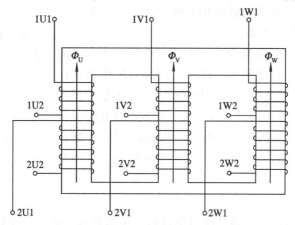

图 3 - 17　三相变压器

1) 三相变压器的连接

在三相变压器中，三个一次侧绕组与三相交流电源的连接有两种接法，即星形(Y 形)和三角形(△形)，如图 3 - 18(a)和(b)所示。当一次侧绕组为 Y 形连接时，首端 1U1、1V1、1W1 为引出端，三相末端 1U2、1V2、1W2 连接在一起成为中性点。若要把中性点引出，则以"N"标志，接线方式用 Y_N 表示。同样，三个二次侧绕组的连接方式也应当有这两种接法。

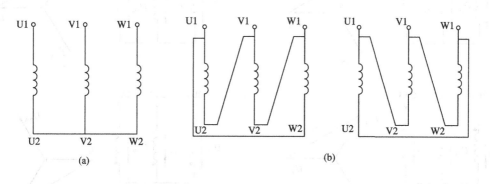

图 3 - 18　三个绕组的连接
(a) 星形连接；(b) 三角形连接

三相变压器一、二次侧绕组都可用星形或三角形连接，用星形连接时，中性点可引出，也可不引出，这样一、二次侧绕组可有如下的组合：Y/Y 或 Y/Y_N、Y/△ 或 $Y_N/△$、△/Y

或△/Y_N、△/△等连接方式。

2）时钟表示法

上述那些组合符号不足以完全说明一、二次侧绕组连接关系的全部情况，还必须用时钟来说明一、二次侧绕组间电势（或电压）的相位关系。

时钟盘上有两个指针，12 个字码，分成 12 格，每格代表一小时，一个圆周的角度是 360°，故每格就是 30°。例如 12 点与 3 点之间顺时针相差 30°×3＝90°。所有的角度都以 12 点为准，以短针顺时针的方向来计算，例如 12 点和 11 点之间应是 30°×11＝330°，而不是 30°；反过来，时针向前转了 270°，那必定指示 270°÷30＝9 点，如果向前转了 30°，那就指示为 1 点。变压器的连接组别就是用时针的表示方法来说明一、二次侧线电压的相位关系。

三相变压器的一次侧绕组和二次侧绕组由于接线方式的不同，线电压间有一定的相位差。以一次侧线电压作为长针（即分针），把它固定在 12 点上，二次侧相应线电压相量作为短针（即时针），如果它们相隔 330°，则二次侧线电压相量必定落在 330°/30°＝11 点，如图 3－19 所示。如果相差 180°，那么二次侧线电压相量必定落在 6 点上，也就是说这一个三相变压器接线组别属于 6 点。

图 3－19　时钟图

3）Y/Y 连接

在图 3－20(a)中，一、二次侧绕组不仅都是 Y 形连接，而且一次侧和二次侧都以同极性端作为首端，因此从相量图上可以看出，一、二次侧的电势是同相位，所以应标记为"12"，即把这种连接标记为 Y/Y－12 连接组或用(y, y0)表示。在图 3－13(b)中，一、二次侧的极性不同，因此从相量图上可以看出，一、二次侧的电势有 180°的相位差，所以应标记为"6"，即这种连接法称为 Y/Y－6 连接组或用(y, y6)表示。

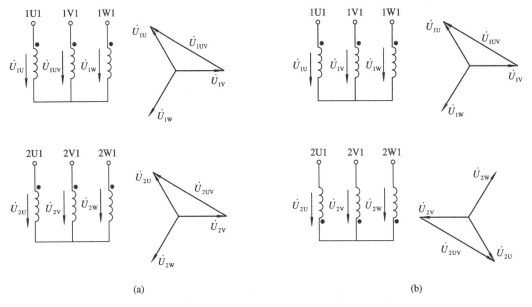

(a)　　　　　　　　　　　　　　　(b)

图 3－20　三相变压器 Y/Y 连接

(a) Y/Y－12；(b) Y/Y－6

4）Y/△连接

在图 3 - 21(a)中，将一次侧接成 Y 形而二次侧接成△形，一、二次侧绕组都以同极性端作为首端，此连接法为 Y/△—11 连接组或用(y，d11)表示。图 3 - 21(b)中的接法为 Y/△—1 连接组或用(y，d1)表示。

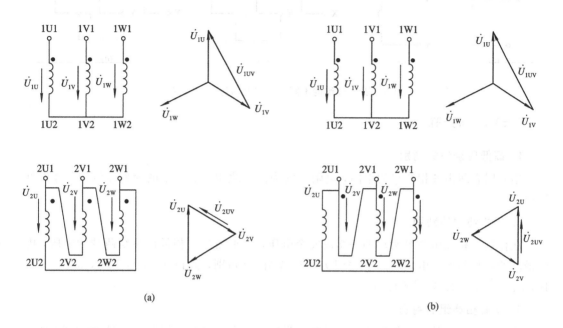

(a)　　　　　　　　　　　　(b)

图 3 - 21　三相变压器 Y/△连接

(a) Y/△—11；(b) Y/△—1

三相变压器有很多连接组别，我国标准变压器的接线组别有三种：① Y/Y_N—12(y，yN0)，一般用于容量不大的配电变压器和变电所内小变压器中。② Y/△—11(y，d11)用于中等容量，电压为 10 kV 或 35 kV 电网及电厂中的厂用变压器中。③ Y_N/△—11(yN，d11)一般用于 110 kV 及以上电力系统中。

3. 变压器的性质

变压器是利用电磁感应原理制成的，能将输入的交流电压升高或降低为同频率的输出电压。对于一个已知的降压变压器，它具有如下性质：

（1）高压绕组的电阻大，低压绕组的电阻小。

（2）在一相高压绕组两端加交流电压时，其对应的低压绕组两端的电压最高。

（3）在高压绕组的中间相（即 B 相）加电压时，有 $U_a = U_c = U_b/2$。

（4）同相绕组同名端相连时（见图 3 - 22(a)），其合成的总的电动势减少，即 $U_{Xx} = U_{AX} - U_{ax}$；同相绕组异名端相连时（见图 3 - 22(b)），其合成的总的电动势增加，即 $U_{Ax} = U_{AX} + U_{ax}$。

（5）不同相绕组同名端相连时（见图 3 - 22(c)），其合成的总的电动势减少，即 $U_{BC} = U_{BY} - U_{CZ}$；不同相绕组异名端相连时（见图 3 - 22(d)），其合成的总的电动势增加，即 $U_{BZ} = U_{BY} + U_{CZ}$。

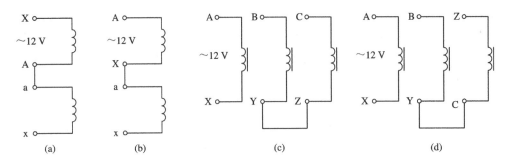

图 3 - 22 绕组的不同连接与电动势的关系图

（六）实训步骤

1. 高低压绕组的判别

用万用表测出各相绕组的电阻，电阻大的为高压绕组，电阻小的为低压绕组，并做好标记。

2. 同相绕组的判别

在任意一相高压绕组两端加一交流安全电压，分别测量三相低压绕组两端的电压，电压最高的一相与所加电压的高压绕组为同相绕组（经判别，假设 1、2 与 7、8，3、4 与 9、10，5、6 与 11、12 为同相绕组）。

3. 中间相绕组的判别

当在高压绕组某一相加电压时，测得另两相高压绕组的电压相等（或测量低压绕组时，有两相低压绕组电压相等，且为另外一相低压绕组电压的一半），则该相即为中间相绕组（经判别，假设 9、10，3、4 为中间相）。

4. 同相绕组同名端的判别

将同相的高、低压绕组的一端连接起来（1、8），在高压侧加 12 V 交流电压，测量高、低压绕组的另两端（2、7）及高压绕组两端电压（U_1），如图 3 - 23(a)所示（经判别，假设 2、8，3、9，6、11 为同名端）。

若 $U_{2,7} > U_{7,8} = 12$ V，则 1 与 8 为异名端；或 $U_2 > U_1$，则 1 与 8 为异名端。

若 $U_{2,7} < U_{7,8} = 12$ V，则 1 与 8 为同名端；或 $U_2 < U_1$，则 1 与 8 为同名端。

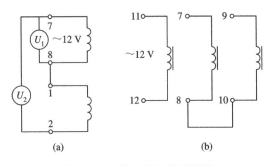

图 3 - 23 绕组同名端判别图

(a)同相绕组同名端的判别图；(b)高压侧绕组同名端的判别图

5. 高压侧绕组同名端的判别

将两个高压绕组的一端连接起来(8、10),在另一高压绕组(11、12)加 12V 交流电压,测量连接的两高压绕组两端(7、8,9、10)的电压及未连两端(7、9)的电压,如图 3 - 23(b)所示(经判别,假设 8、10、12 为同名端)。

若 $U_{7,9} = |U_{7,8} - U_{9,10}|$,则 8 与 10 为同名端。

若 $U_{7,9} = U_{7,8} + U_{9,10}$,则 8 与 10 为异名端。

6. 各相绕组同名端的确定

由上述确定的高压绕组的同名端(设为 8、10、12)和同相绕组的同名端(设为 2、8,3、9,6、11),可确定各相绕组同名端(则 8、2,10、4,12、5 为同名端,同时,7、1,9、3,11 也为同名端)。

7. 画连接组别图

(1) Y/Y—12 组别图,如图 3 - 24 所示。

① 画变压器高低压的 6 个绕组,如图 3 - 24(a)所示。

② 在 6 个绕组上标上端子号和同名端,如图 3 - 24(b)所示。

③ 按照同名端出线、Y 形接法,将变压器连接好,并标明出线端和电压参考方向,如图 3 - 24(c)所示。

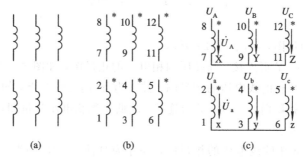

图 3 - 24 Y/Y—12 组别图

(2) △/Y—11 组别图,如图 3 - 25 所示。

① 画变压器高低压的 6 个绕组,并在绕组上标上端子号和同名端,如图 3 - 25(a)所示。

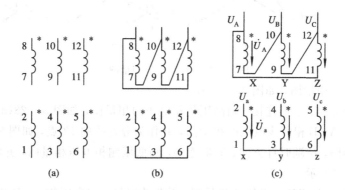

图 3 - 25 △/Y—11 组别图

② 按照同名端出线、高压侧正相序△形接法、低压侧 Y 形接法,将变压器连接好,如图 3 - 25(b)所示。

③ 标明出线端和电压参考方向,如图 3 - 25(c)所示。

(3) Y/△—5 组别图,如图 3 - 26 所示。

① 画变压器高低压的 6 个绕组,并在绕组上标上端子号和同名端,如图 3 - 26(a)所示。

② 按照异名端出线、高压侧 Y 形接法、低压侧逆相序△形接法,将变压器连接好,如图 3 - 26(b)所示。

③ 标明出线端和电压参考方向,如图 3 - 26(c)所示。

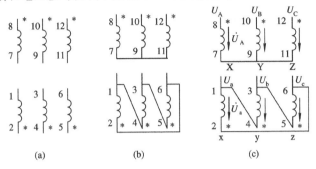

图 3 - 26 Y/△—5 组别图

8. 相量图

(1) Y/Y—12 相量图,如图 3 - 27 所示。

① 按顺时钟方向、Y 形连接,画高压侧相电压的相量图,如图 3 - 27(a)所示。

② 画高压侧 A、B 相的线电压的相量图,并作为分针指向 12 点,如图 3 - 27(b)所示。

③ 根据组别图,按顺时针方向、Y 形连接,画低压侧相电压相量图,并将 A、a 两点重合,如图 3 - 27(c)所示。

④ 画低压侧 a、b 相的线电压的相量图,并作为时针,与高压侧 A、B 相的线电压重合,即指向 12 点,如图 3 - 27(d)所示。

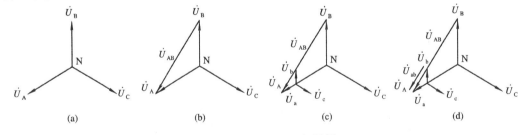

图 3 - 27 Y/Y—12 相量图

(2) △/Y—11 相量图,如图 3 - 28 所示。

① 按顺时钟方向、△形连接,画高压侧相电压的相量图,如图 3 - 28(a)所示。

② 画高压侧 A、B 相的线电压的相量图,并作为分针指向 12 点,如图 3 - 28(b)所示。

③ 根据组别图,按顺时针方向、Y 形连接,画低压侧相电压相量图,并将 A、a 两点重合,如图 3 - 28(c)所示。

④ 画低压侧 a、b 相的线电压的相量图,并作为时针,与高压侧 A、B 相的线电压相差 330°角,即指向 11 点,如图 3 - 28(d)所示。

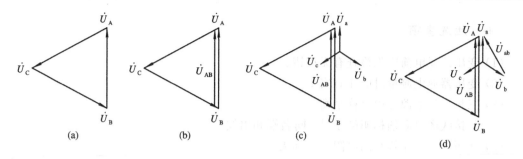

图 3 - 28　△/Y—11 相量图

（3）Y/△—5 相量图，如图 3 - 29 所示。

① 按顺时针方向、Y 形连接，画高压侧相电压的相量图，如图 3 - 29(a)所示。

② 画高压侧 A、B 相的线电压的相量图，并作为分针指向 12 点，如图 3 - 29(b)所示。

③ 根据组别图，按顺时针方向、△形连接，画低压侧相电压相量图，并将 A、a 两点重合，如图 3 - 29(c)所示。

④ 画低压侧 a、b 相的线电压的相量图，并作为时针，与高压侧 A、B 相的线电压相差 150°角，即指向 5 点，如图 3 - 29(d)所示。

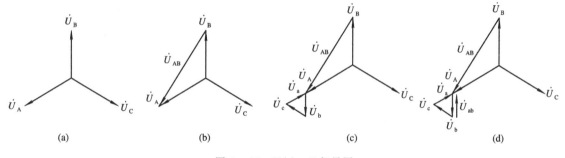

图 3 - 29　Y/△—5 相量图

9. 通电验证

（1）将变压器按指定组别连接好，并把 A、a 连接在一起，如图 3 - 30 所示，然后将变压器高压侧接到相电压为 100 V 的三相交流电源上，测量有关数据，看是否符合验证结果。

（2）验证结果：

① Y/Y—12，$U_{Na} > U_{Nb} = U_{Nc}$ 或 $U_{N2U} > U_{N2V} = U_{N2W}$。

② △/Y—11，$U_{Ba} > U_{Bb} = U_{Bc}$ 或 $U_{1V2U} > U_{1V2V} = U_{1V2W}$。

③ Y/△—5，$U_{Ba} < U_{Bb} = U_{Bc}$ 或 $U_{1V2U} < U_{1V2V} = U_{1V2W}$。

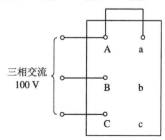

图 3 - 30　通电验证示意图

(七) 注意事项

(1) 变压器通电前应先检查有无接错。

(2) 变压器通电测量时应注意安全。

(3) 三相交流电源必须对称平衡。

(4) 画接线图时必须标明端子号、同名端和出线端。

(5) 变压器的三相绕组的电阻要一样大。

(八) 分析思考

(1) 变压器标注同名端有什么意义?

(2) 画相量图有什么用途?

(3) 同名端与出线端有何异同?

第 4 章　可编程控制技术实训

可编程控制器(Programmable Controller)缩写为 PC，为了与个人计算机 PC(Personal Computer)相区别，通常在 PC 中间人为地增加一个 L(即 Programmable Logical Controller)，俗称 PLC。

可编程控制技术是自动化技术、计算机技术和通信技术相结合的产物，其载体是 PLC。它是一种为适应工业控制要求而设计的专用计算机系统，只要改变用户程序，便可适用于各种工业控制系统，故又称为工业专用计算机。它具有结构紧凑、可靠性高、编程简单、使用灵活、适应性强、维修方便等优点，已成为现代控制技术的一个发展方向，是中级电工必须掌握的一项新技能。所以，本章对三菱 FX$_{2N}$ 系列 PLC 进行介绍，要求掌握 PLC 的基本结构、工作原理、基本逻辑指令及简单的程序设计；同时也希望通过对本章的学习，读者能够触类旁通，对其他品牌的 PLC 也有所了解。

4.1　可编程控制技术基础

自 1969 年第一台 PLC 面世以来，经历了 40 多年的发展，PLC 已经成为一种最重要、最普及、应用场合最多的工业控制器。初期的 PLC 只是用于逻辑控制场合，用来代替继电控制盘，但现在的 PLC 已进入包括逻辑控制、定位控制、过程控制、PID 控制等场合的所有控制领域。它继续保留了原来逻辑控制器的所有优点，同时还吸收并发展了其他控制设备(如过程仪表、计算机、集散系统、分散系统等)的优点。下面对 PLC 进行简单的介绍。

4.1.1　基本组成

FX 系列 PLC 是由基本单元、扩展单元、扩展模块及特殊功能模块构成的。基本单元包括 CPU、存储器、输入/输出(I/O)单元和电源，是 PLC 的主要部分。扩展单元是扩展 I/O 点数的装置，内部有电源。扩展模块用于增加 I/O 点数和改变 I/O 点数的比例，内部无电源，由基本单元或扩展单元供电。扩展单元和扩展模块内无 CPU，必须与基本单元一起使用。特殊功能模块是一些特殊用途的装置。下面介绍 FX 系列 PLC 硬件和软件的构成及作用。

1. 硬件

PLC 硬件主要由中央处理单元、存储器、输入单元、输出单元、电源单元、扩展接口、存储器接口、编程器接口和编程器组成,其结构框图如图 4 - 1 所示。

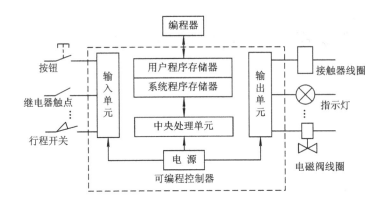

图 4 - 1　FX 系列 PLC 的结构框图

1) 中央处理单元(CPU)

CPU 的作用是对整个 PLC 的工作进行控制,主要采用微处理器(如 Z80A、8080、8086、80286、80386 等)、单片机(如 8031、8096 等)、位片式微处理器(如 AM2900、AM1902、AM2903)。位片机的字长、结构和指令系统不是固定的,用户根据需要可以用若干片"级联"组成任意字长的计算机,而且通过改变微程序存储器的内容,用户可以形成位片机的指令系统。

2) 存储器

存储器用于存放程序和数据。PLC 配有系统存储器和用户存储器,前者用于存放系统的各种管理监控程序;后者用于存放用户编制的程序。PLC 的用户程序和参数的存储器有 RAM、EPROM 和 EEPROM 三种类型。RAM 一般采用锂电池作为后备电源,停电后 RAM 中的数据可以保存 1~5 年。对于 EPROM,写入时必须用专用的写入器,擦除时要用专用的擦除器。EEPROM 是电可擦除只读存储器,它不仅具有其他程序存储器的性能,还可以在线改写,且不需要专门的写入和擦除设备。

3) 输入/输出单元

输入/输出单元是 PLC 与外部设备连接的接口。CPU 所能处理的信号只能是标准电平,因此现场的输入信号,如按钮开关、行程开关、限位开关以及传感器输出的开关量,需要通过输入单元的转换和处理才可以传送给 CPU。CPU 的输出信号,也只有通过输出单元的转换和处理,才能够驱动电磁阀、接触器、继电器、电动机等执行机构。

(1) 输入接口电路。PLC 以开关量顺序控制为特长,其输入电路基本相同,通常分为三种类型:直流输入方式、交流输入方式和交直流输入方式。外部输入元件可以是无源触点或有源传感器。输入电路包括光电隔离和 RC 滤波器,用于消除输入触点抖动和外部噪声干扰。图 4 - 2 是直流输入方式的电路图,其中,LED 为相应输入端在面板上的指示灯,用于表示外部输入的 ON/OFF 状态(LED 亮表示 ON)。输入信号接通时,输入电流一般小于 10 mA,响应滞后时间一般都小于 20 ms,如 FX_{2N} 系列 PLC 的输入信号为 DC 24 V 7 mA,响应滞后时间约为 10 ms。

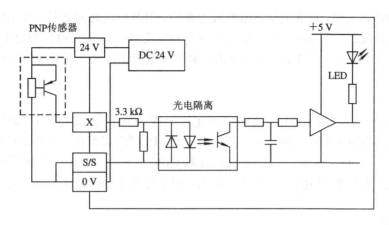

图 4 - 2　直流输入方式的电路图

　　(2) 输出接口电路。PLC 的输出电路有三种形式，即继电器输出、晶体管输出和晶闸管输出，如图 4 - 3 所示。图 4 - 3(a)为继电器输出型，它的 CPU 控制继电器线圈的通电或失电，其接点相应闭合或断开，接点再控制外部负载电路的通断。显然，继电器输出型 PLC 是利用继电器线圈和触点之间的电气隔离，将内部电路与外部电路进行隔离的。图 4 - 3(b)为晶体管输出型，是通过使晶体管截止或饱和导通来控制外部负载电路的。晶体管输出型是在 PLC 的内部电路与输出晶体管之间用光电耦合器进行隔离的。图 4 - 3(c)为晶闸管输出型，是通过使晶闸管导通或关断来控制外部电路的。晶闸管输出型是在 PLC 的内部电路与输出元件(三端双向可控硅开关元件)之间用光电晶闸管进行隔离的。

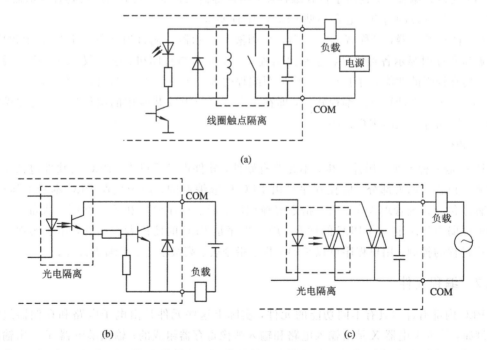

图 4 - 3　PLC 的输出接口电路
(a) 继电器输出型；(b) 晶体管输出型；(c) 晶闸管输出型

在三种输出形式中,以继电器输出型最为常用,但其响应时间最长。以 FX 系列 PLC 为例,从继电器线圈通电或断电到输出触点变为 ON 或 OFF 的响应时间均为 10 ms。其输出电流最大,在 AC 250 V 以下时可驱动的负载为纯电阻 2 A/点、感性负载 80 V·A、灯负载 100 W。

4)电源单元

PLC 的供电电源一般是市电,有的也用直流 24 V 电源供电。PLC 对电源稳定性要求不高,一般允许电源电压在+10%~-15%内波动。PLC 内部含有一个稳压电源,用于对 CPU 和 I/O 单元供电。小型 PLC 的电源往往和 CPU 单元合为一体,大中型 PLC 都有专门的电源单元。有些 PLC 还有 24 V 直流输出,用于对外部传感器供电,但输出电流往往只有毫安级。

5)接口部分

FX 系列 PLC 的接口一般有扩展接口、编程器接口、存储器接口。扩展接口是用于扩展 I/O 单元的,它使可编程控制器的点数规模配置更为灵活,可以配接开关量的 I/O 单元,也可配置如模拟量、高速脉冲等单元以及通信适配器等。为了能对可编程控制器编程及监控,可编程控制器上专门设置有编程器接口,通过这个接口可以接各种形式的编程装置,还可以利用此接口做一些监控工作。为了存储用户程序以及扩展用户程序存储区、数据参数存储区,可编程控制器上还设有存储器扩展口,可以根据使用的需要扩展存储器。

6)编程器

常用的编程器类型有:

(1)便携式编程器,也叫手持式编程器,用按键输入指令,大多采用数码管显示器,具有体积小、易携带的特点,适合小型 PLC 的编程要求。

(2)图形编程器,又称智能编程器,采用液晶显示器或阴极射线管(CRT)显示程序,可在调试程序时显示各种信号状态和出错提示等,还可与打印机、绘图仪、录音机等设备连接,具有较强的功能,对于习惯用梯形图编程的人员来说,这种编程器尤为适合。

(3)基于个人计算机的编程软件,即在个人计算机上安装专用的编程软件,可以编制梯形图、语句等形式的用户程序。

2. 软件

PLC 是一种工业专用计算机,不光要有硬件,软件也必不可少。PLC 的软件包括监控程序和用户程序两大部分。监控程序是由 PLC 厂家编制的,用于控制 PLC 本身的运行。监控程序包含系统管理程序、用户指令解释程序、标准程序模块和系统调用三大部分,其功能的强弱直接决定一台 PLC 的性能。用户程序是 PLC 的使用者编制的,用于实现对具体生产过程的控制,用户程序可以是梯形图、指令表、高级语言、汇编语言等。

4.1.2 编程元件

PLC 内部有许多具有不同功能的元件,实际上这些元件是由电子电路和存储器组成的。例如,输入继电器 X 是由输入电路和输入映像寄存器组成的;输出继电器 Y 是由输出电路和输出映像寄存器组成的;定时器 T、计数器 C、辅助继电器 M、状态继电器 S、数据寄存器 D、变址寄存器 V/Z 等都是由存储器组成的。为了把它们与通常的硬件元件区分开,我们通常把这些元件称为软元件,是由等效概念抽象模拟的元件,并非实际的物理元件。从工作过程看，我们只注重元件的功能，按元件的功能给名称，例如输入继电器 X、输出继电器 Y 等，而且每个元件都有确定的地址编号，这对编程十分重要。

需要特别指出的是，不同厂家，甚至同一厂家的不同型号的 PLC，其编程元件的数量和种类都不一样（如表 4-1 所示）。下面以 FX$_{2N}$ 系列 PLC 为蓝本，详细介绍其编程元件。

表 4-1　FX 系列 PLC 的编程元件

项　目		FX$_{1S}$	FX$_{1N}$	FX$_{2N}$，FX$_{2NC}$
I/O 设置		与用户选择有关，最多 30 点	与用户选择有关，最多 128 点	硬件配置最多 256 点，与用户选择有关
辅助继电器	通用辅助继电器	384 点，M0～M383		500 点，M0～M499
	锁存辅助继电器	128 点，M384～M511	1152 点，M384～M1535	2572 点，M500～M3071
	特殊辅助继电器	256 点，M8000～M8255		
状态继电器	初始化状态继电器	10 点，S0～S9		
	通用状态继电器	—		490 点，S10～S499
	锁存状态继电器	128 点，S0～S127	1000 点，S0～S999	400 点，S500～S899
	信号报警器	—		100 点，S900～S999
定时器	100 ms 定时器	63 点，T0～T62	200 点，T0～T199	
	10 ms 定时器	31 点，T32～T62（M8028＝1 时）	46 点，T200～T245	
	1 ms 定时器	1 点，T63，	4 点，T246～T249	
	100 ms 积算定时器	—	6 点，T250～T255	
计数器	16 位通用加计数器	16 点 16 位，加计数，C0～C15		100 点 16 位，C0～C99
	16 位锁存加计数器	16 点 16 位，加计数，C16～C31	184 点 16 位，加计数，C16～C199	100 点 16 位，C100～C199
	32 位通用加减计数	—	20 点 32 位，双向，C200～C219	
	32 位锁存加减计数	—	15 点 32 位，双向，C220～C234	
高速计数器	1 相无启动复位输入	4 点，C235～C238(C235 锁存)		6 点，C235～C240
	1 相带启动复位输入	3 点，C241(锁存)，C242，C244(锁存)		5 点，C241～C245
	2 相双向高速计数器	3 点 C246，C247，C249(全部锁存)		5 点，C246～C250
	2 相 A/B 相高速计数器	3 点，C251，C252，C254(全部锁存)		5 点，C251～C255
数据寄存器	通用数据寄存器	16 位 128 点，D0～D127		16 位 200 点，D0～D199
	锁存数据寄存器	16 位 28 点，D128～D255	16 位 7872 点，D128～D7999	16 位 7800 点，D200～D7999
	文件寄存器	16 位 1500 点，D1000～D2499	7000 点 D1000～D7999，以 500 个为单位设置	
	外部调节寄存器	2 点，D8030，D8031，范围 0～255		—
	特殊寄存器	16 位 256 点，D8000～D8255		
	变址寄存器	16 位 16 点，V0～V7，Z0～Z7		

续表

项 目		FX$_{1S}$	FX$_{1N}$	FX$_{2N}$，FX$_{2NC}$
指针	跳步和子程序调用	64点，P0~P63	128点，P0~P127	
	中断用 (上升沿触发，□=1; 下降沿触发，□=0)	4点输入中断， I00□~I30□	6点输入中断， I00□~I50□	6点输入中断(I00□~I50□)，3点定时中断(I6☆☆~I8☆☆)，☆☆为ms，6点计数中断(I010~I060)
	MC和MCR的嵌套层数	8点，N0~N7		
常数	十进制K	16位：—32 768~+32 767 32位：—2 147 483 648~+2 147 483 647		
	十六进制H	16位：0~FFFF，32位：0~FFFFFFFF		
	浮点数	—		32位，±1.175×10~±3.403×10

1. 输入继电器(X)

每个输入继电器对应于输入端子排上的一个接线端子，它与PLC的输入端子相连，是PLC接收外部开关信号的窗口，PLC通过输入端子将外部信号的状态读入并存储在输入映像寄存器中。与输入端子连接的输入继电器是光电隔离的电子继电器，其常开接点、常闭接点与传统硬继电器的表示方法一样。这些常开接点、常闭接点的使用次数不限，在PLC梯形图内可以自由使用。FX$_{2N}$系列PLC的输入继电器采用八进制地址编号，X0~X7，X10~X17，…，最多可达184点。

图4-4是一个PLC控制系统的示意图，X0端子外接的输入信号接通时，它对应的输入映像寄存器为1状态，断开时为0状态。输入继电器的状态唯一地取决于外部输入信号的状态，不可能受用户程序的控制，因此在梯形图中绝对不能出现输入继电器的线圈。

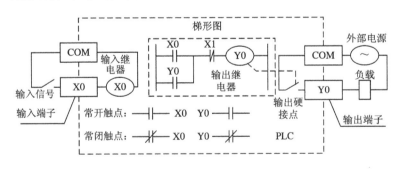

图4-4 PLC控制系统的示意图

2. 输出继电器(Y)

每个输出继电器对应于输出端子排上的一个接线端子，它是PLC向外部负载发送信号的窗口。输出继电器用来将PLC的输出信号传送给输出单元，再由后者驱动外部负载。如果图4-4梯形图中Y0的线圈"通电"，则继电器型输出单元中对应的硬件继电器的常开触点闭合，使外部负载工作。输出单元中的每一个硬件继电器仅有一对硬的常开触点，但是在梯形图中，每一个输出继电器的常开触点和常闭触点都可以多次使用。FX$_{2N}$系列PLC的输出继电器采用八进制地址编号，Y0~Y7，Y10~Y17，…，最多可达184点，但输入、输出继电器的总和不得超过 256 点。扩展单元和扩展模块的输入、输出继电器的元件号从基本单元开始，按从左到右、从上到下的顺序，采用八进制编号。表 4 - 2 给出了 FX$_{2N}$ 系列 PLC 的输入、输出继电器元件号。

表 4 - 2　FX$_{2N}$ 系列 PLC 的输入、输出继电器元件号

型号	FX$_{2N}$-16M	FX$_{2N}$-32M	FX$_{2N}$-48M	FX$_{2N}$-64M	FX$_{2N}$-80M	FX$_{2N}$-128M	扩展时
输入	X0~X7 8 点	X0~X17 16 点	X0~X27 24 点	X0~X37 32 点	X0~X47 40 点	X0~X77 64 点	X0~X267 184 点
输出	Y0~Y7 8 点	Y0~Y17 16 点	Y0~Y27 24 点	Y0~Y37 32 点	Y0~Y47 40 点	Y0~Y77 64 点	Y0~Y267 184 点

3. 辅助继电器（M）

FX 系列 PLC 的辅助继电器如表 4 - 1 所示。PLC 内部有很多辅助继电器，它是一种内部的状态标志，相当于继电器控制系统中的中间继电器。它的常开、常闭接点在编程时可以无限次地自由使用，但是这些接点不能直接驱动外部负载，外部负载必须由输出继电器来驱动。在逻辑运算中经常需要一些中间继电器作为辅助运算用，这些元件往往用做状态暂存、移位等运算，另外，辅助继电器还具有一些特殊功能。

（1）通用辅助继电器。在 FX 系列 PLC 中，除了输入继电器和输出继电器的元件号采用八进制外，其他编程元件的元件号均采用十进制。FX 系列 PLC 的通用辅助继电器没有断电保持功能。如果在 PLC 运行时电源突然中断，输出继电器和通用辅助继电器将全部变为 OFF，若电源再次接通，除了 PLC 运行时即为 ON 以外，其余的均为 OFF 状态。

（2）电池后备/锁存辅助继电器。某些控制系统要求记忆电源中断瞬时的状态，重新通电后再现其状态，电池后备/锁存辅助继电器可以用于这种场合。

（3）特殊辅助继电器。特殊辅助继电器共 256 点，它们用来表示 PLC 的某些状态、提供时钟脉冲和标志（如进位、借位标志）、设定 PLC 的运行方式。特殊辅助继电器分为以下两类：

① 只能利用其接点的特殊辅助继电器。其线圈由 PLC 系统程序自动驱动，用户只可以利用其接点，例如：

M8000 为运行监控，PLC 运行时 M8000 接通，其波形如图 4 - 5 所示。

M8002 为初始脉冲，仅在运行开始瞬间接通一个扫描周期，其波形如图 4 - 5 所示，因此，可以用 M8002 的常开触点来使有断电保持功能的元件初始化复位或给它们置初始值。

M8011~M8014 分别是 10 ms、100 ms、1 s 和 1 min 的时钟脉冲特殊辅助继电器。

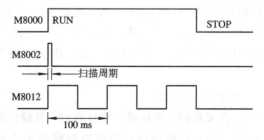

图 4 - 5　特殊辅助继电器的波形图

② 可驱动线圈的特殊辅助继电器。由用户程序驱动其线圈,使 PLC 执行特定的操作,用户并不使用它们的触点,例如:

M8030 为锂电池电压指示特殊辅助继电器,当锂电池电压跌落时,M8030 动作,指示灯亮,提醒 PLC 维修人员赶快更换锂电池。

M8033 为 PLC 停止时输出保持特殊辅助继电器。

M8034 为禁止全部输出特殊辅助继电器。

M8039 为定时扫描特殊辅助继电器。

需要说明的是,未定义的特殊辅助继电器不可在用户程序中使用。

4. 状态继电器(S)

FX 系列 PLC 的状态继电器如表 4 - 1 所示。状态继电器是构成状态转移图的重要软元件,它与后述的步进顺控指令配合使用。状态继电器的常开和常闭接点在 PLC 梯形图内可以自由使用,且使用次数不限。不用步进顺控指令时,状态继电器 S 可以作为辅助继电器 M 在程序中使用。

5. 定时器(T)

FX 系列 PLC 的定时器如表 4 - 1 所示。定时器在 PLC 中的作用相当于一个时间继电器,它有一个设定值寄存器(一个字长)、一个当前值寄存器(一个字长)以及无限个接点(一个位)。对于每一个定时器,这三个量使用同一名称,但使用场合不一样,其所指也不一样。

定时器是根据时钟脉冲累积计时的,时钟脉冲有 1 ms、10 ms、100 ms 三挡,当所计时间到达设定值时,输出接点动作。定时器可以用常数 K 作为设定值,也可以用后述的数据寄存器(D)的内容作为设定值,这里使用的数据寄存器应有断电保持功能。

(1) 100 ms 定时器 T0~T199(共 200 点)。

(2) 10 ms 定时器 T200~T245(共 46 点)。

(3) 1 ms 积算型定时器 T246~T249(共 4 点)。

(4) 100 ms 积算型定时器 T250~T255(共 6 点)。

6. 计数器(C)

FX 系列的计数器如表 4 - 1 所示。计数器用来在执行扫描操作时对内部元件(如 X、Y、M、S、T 和 C)的信号进行计数。因此,其接通(ON)时间和断开(OFF)时间应比 PLC 的扫描周期稍长,通常其输入信号频率大约为几个扫描周期/s。

(1) 16 位增计数器 C0~C99,100 点,其设定值为 0~32 767。

(2) 16 位保持型增计数器 C100~C199,100 点设定值为 0~32 767。

(3) 32 位双向计数器 C200~C219,20 点,其设定值为 −2 147 483 648~+2 147 483 647。

(4) 32 位双向保持型计数器 C220~C234,15 点,其设定值为 −2 147 483 648~+2 147 483 647。

(5) 高速计数器 C235~C255,21 点。

注:① 设定值 K_0 与 K_1 含义相同,即在第一次计数时,其输出触点动作。

② 使用保持型计数器时,即使停电,当前值和输出触点的 ON/OFF 状态也能保持。

7. 数据寄存器(D)

可编程控制器用于模拟量控制、位置量控制、数据 I/O 时,需要许多数据寄存器存储参数及工作数据,这类寄存器数量随机型的不同而不同。每一个数据寄存器都是 16 bit(最高位为符号位),可以用两个数据寄存器合并起来存放 32 bit 数据(最高位为符号位)。

8. 指针(P/I)

指针(P/I)包括分支和子程序用的指针(P)和中断用的指针(I)。在梯形图中,指针放在左侧母线的左边。

9. 常数(K/H)

常数 K 用来表示十进制常数,其 16 位常数的范围为 $-32\ 768 \sim +32\ 767$,32 位常数的范围为 $-2\ 147\ 483\ 648 \sim +2\ 147\ 483\ 647$。常数 H 用来表示十六进制常数,十六进制包括 $0 \sim 9$ 和 $A \sim F$ 这 16 个数字,其 16 位常数的范围为 $0 \sim FFFF$,32 位常数的范围为 $0 \sim FFFFFFFF$。

4.1.3　工作原理

1. 扫描工作方式

PLC 的工作原理与计算机的工作原理基本上是一致的,可以简单地表述为在系统程序的管理下,通过运行用户程序完成控制任务。但是,计算机与 PLC 的工作方式有所不同,计算机一般采用等待命令的工作方式,而 PLC 则采用循环扫描的工作方式,其具体过程如下:

PLC 有运行(RUN)与停止(STOP)两种基本的工作模式。当处于停止工作模式时,PLC 只进行内部处理和通信服务等内容。当处于运行工作模式时,PLC 要进行内部处理、通信服务、输入处理、程序处理、输出处理,然后按上述过程循环扫描工作。在运行工作模式下,PLC 通过反复执行反映控制要求的用户程序来实现控制功能。PLC 为了使输出能及时地响应随时可能变化的输入信号,用户程序不是只执行一次,而是不断地重复执行,直至 PLC 停机或切换到 STOP 工作模式。除了执行用户程序之外,在每次循环过程中,PLC 还要完成内部处理、通信服务等工作,一次循环可分为 5 个阶段(见图 4-6)。PLC 的这种周而复始的循环工作方式称为扫描工作方式。由于 PLC 执行指令的速度极高,从外部输入—输出关系来看,处理过程似乎是同时完成的。

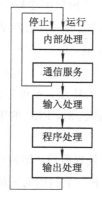

图 4-6　扫描过程

（1）内部处理阶段。在内部处理阶段，PLC检查CPU内部的硬件是否正常，将监控定时器复位，并完成一些其他内部工作。

（2）通信服务阶段。在通信服务阶段，PLC与其他的智能装置通信，响应编程器键入的命令，更新编程器的显示内容。当PLC处于停止模式时，只执行以上两个操作；当PLC处于运行模式时，还要完成以下三个阶段的操作。

（3）输入处理阶段。在PLC的存储器中，设置了一片区域用来存放输入信号的状态，这片区域被称为输入映像寄存器。PLC梯形图中的其他编程元件也有对应的映像存储区，它们统称为元件映像寄存器。外部输入电路接通时，对应的输入映像寄存器为1状态，梯形图中对应的输入继电器的常开触点接通，常闭触点断开。外部输入触点电路断开时，对应的输入映像寄存器为0状态，梯形图中对应的输入继电器的常开触点断开，常闭触点接通。某一编程元件对应的映像寄存器为1状态时，称该编程元件为ON；映像寄存器为0状态时，称该编程元件为OFF。

输入处理又叫输入采样。在输入处理阶段，PLC顺序读入所有输入端子的通断状态，并将读入的信息存入内存所对应的输入元件映像寄存器，此时，输入映像寄存器被刷新。接着进入程序执行阶段，在程序执行时，输入映像寄存器与外界隔离，即使输入信号发生变化，其映像寄存器的内容也不会发生变化，只有在下一个扫描周期的输入处理阶段才能被读入。

（4）程序处理阶段。程序处理阶段根据PLC梯形图程序扫描原则，按先左后右、先上后下的顺序，逐行逐句扫描，执行程序。若遇到程序跳转指令，则根据跳转条件是否满足来决定程序的跳转地址。当用户程序涉及输入、输出状态时，PLC从输入映像寄存器中读取上一阶段输入处理时对应输入端子的状态，从输出映像寄存器读取对应映像寄存器的当前状态，根据用户程序进行逻辑运算，再将运算结果存入有关元件映像寄存器中。因此，对每个元件（输入继电器除外）而言，元件映像寄存器中所寄存的内容（即元件的状态）会随着程序执行过程而变化。

（5）输出处理阶段。在输出处理阶段，CPU将输出映像寄存器的0/1状态传送到输出锁存器。梯形图中某一输出继电器的线圈"通电"时，对应的输出映像寄存器为1状态。信号经输出单元隔离和功率放大后，继电器型输出单元中对应的硬件继电器的线圈通电，其常开触点闭合，使外部负载通电工作。若梯形图中输出继电器的线圈"断电"，对应的输出映像寄存器为0状态，在输出处理阶段之后，继电器型输出单元中对应的硬件继电器的线圈断电，其常开触点断开，外部负载断电，停止工作。

PLC的输入处理、程序处理和输出处理的工作过程如图4-7所示。

循环扫描的工作方式是PLC的一大特点，也可以说PLC是"串行"工作的，这和传统的继电器控制系统"并行"工作有着质的区别，PLC的串行工作方式避免了继电器控制系统中触点竞争和时序失配的问题。

由于PLC是扫描工作的，在程序处理阶段，即使输入信号的状态发生了变化，输入映像寄存器的内容也不会改变，要等到下一个扫描周期的输入处理阶段才能改变。暂存在输出映像寄存器中的输出信号，要等到一个循环周期结束后，由CPU集中将它们全部输送

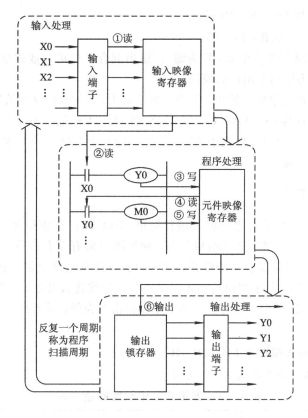

图 4 - 7　PLC 的扫描工作过程

给输出锁存器。由此可以看出，全部输入、输出状态的改变，需要一个扫描周期，换言之，输入/输出的状态保持一个扫描周期。

2. 扫描周期

PLC 在 RUN 工作模式时，执行一次图 4 - 6 所示的扫描操作所需的时间称为扫描周期，其典型值约为 1～100 ms。扫描周期与用户程序的长短、指令的种类和 CPU 执行指令的速度有很大的关系。当用户程序较长时，指令执行时间在扫描周期中占相当大的比例。

3. 输入/输出滞后时间

输入/输出滞后时间又称系统响应时间，是指 PLC 的外部输入信号发生变化的时刻至它控制的有关外部输出信号发生变化的时刻之间的时间间隔，它由输入电路滤波时间、输出电路的滞后时间和因扫描工作方式产生的滞后时间这三部分组成。

影响输入/输出滞后的主要原因有：输入滤波器的惯性；输出继电器接点的惯性；程序执行的时间；程序设计不当的附加影响等。对于用户来说，选择了一个 PLC，合理地编制程序是缩短响应的关键。

4.1.4　FX 系列型号的含义

FX 系列 PLC 型号名称的含义如下：

FX □□ - □ □ □ □ - □
　　(1)　　(2)　(3)　(4)　(5)

（1）系列序号：如 1S、1N、2N 等。

（2）输入/输出的总点数：14～256。

（3）单元类型：M 为基本单元，E 为输入/输出混合扩展单元或扩展模块，EX 为输入专用扩展模块，EY 为输出专用扩展模块。

（4）输出形式：R 为继电器输出，T 为晶体管输出，S 为双向晶闸管输出。

（5）电源形式：D 为 DC 电源，DC 24 V 直流输入；无标记时为 AC 电源，DC 24 V 直流输入。例如，FX$_{1N}$ - 60MT - D 属于 FX$_{1N}$ 系列，有 60 个 I/O 点的基本单元，晶体管输出型，使用 24 V 直流电源。

4.1.5 基本逻辑指令

PLC 最为用户推崇的优点之一就是编程简单，PLC 生产厂家很多，但所有 PLC 的编程都使用以继电器逻辑控制为基础的梯形图。梯形图通常有左右两条母线(有的时候只画左母线)，两母线之间是内部继电器常开、常闭的触点以及由继电器线圈形成的一条条平行的逻辑行(或称梯级)。每个逻辑行必须以触点与左母线连接开始，以线圈与右母线连接结束。本章以三菱 FX$_{2N}$ 系列 PLC 的 27 条基本逻辑指令为例，说明指令的含义和梯形图编制的基本方法。

1. 逻辑取及驱动线圈指令 LD/LDI/OUT

逻辑取及驱动线圈指令如表 4 - 3 所示。

表 4 - 3　逻辑取及驱动线圈指令表

符号、名称	功　能	电路表示	操作元件	程序步
LD 取	常开触点逻辑运算起始		X,Y,M,T,C,S	1
LDI 取反	常闭触点逻辑运算起始		X,Y,M,T,C,S	1
OUT 输出	线圈驱动		Y,M,T,C,S	Y,M:1, S、特 M:2,T:3, C:3～5

（1）用法示例。逻辑取及驱动线圈指令的应用如图 4 - 8 所示。

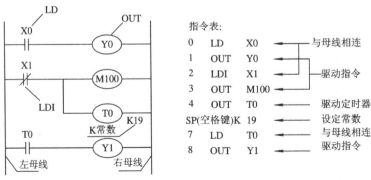

图 4 - 8　逻辑取及驱动线圈指令的用法

（2）使用注意事项：

① LD 是常开触点连到母线上，可以用于 X、Y、M、T、C 和 S。

② LDI 是常闭触点连到母线上，可以用于 X、Y、M、T、C 和 S。

③ OUT 是驱动线圈的输出指令，可以用于 Y、M、T、C 和 S。

④ LD 与 LDI 指令对应的触点一般与左侧母线相连，若与后述的 ANB、ORB 指令组合，也可用于串、并联电路块的起始触点。

⑤ 线圈驱动指令可并行多次输出，如图 4－8 中的 OUT M100、OUT T0 K19。

⑥ 输入继电器 X 不能使用 OUT 指令。

⑦ 对于定时器的定时线圈或计数器的计数线圈，必须在 OUT 后设定常数。

（3）双线圈输出。线圈一般不能重复使用（重复使用即称双线圈输出）。图 4－9 为同一线圈 Y3 多次使用的情况。设 X1＝ON，X2＝OFF，最初因 X1＝ON，Y3 的映像寄存器为 ON，输出 Y4 也为 ON，然而紧接着又因 X2＝OFF，Y3 的映像寄存器改写为 OFF，因此，最终的外部输出 Y3 为 OFF，Y4 为 ON。所以，若输出线圈重复使用，则后面线圈的动作状态对外输出有效。

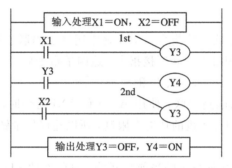

图 4－9　双线圈输出

2. 触点串、并联指令 AND/ANI/OR/ORI

触点串、并联指令如表 4－4 所示。

表 4－4　触点串、并联指令表

符号、名称	功　能	电路表示	操作元件	程序步
AND 与	常开触点串联连接		X,Y,M,S,T,C	1
ANI 与非	常闭触点串联连接		X,Y,M,S,T,C	1
OR 或	常开触点并联连接		X,Y,M,S,T,C	1
ORI 或非	常闭触点并联连接		X,Y,M,S,T,C	1

(1) 用法示例。触点串、并联指令的应用如图 4 - 10 所示。

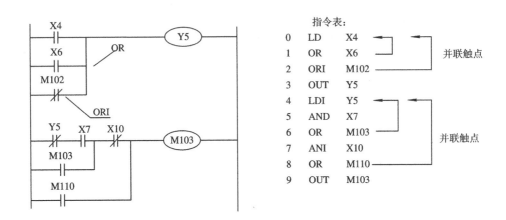

图 4 - 10　触点串、并联指令的用法图

(2) 使用注意事项:

① AND 是常开触点串联连接指令,ANI 是常闭触点串联连接指令,OR 是常开触点并联连接指令,ORI 是常闭触点并联连接指令。这四条指令后面必须有被操作的元件名称及元件号,都可以用于 X、Y、M、T、C 和 S。

② 单个触点与左边的电路串联,使用 AND 和 ANI 指令时,串联触点的个数没有限制,但是因为图形编程器和打印机的功能有限制,所以建议尽量做到一行不超过 10 个触点和一个线圈。

③ OR 和 ORI 指令是从该指令的当前步开始,对前面的 LD、LDI 指令并联连接的指令,并联连接的次数无限制,但是因为图形编程器和打印机的功能有限制,所以并联连接的次数不超过 24 次。

④ OR 和 ORI 用于单个触点与前面电路的并联,并联触点的左端接到该指令所在的电路块的起始点(LD 点)上,右端与前一条指令对应的触点的右端相连,即单个触点并联到它前面已经连接好的电路的两端(两个以上触点串联连接的电路块并联连接时,要用后续的 ORB 指令)。以图 4 - 10 中的 M110 的常开触点为例,它前面的 4 条指令已经将 4 个触点串、并联为一个整体,因此,OR M110 指令对应的常开触点并联到该电路的两端。

(3) 连续输出。如图 4 - 11(a)所示,OUT M1 指令之后通过 X1 的触点去驱动 Y4,称为连续输出。串联和并联指令用来描述单个触点与别的触点或触点(而不是线圈)组成的电路的连接关系。虽然由 X1 的触点和 Y4 的线圈组成的串联电路与 M1 的线圈是并联关系,但是 X1 的常开触点与左边的电路是串联关系,所以对 X1 的触点应使用串联指令。只要按正确的顺序设计电路,就可以多次使用连续输出,但是因为图形编程器和打印机的功能有限制,所以连续输出的次数不超过 24 次。

应该指出,如果将图 4 - 11(a)中的 M1 和 Y4 线圈所在的并联支路改为图 4 - 11(b)的电路(不推荐),就必须使用后面要讲到的 MPS(进栈)和 MPP(出栈)指令。

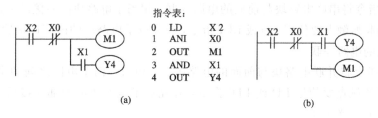

指令表：

0	LD	X 2
1	ANI	X0
2	OUT	M1
3	AND	X1
4	OUT	Y4

(a) (b)

图 4 - 11　连续输出电路

(a) 推荐电路；(b) 不推荐电路

3. 电路块连接指令 ORB/ANB

电路块连接指令如表 4 - 5 所示。

表 4 - 5　电路块连接指令表

符号、名称	功　　能	电路表示	操作元件	程序步
ORB 电路块或	串联电路块的并联连接		无	1
ANB 电路块与	并联电路块的串联连接		无	1

(1) 用法示例。电路块连接指令的应用如图 4 - 12 和图 4 - 13 所示。

指令表：

0 LD	X0	5	LDI X4
1 AND	X1	6	AND X5
2 LD	X2	7	**ORB**
3 AND	X3	8	OUT Y6
4 **ORB**			

图 4 - 12　串联电路块的并联

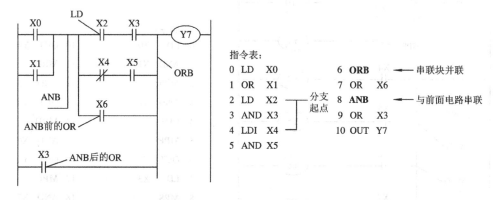

指令表：

0 LD	X0		6 **ORB**	← 串联块并联
1 OR	X1		7 OR X6	
2 LD	X2	分支起点	8 **ANB**	← 与前面电路串联
3 AND	X3		9 OR X3	
4 LDI	X4		10 OUT Y7	
5 AND	X5			

图 4 - 13　并联电路块的串联

(2) 使用注意事项：

① ORB 是串联电路块的并联连接指令，ANB 是并联电路块的串联连接指令。它们都没有操作元件，可以多次重复使用。

② ORB 指令将串联电路块与前面的电路并联,相当于电路块间右侧的一段垂直连线。并联电路块的起始触点要使用 LD 或 LDI 指令,在完成了电路块的内部连接后,用 ORB 指令将它与前面的电路并联。

③ ANB 指令将并联电路块与前面的电路串联,相当于两个电路之间的串联连线。串联电路块的起始触点要使用 LD 或 LDI 指令,在完成了电路块的内部连接后,用 ANB 指令将它与前面的电路串联。

④ ORB、ANB 指令可以多次重复使用,但是在连续使用时应限制在 8 次以下,所以,在写指令时,最好按图 4 - 12 和图 4 - 13 的方法写指令。

4. 多重输出电路指令 MPS/MRD/MPP

多重输出电路指令如表 4 - 6 所示。

表 4 - 6 多重输出电路指令表

符号、名称	功　能	电路表示	操作元件	程序步
MPS 进栈	进栈	MPS	无	1
MRD 读栈	读栈	MRD	无	1
MPP 出栈	出栈	MPP	无	1

(1)用法示例。多重输出电路指令的应用如图 4 - 14 和图 4 - 15 所示。

(2)使用注意事项:

① MPS 指令可将多重电路的公共触点或电路块先存储起来,以便后面的多重输出支路使用。多重电路的第一个支路前使用 MPS 进栈指令,中间支路前使用 MRD 读栈指令,最后一个支路前使用 MPP 出栈指令。该组指令没有操作元件。

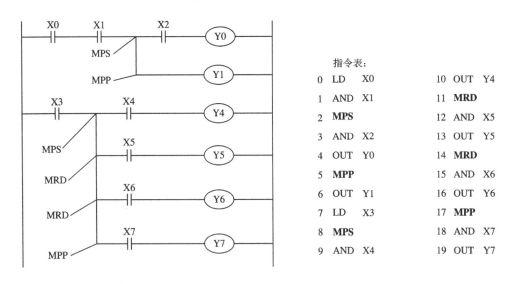

指令表:

0	LD　X0	10	OUT　Y4
1	AND　X1	11	**MRD**
2	**MPS**	12	AND　X5
3	AND　X2	13	OUT　Y5
4	OUT　Y0	14	**MRD**
5	**MPP**	15	AND　X6
6	OUT　Y1	16	OUT　Y6
7	LD　X3	17	**MPP**
8	**MPS**	18	AND　X7
9	AND　X4	19	OUT　Y7

图 4 - 14　简单 1 层栈

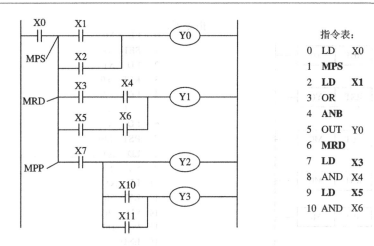

指令表:
0	LD X0	11	**ORB**
1	**MPS**	12	**ANB**
2	**LD X1**	13	OUT Y1
3	OR	14	**MPP**
4	**ANB**	15	**AND X7**
5	OUT Y0	16	OUT Y2
6	**MRD**	17	**LD X10**
7	**LD X3**	18	OR X11
8	AND X4	19	**ANB**
9	**LD X5**	20	OUT Y3
10	AND X6		

图 4 – 15　复杂 1 层栈

② FX 系列 PLC 有 11 个存储中间运算结果的堆栈存储器,堆栈采用先进后出的数据存取方式。每使用一次 MPS 指令,当前的逻辑运算结果压入堆栈的第一层,堆栈中原来的数据依次向下一层推移。

③ MRD 指令读取存储在堆栈最上层(即电路分支处)的运算结果,将下一个触点强制性地连接到该点。读栈后,堆栈内的内容不会上移或下移。

④ MPP 指令弹出堆栈存储器的运算结果,首先将下一触点连接到该点,然后从堆栈中去掉分支点的运算结果。使用 MPP 指令时,堆栈中各层的数据向上移动一层,最上层的数据在弹出后从栈内消失。

⑤ 处理最后一条支路时必须使用 MPP 指令,而不是 MRD 指令,且 MPS 和 MPP 的使用不得多于 11 次,并且要成对出现。

5. 自保持与复位指令 SET/RST

自保持与复位指令如表 4 – 7 所示。

表 4 – 7　自保持与复位指令表

符号、名称	功　能	电路表示	操作元件	程序步
SET 置位	令元件置位并自保持 ON	┤├ SET 元件	Y,M,S	Y,M:1; S,特 M:2
RST 复位	令元件复位并自保持 OFF 或清除寄存器的内容	┤├ RST 元件	Y,M,S,C,D,V,Z,积 T	Y,M:1; T,C,S,特 M:2; D,V,Z:3

(1)用法示例。指令用法示例如图 4 – 16 所示。

(2)使用注意事项:

① 图 4 – 16 中的 X0 一接通,即使再变成断开,Y0 也保持接通。X1 接通后,即使再变成断开,Y0 也保持断开,对于 M、S 也是同样。

② 对同一元件可以多次使用 SET、RST 指令,顺序可任意,但对于外部输出,则只有最后执行的一条指令才有效。

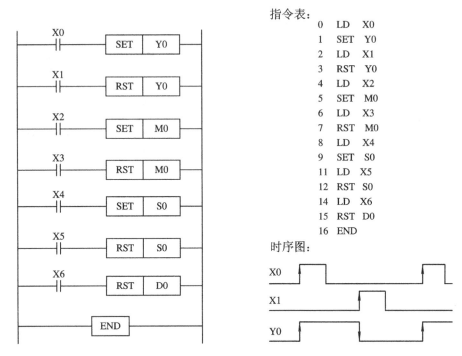

图 4 - 16 SET、RST 的使用

③ 要使数据寄存器 D,计数器 C,积算定时器 T,变址寄存器 V、Z 的内容清零,也可用 RST 指令。

6. 脉冲输出指令 PLS/PLF

脉冲输出指令如表 4 - 8 所示。

表 4 - 8 脉冲输出指令表

符号、名称	功　能	电路表示	操作元件	程序步
PLS 上升沿脉冲	上升沿微分输出	┤├─[PLS Y, M]	Y,M	2
PLF 下降沿脉冲	下降沿微分输出	┤├─[PLF Y, M]	Y,M	2

(1)用法示例。脉冲输出指令的应用如图 4 - 17 所示。

(2)使用注意事项:

① PLS 是脉冲上升沿微分输出指令,PLF 是脉冲下降沿微分输出指令。PLS 和 PLF 指令只能用于输出继电器 Y 和辅助继电器 M(不包括特殊辅助继电器)。

② 图 4 - 17 中的 M0 仅在 X0 的常开触点由断开变为接通(即 X0 的上升沿)时的一个扫描周期内为 ON;M1 仅在 X1 的常开触点由接通变为断开(即 X1 的下降沿)时的一个扫描周期内为 ON。

③ 图 4 - 17 中,在输入继电器 X0 接通的情况下,PLC 由运行→停机→运行时,PLS M0 指令将输出一个脉冲。但是,如果用电池后备(锁存)的辅助继电器代替 M0,其 PLS 指令在这种情况下不会输出脉冲。

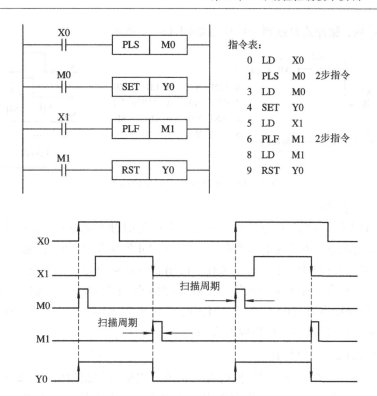

指令表：

```
0  LD   X0
1  PLS  M0   2步指令
3  LD   M0
4  SET  Y0
5  LD   X1
6  PLF  M1   2步指令
8  LD   M1
9  RST  Y0
```

图 4 - 17　脉冲输出指令用法图

7. 脉冲式触点指令 LDP/LDF/ANDP/ANDF/ORP/ORF

脉冲式触点指令如表 4 - 9 所示。

表 4 - 9　脉冲式触点指令表

符号、名称	功　能	电路表示	操作元件	程序步
LDP 取上升沿脉冲	上升沿脉冲逻辑运算开始		X，Y，M，S，T，C	2
LDF 取下降沿脉冲	下降沿脉冲逻辑运算开始		X，Y，M，S，T，C	2
ANDP 与上升沿脉冲	上升沿脉冲串联连接		X，Y，M，S，T，C	2
ANDF 与下降沿脉冲	下降沿脉冲串联连接		X，Y，M，S，T，C	2
ORP 或上升沿脉冲	上升沿脉冲并联连接		X，Y，M，S，T，C	2
ORF 或下降沿脉冲	下降沿脉冲并联连接		X，Y，M，S，T，C	2

(1) 用法示例。脉冲式触点指令的应用如图 4 - 18 所示。

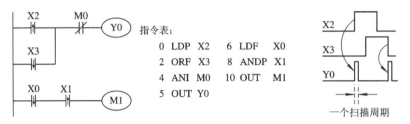

指令表:

```
0  LDP  X2    6  LDF   X0
2  ORF  X3    8  ANDP  X1
4  ANI  M0   10  OUT   M1
5  OUT  Y0
```

图 4 - 18 脉冲式触点指令用法图

(2) 使用注意事项:

① LDP、ANDP 和 ORP 指令是用来作上升沿检测的触点指令,触点的中间有一个向上的箭头,对应的触点仅在指定位元件的上升沿(由 OFF 变为 ON 时)接通一个扫描周期。

② LDF、ANDF 和 ORF 指令是用来作下降沿检测的触点指令,触点的中间有一个向下的箭头,对应的触点仅在指定位元件的下降沿(由 ON 变为 OFF 时)接通一个扫描周期。

③ 脉冲式触点指令可以用于 X、Y、M、T、C 和 S。在图 4 - 18 中,X2 的上升沿或 X3 的下降沿出现时,Y0 仅在一个扫描周期为 ON。

8. 主控触点指令 MC/MCR

在编程时,经常会遇到许多线圈同时受一个或一组触点控制的情况,如果在每个线圈的控制电路中都串入同样的触点,将占用很多存储单元,而主控指令可以解决这一问题。使用主控指令的触点称为主控触点,它在梯形图中与一般的触点垂直。主控触点是控制一组电路的总开关。主控触点指令如表 4 - 10 所示。

表 4 - 10 主控触点指令表

符号、名称	功　能	电路表示及操作元件	程序步
MC 主控起点	主控电路块起点	─┤├─[MC|N0|Y, M] N0 ─┤├ Y, M	3
MCR 主控复位	主控电路块终点	不允许使用特M [MCR|N0]	2

(1) 用法示例。主控触点指令的应用如图 4 - 19 所示。

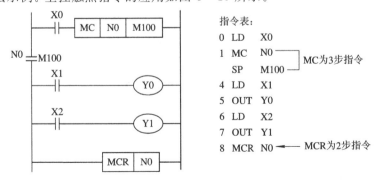

指令表:

```
0  LD   X0
1  MC   N0  ┐
   SP   M100 ├ MC为3步指令
4  LD   X1  ┘
5  OUT  Y0
6  LD   X2
7  OUT  Y1
8  MCR  N0 ← MCR为2步指令
```

图 4 - 19 主控指令应用示例

（2）使用注意事项：

① MC 是主控起点，操作数 N（0～7 层）为嵌套层数，操作元件为 M、Y，特殊辅助继电器不能用作 MC 的操作元件。MCR 是主控电路块的终点，操作数 N（0～7 层）为嵌套层次。MC 与 MCR 必须成对使用。

② 与主控触点相连的触点必须用 LD 或 LDI 指令，即执行 MC 指令后，母线将移到主控触点的后面，MCR 使母线回到原来的位置。

③ 图 4 - 19 中，X0 的常开触点接通时，执行从 MC 到 MCR 之间的指令；MC 指令的输入电路（X0）断开时，不执行上述区间的指令，其中的积算定时器、计数器、用复位/置位指令驱动的软元件保持其当时的状态，其余的元件被复位，非积算定时器和用 OUT 指令驱动的元件变为 OFF。

④ 在 MC 指令内再使用 MC 指令，称为嵌套。嵌套层数 N 的编号顺次增大；主控返回时用 MCR 指令，嵌套层数 N 的编号顺次减小。

9. 逻辑运算结果取反指令 INV

逻辑运算结果取反指令如表 4 - 11 所示。

表 4 - 11　逻辑运算结果取反指令表

符号、名称	功　能	电路表示	操作元件	程序步
INV 取反	逻辑运算结果取反	⊣├──/──○──	无	1

INV 指令在梯形图中用一条 45°的短斜线来表示，它将运算结果取反，即如运算结果为 0 则将它变为 1，如运算结果为 1 则将它变为 0。如图 4 - 20 所示，如果 X0 为 ON，则 Y0 为 OFF；反之则 Y0 为 ON。

```
       0 LD  X0
       1 INV
       2 OUT Y0
```

图 4 - 20　逻辑运算结果取反指令示例

10. 空操作和程序结束指令 NOP/END

空操作和程序结束指令如表 4 - 12 所示。

表 4 - 12　空操作和程序结束指令表

符号、名称	功　能	电路表示	操作元件	程序步
NOP 空操作	无动作	无	无	1
END 结束	输入/输出处理，程序回到第 0 步	──[END]──	无	1

（1）空操作指令 NOP。

① 若在程序中加入 NOP 指令，则改动或追加程序时，可以减少步序号的改变。

② 若将 LD、LDI、ANB、ORB 等指令换成 NOP 指令,则电路构成将有较大幅度的变化,必须注意(见图 4 - 21)。

③ 执行程序全清除操作后,全部指令都变成 NOP。

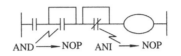

图 4 - 21 用 NOP 指令短路触点

(2) 程序结束指令 END。PLC 按照循环扫描的工作方式,首先进行输入处理,然后进行程序处理,当处理到 END 指令时,即进行输出处理。所以,若在程序中写入 END 指令,则 END 指令以后的程序就不再执行而直接进行输出处理;若不写入 END 指令,则从用户程序存储器的第一步执行到最后一步。因此,若将 END 指令放在程序结束处,则只执行第一步至 END 这一步之间的程序,可以缩短扫描周期。在调试程序时,可以将 END 指令插在各段程序之后,从第一段开始分段调试,调试好以后必须删去程序中间的 END 指令,这种方法对程序的查错也很有用处,而且,执行 END 指令时,也会刷新警戒时钟。

4.1.6　梯形图的基本规则

梯形图作为 PLC 程序设计的一种最常用的编程语言,被广泛应用于工程现场的系统设计。为更好地使用梯形图语言,下面介绍梯形图的一些基本规则。

1. 线圈右边无触点

梯形图中每一逻辑行从左到右排列,以触点与左母线连接开始,以线圈、功能指令与右母线(可允许省略右母线)连接结束。触点不能接在线圈的右边,线圈也不能直接与左母线连接,必须通过触点连接,如图 4 - 22 所示。

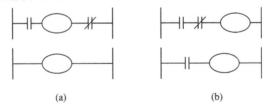

(a)　　　　　　　　　　　(b)

图 4 - 22　线圈右边无触点的梯形图
(a) 不正确梯形图;(b) 正确梯形图

2. 触点可串可并无限制

触点可以用于串行电路,也可以用于并行电路,且使用次数不受限制,所有输出继电器也都可以作为辅助继电器使用。

3. 线圈不能重复使用

在同一个梯形图中,如果同一元件的线圈使用两次或多次,那么前面的输出线圈对外输出无效,只有最后一次的输出线圈有效。所以,程序中一般不出现双线圈输出,故图 4 - 23 所示的梯形图必须改为 4 - 24 所示的梯形图。

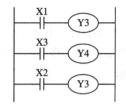
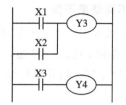

图 4 - 23 不正确梯形图　　　　　　　图 4 - 24 正确梯形图

4. 触点水平不垂直

触点应画在水平线上，而不能画在垂直线上。图 4 - 25(a)中的 X3 触点被画在垂直线上，很难正确识别它与其他触点的逻辑关系，因此，应根据其逻辑关系改为图 4 - 25(b)或(c)所示的梯形图。

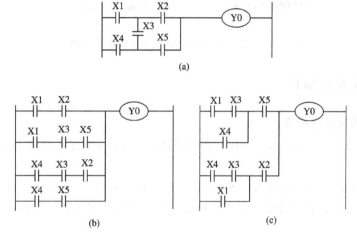

图 4 - 25 触点水平不垂直的梯形图

(a) 不正确梯形图；(b) 正确梯形图；(c) 正确梯形图

5. 触点多上并左

如果有串联电路块并联，应将串联触点多的电路块放在最上面；如果有并联电路块串连，应将并联触点多的电路块移近左母线，这样可以使编制的程序简洁，指令语句少，如图 4 - 26 所示。

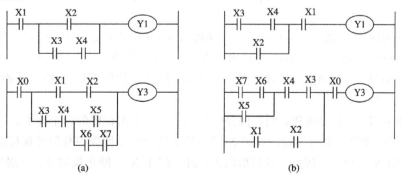

图 4 - 26 触点多上并左的梯形图

(a) 不正确梯形图；(b) 正确梯形图

6. 顺序不同结果不同

PLC 是按照从上到下、从左到右的顺序执行程序的，即是串行工作的；而继电器控制电路是并行工作的，电源一接通，并联支路都有相同的电压。因此，在 PLC 的编程中应注意：程序的顺序不同，则其执行结果不同，如图 4 - 27 所示。

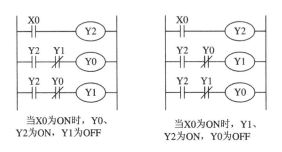

图 4 - 27 程序的顺序不同结果不同的梯形图

4.1.7 基本电路的编程

1. 电动机的启保停电路

(1) 控制要求：按下启动按钮 SB_1，电动机启动运行；按下停止按钮 SB_2，电动机停止运行。

(2) 输入/输出(I/O)分配：X0：SB_1，X1：SB_2(常开)，Y0：电动机(接触器)。

(3) 梯形图方案设计。启保停电路是梯形图中最典型的基本电路，它包含了如下几个因素：

① 输出线圈。每一个梯形图的逻辑行都必须针对输出线圈，本例为输出线圈 Y0。

② 线圈得电的条件。梯形图逻辑行中除了线圈外，还有触点的组合，即线圈得电的条件，也就是使线圈为 ON 的条件，本例为启动按钮 X0 为 ON。

③ 线圈保持输出的条件。即触点组合中使线圈为 ON 并得以保持的条件，本例为与X0 并联的 Y0 自锁触点闭合。

④ 线圈失电的条件。即触点组合中使线圈由 ON 变为 OFF 的条件，本例为 X1 常闭触点断开。

因此，根据控制要求，其梯形图为：启动按钮 X0 和停止按钮 X1 串联，并在启动按钮X0 两端并上自保触点 Y0，然后串接输出线圈 Y0。当要启动时，按启动按钮 X0，使线圈Y0 有输出并通过 Y0 自锁触点自锁；当要停止时，按停止按钮 X1，使输出线圈 Y0 复位，如图 4 - 28(a)所示。

若用 SET、RST 指令编程，则启保停电路包含了梯形图程序的两个要素：一个是使线圈置位并保持的条件，本例为启动按钮 X0 为 ON；另一个是使线圈复位并保持的条件，本例为停止按钮 X1 为 ON。因此，其梯形图为：启动按钮 X0、停止按钮 X1 分别驱动 SET、RST 指令。当要启动时，按启动按钮 X0，使输出线圈置位并保持；当要停止时，按停止按钮 X1，使输出线圈复位并保持，如图 4 - 28(b)所示。

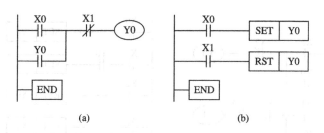

图 4 - 28　电动机的启保停梯形图

(a) 方法 1；(b) 方法 2

由上可知，方法 2 的设计思路要简单明了，是较佳的设计方案。

2. 单台电动机的两地控制

(1) 控制要求：按下地点 1 的启动按钮 SB$_1$ 或地点 2 的启动按钮 SB$_2$ 均可启动电动机；按下地点 1 的停止按钮 SB$_3$ 或地点 2 的停止按钮 SB$_4$ 均可停止电动机运行。

(2) 输入/输出分配：X0—SB$_1$；X1—SB$_2$；X2—SB$_3$（常开）；X3—SB$_4$（常开）；Y0—电动机（接触器）。

(3) 梯形图方案设计：该题可有三种设计方案，其中有两种方案与上一题的思路相似，只增加了一个使输出线圈得电的条件和使输出线圈失电的条件，其梯形图如图 4 - 29(a)、(b)所示。第三种方案是用主控指令编程，即用两个停止按钮 X2、X3 的动断点来控制主控指令 MC，用两个启动按钮 X0、X1 的动合点控制输出线圈 Y0，其梯形图如图 4 - 29(c)所示。

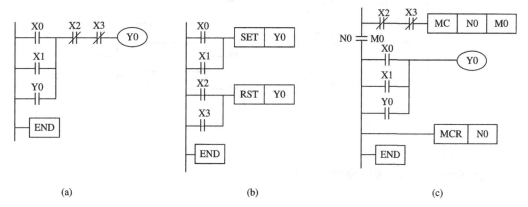

图 4 - 29　单台电动机的两地控制梯形图

(a) 方法 1；(b) 方法 2；(c) 方法 3

3. 两台电动机的顺序联动控制

(1) 控制要求：电动机 M1 先启动（SB$_1$），电动机 M2 才能启动（SB$_2$）。

(2) 输入/输出分配：X0—电动机 M1 启动（SB$_1$）；X1—电动机 M2 启动（SB$_2$）；X2—电动机 M1 停止（SB$_3$）；X3—电动机 M2 停止（SB$_4$）；Y0—电动机 M1（接触器 1）；Y1—电动机 M2（接触器 2）。

(3) 梯形图方案设计：该题的设计思路同上面的例题相似，只是要在接触器 2 的线圈 (Y1)左边加上接触器 1(Y0)的常开触点，只有这样，才能保证电动机 M1 先启动，然后电动机 M2 才能启动，如图 4 - 30 所示。

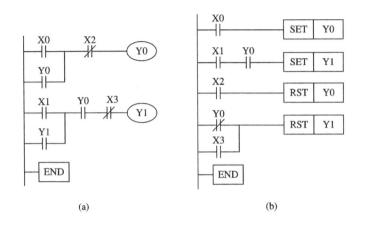

图 4 - 30　两台电动机的顺序联动控制梯形图

(a) 方法 1；(b) 方法 2

4. 定时器的应用

1) 得电延时合

得电延时合的梯形图及时序图如图 4 - 31 所示。由图可知，X0 得电 2 s 后，Y0 动作。

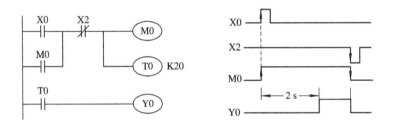

图 4 - 31　得电延时合的梯形图及时序图

2) 失电延时断

失电延时断的梯形图及时序图如图 4 - 32 所示。

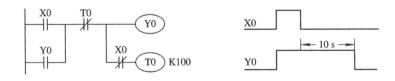

图 4 - 32　失电延时断的梯形图及时序图

说明：当 X0 为 ON 时，其常开触点闭合，Y0 接通并自保；当 X0 断开时，定时器开始得电延时，当 X0 断开的时间达到定时器的设定时间时，Y0 才由 ON 变为 OFF，实现失电延时断开。

3) 三台电动机的顺序启动

（1）控制要求：电动机 M1 启动 5 s 后电动机 M2 启动，电动机 M2 启动 5 s 后电动机 M3 启动；按下停止按钮时，电动机无条件全部停止运行。

（2）输入/输出分配：X1—启动按钮；X0—停止按钮；Y1—电动机 M1；Y2—电动机 M2；Y3—电动机 M3。

（3）梯形图方案设计：该题涉及时间的问题，所以可以采用分段计时和累计计时的方法，如图 4 - 33 所示。

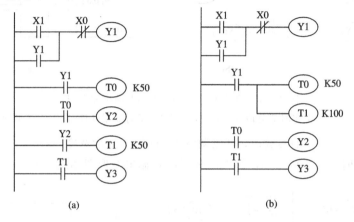

图 4 - 33　三台电动机顺序启动梯形图

（a）方法 1：定时器分段计时；（b）方法 2：定时器累计计时

5. 计数器 C 的应用

计数器 C 的应用梯形图及时序图如图 4 - 34 所示。

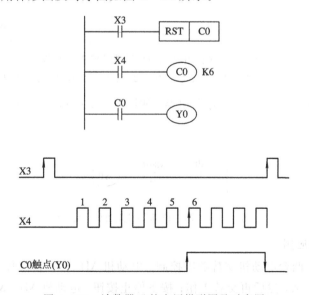

图 4 - 34　计数器 C 的应用梯形图及时序图

说明：X3 使计数器 C0 复位，C0 对 X4 输入的脉冲计数。当输入的脉冲数达到 6 个时，计数器 C0 的常开触点闭合，Y0 得电动作。X3 动作时，C0 复位，Y0 失电。

6. 振荡电路

振荡电路可以产生特定的通断时序脉冲,它应用在脉冲信号源或闪光报警电路中。

(1)应用定时器组成的振荡电路一的梯形图及输出波形图如图 4-35 所示。

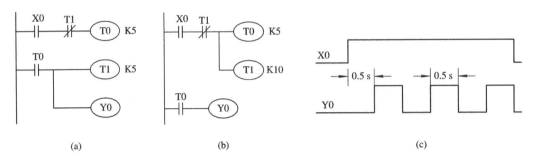

(a)   (b)   (c)

图 4-35 振荡电路一的梯形图及输出波形图
(a)方法 1:定时器分段计时;(b)方法 2:定时器累计计时;(c)波形图

说明:改变 T0、T1 的参数值,可以调整 Y0 的输出脉冲宽度。

(2)应用定时器组成的振荡电路二的梯形图及输出波形图如图 4-36 所示。

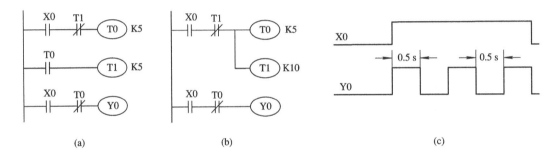

(a)   (b)   (c)

图 4-36 振荡电路二的梯形图及输出波形图
(a)方法 1:定时器分段计时;(b)方法 2:定时器累计计时;(c)波形图

(3)应用 M8013 时钟脉冲组成振荡电路,如图 4-37 所示。M8013 为 1 s 的时钟脉冲,所以 Y0 输出脉冲宽度为 0.5 s。

图 4-37 M8013 振荡电路的梯形图

7. 振荡电路的应用

(1)控制要求:两台电动机交替顺序控制。电动机 M1 工作 10 s 停下来,紧接着电动机 M2 工作 5 s 停下来,然后再交替工作;按下停止按钮,电动机 M1、M2 全部停止运行。

(2)输入/输出分配:X0—启动按钮;X1—停止按钮;Y1—电动机 M1;Y2—电动机 M2。

(3)梯形图方案设计见图 4-38。

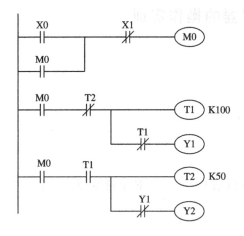

当X0为ON时，M0为ON。

因为M0为ON，所以T1、Y1线圈为ON。10 s后T1延时断开触点断开，Y1线圈为OFF。

因为10 s后T1延时闭合触点为ON，所以T2、Y2线圈为ON，5 s后，T2延时断开触点断开，第二次循环开始。

(a)

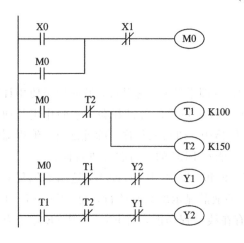

当X0为ON时，M0为ON。

因为M0为ON，所以T1、T2线圈同时为ON。

因为M0为ON，所以Y1线圈为ON。10 s后因T1延时断开触点断开，Y1线圈为OFF。同时，T1延时闭合触点闭合，所以Y2线圈为ON。5 s后，T2延时断开触点断开，Y2、T1、T2线圈断开，第二次循环开始。

(b)

图 4 - 38　两台电动机交替顺序工作梯形图
(a) 方法 1：定时器分段计时；(b) 方法 2：定时器累计计时

4.2　可编程控制技术实训

　　可编程控制技术的实训选用三菱公司的 FX_{2N} 系列 PLC 作实训用机，通过对其基本单元及手持编程器的学习，要求掌握 PLC 各部分的功能及基本操作；通过对六个简单应用实例的学习，要求掌握 PLC 的基本编程方法及调试技巧，达到能处理简单的实际问题的目的。

实训 1　编程器的操作实训

(一) 实训目的

(1) 了解手持编程器的结构及作用。

(2) 掌握 FX - 20P - E 手持编程器的操作。

(二) 实训器材

(1) 可编程控制器(FX$_{2N}$系列 PLC)1 套(包括 FX - 20P - E 手持编程器 1 个、FX - 20P - CAB 型电缆 1 根)。

(2) 电工工具 1 套。

(3) 导线若干。

(三) 实训指导

1. 编程器的概述

目前使用的编程工具有两种:一种是便携式(即手持式)编程器,另一种是使用计算机通过编程软件进行编程。编程器(俗称 HPP)是 PLC 重要的外部设备,它的作用是通过编程语言,把用户程序送到 PLC 的用户程序存储器中,即写入程序。除此之外,编程器还能对程序进行读出、插入、删除、修改、检查,也能对 PLC 的运行状况进行监视。

FX 系列 PLC 使用的编程器有 FX - 10P - E 和 FX - 20P - E 两类,这两类编程器的使用方法基本相同,所不同的是,FX - 10P - E 的液晶显示屏只有两行,而 FX - 20P - E 有 4 行,每行 16 个字符;另外,FX - 10P - E 只有在线编程功能,而 FX - 20P - E 除了有在线编程功能外,还有离线编程功能。

2. FX - 20P - E 型手持式编程器的组成

FX - 20P - E 型手持式编程器主要包括以下几个部件:

(1) FX - 20P - E 型编程器。

(2) FX - 20P - CAB 型电缆。

(3) FX - 20P - RWM 型 ROM 写入器。

(4) FX - 20P - ADP 型电源适配器。

(5) FX - 20P - E - FKIT 型接口,用于对三菱的 F1、F2 系列 PLC 编程。

其中,编程器与电缆是必需的,其他部分是选配件。编程器右侧面的上方有一个插座。将 FX - 20P - CAB 电缆的一端插入该插座内(见图 4 - 39),电缆的另一端插到 FX 系列 PLC 的 RS - 422 编程接口内。

3. FX - 20P - E 型编程器的面板布置

FX - 20P - E 型编程器的面板布置如图 4 - 39 所示。面板的上方是一个液晶(LED)显示屏。它的下面共有 35 个键,最上面一行和最右边一列为 11 个功能键,其余的 24 个键为指令、元件符号和数字键。

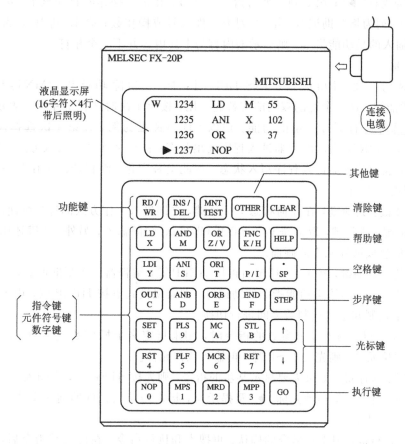

图 4 - 39　FX - 20P - E 型手持式编程器

1）LED 显示屏

FX - 20P - E 型编程器的 LED 显示屏能把编程与编辑过程中的操作状态、指令、软元件符号、软元件地址、常数、参数等在显示屏上显示出来。在编程时，LED 显示屏的画面示意图如图 4 - 40 所示。

R ▶	100	LD	M	10
	101	OUT	T	5
			K	130
	104	LDI	X	003

图 4 - 40　LED 显示屏的画面示意图

LED 显示屏可显示 4 行，每行 16 个字符，第 1 行第 1 列的字符代表编程器的工作方式。其中："R"为读出用户程序；"W"为写入用户程序；"I"为将所编制的程序插入到光标"▶"所指的指令之前；"D"为删除"▶"所指的指令；"M"表示编程器处于监视工作状态，可以监视位元件的 ON/OFF 状态、字元件内的数据以及基本逻辑指令的通断状态；"T"表示编程器处于测试工作状态，可以对位元件的状态以及定时器和计数器的线圈强制开（ON）或强制关（OFF），也可以对字元件内的数据进行修改。

第 2 列为光标"▶";第 3 到 6 列为指令步序号,在键入操作时自动显示;第 7 列为空格;第 8 到 11 列为指令助记符;第 12 列为元件符号或操作数;第 13 到 16 列为元件号或操作数。若输入的是功能指令,则显示的内容与上述内容并不完全相符。

2)功能键

RD/WR 键:读/写功能键;INS/DEL 键:插入/删除功能键;MNT/TEST 键:监视/监测功能键。这三个键的双功能交替起作用,按第 1 次时选择键左上方表示的功能,按第 2 次时选择键右下方表示的功能。现以 RD/WR 键为例,按第 1 次选择读出方式,LED 显示屏显示"R",表示编程器进入程序读出状态;按第 2 次选择写入方式,LED 显示屏显示"W",表示编程器进入程序写入状态。如此交替变化,编程器的工作状态将显示在 LED 显示屏的左上角。

OTHER 键:其他键,在任何状态下按该键,立即进入工作方式的选择画面。

CLEAR 键:清除键,取消按 GO 键以前(即确认前)的输入;另外,该键还用于清除屏幕上的错误信息或恢复原来的画面。

HELP 键:帮助键,按下 FNC 键后再按 HELP 键,编程器进入帮助模式,再按下相应的数字键,就会显示出该类功能指令的助记符。在监视模式下按 HELP 键,用于使字元件内的数据在十进制和十六进制数之间进行切换。

SP 键:空格键,输入多个参数的指令时,用来指定多个操作数或常数。在监视模式下,若要监视位元件,则先按下 SP 键,再输入该位元件。

STEP 键:步序键,如果需要显示某步的指令,则先按 STEP 键,再输入步序号。

↑、↓键:光标键,移动光标"▶"及提示符,指定当前软元件的前一个或后一个软元件,作行的滚动显示。

GO 键:执行键,用于对指令的确认、再搜索和执行命令。在键入某指令后,再按 GO 键,编程器就将该指令写入 PLC 的用户程序存储器中。

指令、软元件符号和数字键共 24 个,都为双功能键。键的上部为指令助记符,下部为软元件符号及数字,上、下两部分的功能对应于键的操作,通常为自动切换。下部符号中,Z/V、K/H、P/I 交替作用,反复按键时可互相切换。

4. 编程器的工作方式及选择

1)编程器的工作方式

FX - 20P - E 型编程器具有在线(ONLINE,或称联机)编程和离线(OFFLINE,或称脱机)编程两种工作方式。在线编程时,编程器与 PLC 直接相连,编程器直接对 PLC 的用户程序存储器进行读/写操作。若 PLC 内装有 EEPROM 卡盒,则程序写入该卡盒,此时,EEPROM 存储器的写保护开关必须处于"OFF"位置;若没有 EEPROM 卡盒,则程序写入 PLC 内的 RAM 中。在离线编程时,编制的程序首先写入编程器内的 RAM 中,以后再成批地传入 PLC 的存储器。只有用 FX - 20P - RWM 型 ROM 写入器才能将用户程序写入 EPROM。

2)编程器的工作方式选择

FX - 20P - E 型编程器上电后,其 LED 屏幕上显示的内容如图 4 - 41 所示。其中闪烁的符号"■"指明编程器目前所处的工作方式。当要改变编程器的工作方式时,只需按↑或↓键,将"■"移动到所需的方式上,然后按 GO 键,就可进入所选定的编程方式。

在联机编程方式下，按 OTHER 键，即进入工作方式选择的操作，此时，液晶屏幕显示的内容如图 4 - 42 所示。可供选择的工作方式共有 7 种，它们依次是：

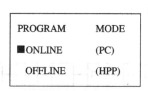

图 4 - 41　编程器上电后显示的内容

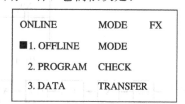

图 4 - 42　按 OTHER 键后显示的内容

（1）OFFLINE MODE：脱机编程方式。

（2）PROGRAM CHCEK：程序检查，若没有错误，则显示"NO ERROR"（没有错误）；若有错误，则显示出错指令的步序号及出错代码。

（3）DATA TRANSFER：数据传送，若 PLC 内安装有存储器卡盒，则在 PLC 的 RAM 和外装的存储器之间进行程序和参数的传送。反之则显示"NO MEM CASSETTE（没有存储器卡盒）"，不进行传送。

（4）PARAMETER：对 PLC 的用户程序存储器容量进行设置，还可以对各种具有断电保持功能的编程元件的范围以及文件寄存器的数量进行设置。

（5）XYM..NO.CONV.：修改 X、Y、M 的元件号。

（6）BUZZER LEVEL：蜂鸣器的音量调节。

（7）LATCH CLEAR：复位有断电保持功能的编程元件。

对文件寄存器的复位与其使用的存储器类别有关，只能对 RAM 和写保护开关处于 OFF 位置的 EEPROM 中的文件寄存器复位。

5. 程序的写入

在写入程序之前，一般要将 PLC 内部存储器的程序全部清除（简称清零）。清零框图如图 4 - 43 所示。图中，每个框表示按一次对应键，清零后即可进行程序写入操作。写入操作包括基本指令（包括步进指令）、功能指令的写入。

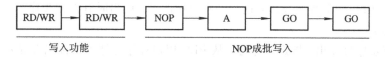

图 4 - 43　清零框图

基本指令有三种情况：一是仅有指令助记符，不带元件；二是有指令助记符和一个元件；三是指令助记符带两个元件。写入上面三种基本指令的操作框图如图 4 - 44 所示。

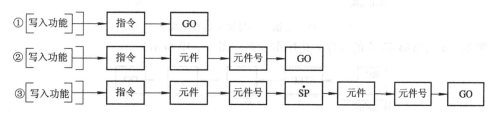

图 4 - 44　写入指令的基本操作

例如,要将图 4-45 所示的梯形图程序写入 PLC 中,可进行如图 4-46 所示的操作。

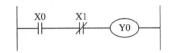

图 4-45 梯形图之一

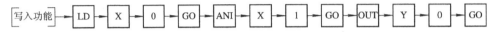

图 4-46 写入操作

这时,FX-20P-E 简易编程器的液晶显示器将显示如图 4-47 所示的画面。

```
W    0    LD    X000
     1    ANI   X001
     2    OUT   Y000
▶    3    NOP
```

图 4-47 编程器的显示画面

写入 LDP、ANDP、ORP 指令时,在按指令键后还要按 P/I 键。写入 LDF、ANDF、ORF 指令时,在按指令键后还要按 F 键。写入 INV 指令时,要按 NOP、P/I 和 GO 键。

例 4-1 在联机方式下输入下列指令,并观察其运行结果。

LD X0,OR M0,OUT M0,ANI T1,OUT T0 K5,OUT T1 K10,LD M0,ANI T0,OUT Y0,END。

解 (1)接上 PLC 的电源,并将 PLC 与 FX-20P-E 手持式编程器连接。

(2)选择联机和向 PLC 写入程序的工作方式。

(3)将上述指令按上述方法写入 PLC 中。

(4)将 PLC 的运行开关打到 RUN 状态,并合上启动按钮 X0,观察 PLC 的输出指示灯 Y0 的变化。

6. 程序的读出

把已写入 PLC 中的程序读出,这是经常要做的事。读出时有根据步序号、指令及元件读出等几种方式。

(1)根据步序号读出。指定步序号,从 PLC 用户程序存储器中读出并显示程序的基本操作如图 4-48 所示。

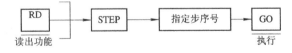

图 4-48 根据步序号读出的基本操作

例如,要读出第 55 步的程序,其操作步骤如图 4-49 所示。

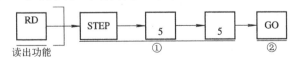

图 4-49 读出操作步骤举例

说明：① 按 STEP 键，接着键入指定的步序号。

② 按 GO 键即执行读出。

（2）根据指令读出。指定指令，从 PLC 用户程序存储器读出并显示程序的基本操作如图 4 - 50 所示。

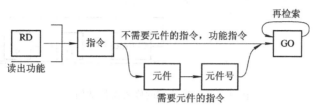

图 4 - 50　根据指令读出的基本操作

例如，要读出指令 PLS M104，其操作步骤如图 4 - 51 所示。

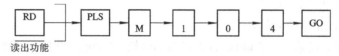

图 4 - 51　操作步骤

（3）根据元件读出。指定元件符号和元件号，从 PLC 用户程序存储器读出并显示程序的基本操作如图 4 - 52 所示。

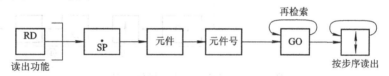

图 4 - 52　根据元件读出的基本操作

例如，要读出 Y123 的操作步骤如图 4 - 53 所示。

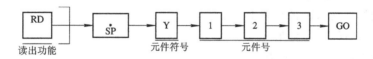

图 4 - 53　读出操作步骤举例

例 4 - 2　在例 4 - 1 的基础上读出程序。

解　（1）按 RD/WR 键，使 LED 显示屏显示"R"。

（2）输入要读出的指令（STEP 及步序号，或 SP 及元件和元件号）。

（3）按 GO 键，LED 显示屏即显示所读出的内容。

7. 程序的修改

在指令输入过程中，若要修改，可按图 4 - 54 所示的操作进行。

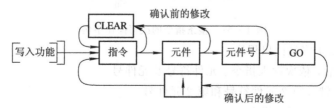

图 4 - 54　修改程序的基本操作

(1) 按 GO 键前的修改。例如，输入指令 OUT T0 K10，确认前（即按 GO 键前）欲将 K10 改为 D9，其操作如图 4 - 55 所示。

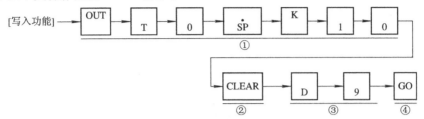

图 4 - 55　确认前的修改操作举例

说明：① 按指令键，输入第 1 元件和第 2 元件。

② 为取消第 2 元件，按 1 次 CLEAR 键。

③ 键入修改后的第 2 元件。

④ 按 GO 键，指令写入完毕。

(2) 按 GO 键后的修改。若确认后（即已按 GO 键）要修改，其操作如图 4 - 56 所示。

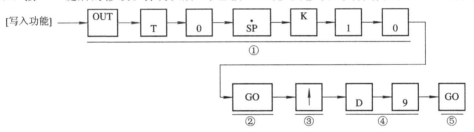

图 4 - 56　确认后的修改操作举例

说明：① 按指令键，写入第 1 元件和第 2 元件。

② 按 GO 键，即①的内容输入完毕。

③ 将行光标移到 K10 的位置上。

④ 键入修改后的第 2 元件。

⑤ 按 GO 键，指令写入完毕。

(3) 整条指令的改写。在指定的步序上改写指令。例如，在 100 步上写入指令 OUT T50 K123，其操作如图 4 - 57 所示。

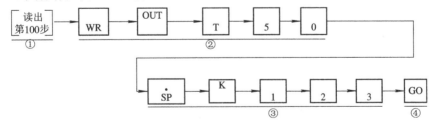

图 4 - 57　整条指令的改写操作举例

说明：① 根据步序号读出程序。

② 按 WR 键后，依次键入指令、元件符号及元件号。

③ 按 SP 键，键入第 2 元件符号和第 2 元件号。

④ 按 GO 键，重新写入指令。

如需改写读出步序号附近的指令，可将光标直接移到指定处，然后再进行相应操作。例如，将第 100 步的 MOV(P)指令后的元件 K2X1 改写为 K1X0 的操作如图 4 - 58 所示。

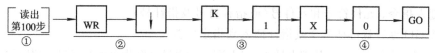

图 4 - 58　改写操作举例

说明：① 根据步序号读出程序。

② 按 WR 键后，将行光标移动到要改写的元件位置上。

③ 按 K 键，键入数值。

④ 键入元件符号和元件号，再按 GO 键，改写结束。在改写过程中，LED 显示屏的显示如图 4 - 59 所示。

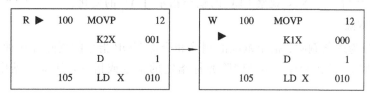

图 4 - 59　显示内容

例 4 - 3　在例 4 - 2 的基础上练习如何修改程序。

解　(1) 练习整条指令的修改。

(2) 练习按 GO 键前的修改。

(3) 练习按 GO 键后的修改。

(4) 恢复到例 4 - 2 的形式。

8. 程序的插入

插入程序的操作是先读出程序，然后在指定的位置上插入指令或指针，其操作如图 4 - 60 所示。

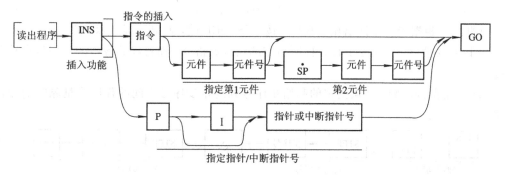

图 4 - 60　插入的基本操作

例如，在 200 步前插入指令 AND M5 的操作如图 4 - 61 所示。

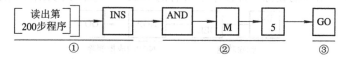

图 4 - 61　插入操作举例

说明：① 根据步序号读出相应的程序，按 INS 键，再在行光标指定步处进行插入，无步序号的行不能插入。

② 键入指令、元件符号和元件号(或指针符号及指针号)。

③ 按 GO 键后就可把指令或指针插入到指定位置。

例 4 - 4 在例 4 - 2 的基础上插入 ANI X1(在 OUT M0 指令前)，并观察其运行情况。

解 (1) 读出 OUT M0 指令，并使光标指到该指令。

(2) 按 INS/DEL 键，使 LED 显示屏显示"I"。

(3) 输入要插入的指令。

(4) 按 GO 键，则指令就插入到 OUT M0 指令前。

(5) 将 PLC 的运行开关打到 RUN 状态，并合上启动按钮 X0，观察 PLC 的输出指示灯 Y0 的变化，然后合上 X1，观察 PLC 的输出指示灯 Y0 的变化。

9. 程序的删除

删除程序分为逐条删除、指定范围的删除和全部 NOP 指令的删除等几种方式。

(1) 逐条删除。读出程序，逐条删除光标指定的指令或指针，其基本操作如图 4 - 62 所示。

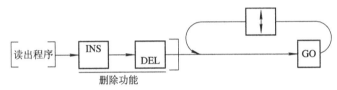

图 4 - 62　逐条删除的基本操作

例如，要删除第 100 步的 ANI 指令，其操作如图 4 - 63 所示。

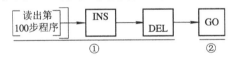

图 4 - 63　删除操作举例

说明：① 根据步序号读出相应程序，按 INS/DEL 键，使显示屏显示"D"。

② 按 GO 键后，即删除了行光标所指定的指针或指令，而且以后各步的步序号自动向前提。

(2) 指定范围的删除。从指定的起始步序号到终止步序号之间的程序成批删除的操作如图 4 - 64 所示。

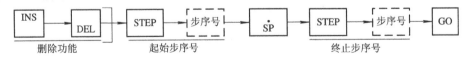

图 4 - 64　指定范围删除的基本操作

(3) 全部 NOP 指令的删除。将程序中所有的 NOP 一起删除的操作如图 4 - 65 所示。

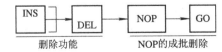

图 4 - 65　删除所有 NOP 的基本操作

例 4 - 5　在例 4 - 4 的基础上删除 OR M0 指令，并观察其运行情况。

解　(1) 读出 OR M0 指令，并使光标指到该指令。

(2) 按 INS/DEL 键，使 LED 显示屏显示"D"。

(3) 按 GO 键，则 OR M0 指令就被删除。

(4) 将 PLC 的运行开关打到 RUN 状态，并合上启动按钮 X0，观察 PLC 的输出指示灯 Y0 的变化。

(四) 实训报告

(1) 简述 FX - 20P - E 编程器的功能。

(2) 简述三个双功能键的作用。

(3) 如何进行程序的修改？

(4) 简述删除与清除的异同。

(5) 简述联机与脱机操作的异同。

(6) 如何检查程序存在的语法错误？

实训 2　三速电动机的 PLC 控制

设计一个用 PLC 基本逻辑指令来控制的三速电动机的控制系统。

1. 控制要求

(1) 先启动电动机低速运行，使 KM_1、KM_2 闭合；低速运行 T_1（3 s）后，电动机中速运行，此时断开 KM_1、KM_2，使 KM_3 闭合；中速运行 T_2（3 s）后，使电动机高速运行，断开 KM_3，闭合 KM_4、KM_5。

(2) 5 个接触器在 3 个速度运行过程中要求软互锁。

(3) 如有故障或热继电器动作，可随时停机。

2. 实训要求

(1) 画出输入端、输出端的分配接线图。

(2) 编写控制程序，并写出指令表。

(3) 输入程序，并调试程序。

实训 3　电动机 Y /△启动的 PLC 控制

设计一个用 PLC 基本逻辑指令来控制电动机 Y/△启动的控制系统（可参考本章最后所附的深圳市职业技能鉴定《电工》中级应会评分表及试卷中的要求，对自己的操作情况进行评分）。

1. 控制要求

(1) 按下启动按钮，KM_2（星形接触器）先闭合，KM_1（主接触器）再闭合，3 s 后 KM_2

断开，KM$_3$(三角形接触器)闭合。启动期间要有闪光信号，闪光周期为 1 s。

(2) 具有热保护和停止功能。

2. 实训要求

(1) 画出输入端、输出端的分配接线图。

(2) 编写控制程序，并写出指令表。

(3) 输入程序，并调试程序。

实训 4 电动机正反转能耗制动的 PLC 控制

设计一个用 PLC 基本逻辑指令来控制电动机正反转能耗制动的控制系统。

1. 控制要求

(1) 按 SB$_1$，KM$_1$ 合，电动机正转。

(2) 按 SB$_2$，KM$_2$ 合，电动机反转。

(3) 按 SB，KM$_1$ 或 KM$_2$ 停，KM$_3$ 合，能耗制动(制动时间为 T 秒)。

(4) FR 动作，KM$_1$ 或 KM$_2$ 或 KM$_3$ 释放，电动机自由停车。

2. 实训要求

(1) 画出输入端、输出端的分配接线图。

(2) 编写控制程序，并写出指令表。

(3) 输入程序，并调试程序。

实训 5 电动机循环正反转的 PLC 控制

设计一个用 PLC 的基本逻辑指令来控制电动机循环正反转的控制系统。

1. 控制要求

(1) 按下启动按钮，电动机正转 3 s，停 2 s，反转 3 s，停 2 s，如此循环 5 个周期，然后自动停止。

(2) 运行中，可按停止按钮停止，热继电器动作也应停止。

2. 实训要求

(1) 画出输入端、输出端的分配接线图。

(2) 编写控制程序，并写出指令表。

(3) 输入程序，并调试程序。

实训 6 数码管显示的 PLC 控制

设计一个用 PLC 基本逻辑指令来控制数码管循环显示数字 1、2、3 的控制系统。

1．控制要求

（1）程序开始后显示 1，延时 T 秒后显示 2，再延时 T 秒后显示 3。

（2）按停止按钮时，程序无条件停止运行。

（3）需要连接数码管（数码管选用共阴极）。

2．实训要求

（1）画出输入端、输出端的分配接线图。

（2）编写控制程序，并写出指令表。

（3）输入程序，并调试程序。

实训 7　彩灯循环的 PLC 控制

设计一个用 PLC 基本逻辑指令来控制红、绿、黄三组彩灯循环点亮的控制系统。

1．控制要求

（1）按下启动按钮，彩灯按规定组别进行循环点亮，如图 4 - 66 所示。

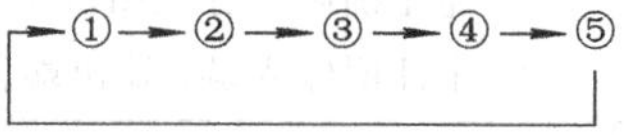

①——②——③——④——⑤

图 4 - 66　点亮顺序

循环次数 n 及点亮时间 T 由教师现场规定。

（2）组别的规定如表 4 - 13 所示。

（3）具有急停功能。

表 4 - 13　彩灯组别规定

组别	红	绿	黄
①	灭	灭	亮
②	亮	亮	灭
③	灭	亮	灭
④	灭	亮	亮
⑤	灭	灭	灭

2．实训要求

（1）画出输入端、输出端的分配接线图。

（2）编写控制程序，并写出指令表。

（3）输入程序，并调试程序。

附：深圳市职业技能鉴定"电工"中级应会评分表及试卷

深圳市职业技能鉴定"电工"中级应会评分表

考核项目：电动机 Y/△启动的 PLC 控制

姓名：＿＿＿＿＿＿准考证号：＿＿＿＿＿＿＿＿＿考核日期：＿＿＿年＿＿＿月＿＿＿日

考核时间定额：＿＿90＿＿分钟 开考时间：＿＿＿时＿＿＿分 交卷时间：＿＿＿时＿＿＿分

监考人：＿＿＿＿＿＿＿＿＿＿ 评卷人：＿＿＿＿＿＿＿＿＿＿＿ 得分：＿＿＿＿＿＿＿

考核内容及要求	评 分 标 准	扣分	得分	考评员签名
控制要求：用 PLC 基本逻辑指令编程，实现以下功能： 1. KM$_2$ 先闭合，KM$_1$ 再闭合。 2. Y/△启动期间，要有灯闪烁指示，闪烁周期为 T 秒，闪烁次数为 n(T 和 n 由考评员现场指定)，其主电路如图 4 - 66 所示。 3. 要有热保护和急停功能。				
一、输入端、输出端的分配接线图：15 分	1. 能正确画出分配图得 15 分 2. 未注明输入端、输出端符号得 5 分			
二、编制梯形图：20 分	1. 编制正确得 20 分 2. 字母符号表示错误每处扣 2 分			
三、写出指令程序：10 分	1. 指令正确得 10 分 2. 每错一处扣 2 分			
四、程序的输入操作：5 分	能正确输入得 5 分			
五、程序的修改与调试操作：5 分	能进行修改、调试得 5 分			
六、程序运行：35 分（每人只有两次运行机会）	1. 第一次运行正确得 35 分 2. 第二次运行正确得 20 分 3. 第二次运行不正确或放弃不得分			
七、PLC 清零操作：10 分	不清零不得分			
八、安全文明操作	对于违反安全文明的操作，由考评员视情况扣分，所有在场的考评员签名有效			

考核说明：

（1）由鉴定所提供三菱 PLC，用输出指示灯显示结果。

（2）考试时间一到，所有考生必须停止操作，上交试卷，已输入完程序的考生等候考评员通知进场，给予一次运行机会（已运行两次的除外）。

（3）对于在考评中因扣分易引起争议的项目，考评员应在扣分栏中写明原因。

（4）此题占总分的 1/3。

试卷编号：2305

试卷类别：PLC 控制技术

深圳市职业技能鉴定"电工"中级应会试卷

考核项目：电动机 Y/△ 启动的 PLC 控制

姓名：＿＿＿＿＿＿　准考证号：＿＿＿＿＿＿＿＿＿＿＿＿考核时间定额：＿90＿分钟

控制要求：用 PLC 基本逻辑指令编程，实现以下功能：

(1) KM_2 先闭合，KM_1 再闭合。

(2) Y/△ 启动期间，要有灯闪烁指示，闪烁周期为 T 秒，闪烁次数为 n（T 和 n 由考评员现场指定），其主电路如图 4 - 67 所示。

(3) 要有热保护和急停功能。

技术要求：

(1) 输入端、输出端的分配接线图：15 分（能正确画出分配图得 15 分；未注明输入端、输出端符号得 5 分）。

(2) 编制梯形图：20 分（编制正确得 20 分；字母符号表示错误每处扣 2 分）。

(3) 写出指令程序：10 分（指令正确得 10 分；每错一处扣 2 分）。

(4) 程序的输入操作：5 分（能正确输入得 5 分）。

(5) 程序的修改与调试操作：5 分（能进行修改、调试得 5 分）。

(6) 程序运行：35 分（每人只有两次运行机会：第一次运行正确得 35 分；第二次运行正确得 20 分；第二次运行不正确或放弃不得分）。

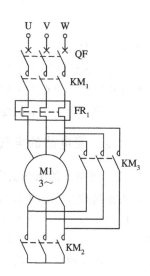

图 4 - 67　Y/△ 启动的主电路

(7) PLC 清零操作：10 分（不清零不得分）。

(8) 安全文明操作：对于违反安全文明的操作，由考评员视情况扣分，所有在场的考评员签名有效（有作弊等违反考场纪律行为的，按考场规定执行；未将考核设备复位及清理现场的，扣除 20 分；未归还考试工具、仪表、图纸的，扣除 50 分；造成主要设备损坏的，该项目记 0 分）。

考核说明：

(1) 由鉴定所提供三菱 PLC，用输出点显示结果。

(2) 考试时间一到，所有考生必须停止操作，上交试卷，已输入完程序的考生等候考评员通知进场，给予一次运行机会（已运行两次的除外）。

(3) 此题占总分的 1/3。

第5章 变、配电技术实训

5.1 变、配电技术基础

电力系统是由发电厂、变电所、输电网、配电网以及用户所组成的发、供、用的一个整体。变、配电站是接收电能和分配电能并改变电压等级的枢纽,是发电厂到用户的重要环节。本节的学习目的在于了解和读懂变、配电站的一次接线图并掌握停、送电时开关、刀闸的操作原则,为下一节的变、配电倒闸操作实训做准备。

5.1.1 变、配电站的电气主接线

1. 变、配电站的电气主接线简述

电力系统按作用的不同可分为一次系统和二次系统。一次系统是电力网中电能传输的通路,其中的所有电气设备称为一次元件或一次设备;二次系统则是辅助电路,用来测量、控制、保护和自动调节一次设备的运行,其中的所有设备称为二次元件或二次设备。在变、配电站中,相应地有主接线(又称一次接线或主电路)和二次接线(又称二次回路)。

二次接线与一次接线之间是通过电压互感器和电流互感器相连接的,互感器一次侧接于主电路,二次侧接于二次电路,互感器属一次设备。

变、配电站的电气主接线是由变压器、断路器、隔离开关、互感器、母线和电缆等电气设备按一定的规律连接的,用以表示接收、汇集和分配电能的电路。按照国家标准中规定的电气系统图图形符号和文字符号来表示电气设备之间的相互关系的工程图,叫做变、配电站主接线图(也叫一次接线图)。

电气主接线图通常画成单线图的形式,它表示三相对称电气设备中一相连接的规律,这样可使接线图简单清楚。在个别情况下,三相电路中的设备不一定对称(如互感器),则用三线图表示。图中,电气设备的图形符号均表示各种电气设备处于无电压的状态,而断路器和隔离开关是处于断开位置。为使看图容易起见,图上只绘出系统的主要元件及相互间的连接。表5-1所示为各种常用电气设备的图形与文字符号。

在电力系统中,变压器、开关电器等元件在维修、改变运行方式或发生故障时,必须将它们接入或退出,因而要进行一些操作。例如:在正常情况下,要能可靠地接通和开断电路;在改变运行方式时,要能灵活地进行切换操作;在电路发生故障的情况下,必须能迅速切断故障电路,以提高电力系统运行的可靠性。

表 5-1   电气主接线的主要电气设备的图形与文字符号

电气设备名称	文字符号	图形符号	电气设备名称	文字符号	图形符号	简化图形
断路器	QF		电力变压器	T		
负荷开关	QL		母线及母线引出线	WB		
隔离开关	QS	(简化卡)	电流互感器(单次级)	TA		
熔断器	FU		电流互感器(双次级)	TA		
跌落式熔断器	FU		电压互感器(单相式)	TV		
低压断路器(低压空气开关)	QF		电压互感器(三线圈)	TV		
刀开关	QK		电抗器	L		
刀熔开关	FU-QK		移相电容器	C		
阀形避雷器	F		电缆及其端头	WL		

主接线的选择应满足可靠性、经济性、灵活性、安全性的要求。可靠性是指根据系统和用户的要求,能满足对不同负荷的不中断供电,且保护装置在正常运行时不误动、发生事故时不拒动,能尽可能地缩小停电范围,保证在各种运行方式下供电的可靠性。经济性是指使主接线的初投资和运行情况达到最经济的程度。灵活性是指主接线应力求简单、清晰,没有多余的电气设备。安全性是指在倒闸操作时,要保证安全以及能在安全条件下进行维护检修工作。以上几个方面是对主接线的基本要求。

2. 变、配电站电气主接线的基本形式

变、配电站的电气主接线的具体形式主要有单母线接线和双母线接线两种。母线接线形式的选择可根据用户的重要程度来确定。

1) 单母线接线

单母线接线又分为单母线不分段和单母线分段两种形式。

(1) 单母线不分段接线。图5-1所示为不分段单母线接线图。图中每一负载都通过一台断路器和两台隔离开关接到同一组母线上。断路器用于开断负荷电流和故障电流。隔离开关有两种,靠近母线侧的称为母线侧隔离开关,用于隔离母线电源,检修断路器;靠近线路侧的称为线路侧隔离开关,用于防止检修断路器时倒送电,以保证检修人员的安全。这种接线结构简单,设备用量最少,便于扩建,造价低。缺点是供电可靠性低,母线及母线侧隔离开关等任一元件发生故障或检修时,均需使整个配电装置停电。因此,单母线不分段接线通常适用于小容量和对可靠性要求不太高的用户。

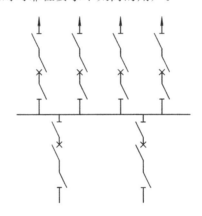

图5-1 单母线不分段接线

(2) 单母线分段接线。图5-2所示为单母线分段接线。这种接线采用分段开关(断路器或隔离开关)将母线分为两段,电源和用户线路分别接于母线的两个分段上。采用这种接线,可使因故障或检修而停电的范围局部化。分段的数目取决于电源的个数和功率的大小。通常情况下,分段的数目应等于电源数。母线分段后可进行分段检修,当一段母线发生故障时,由于分段断路器QF$_1$在继电保护作用下自动将故障段迅速切除,从而保证了正常母线段不间断供电和不致使重要用户停电。

单母线分段接线既具有单母线接线简单明显、方便经济的优点,又在一定程度上提高了供电可靠性。但它的缺点是当一段母线隔离开关发生故障或检修时,该段母线上的所有回路都要长时间停电。

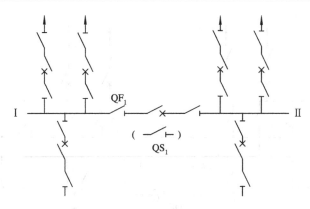

图 5 - 2 单母线分段接线

2）双母线接线及双母线分段接线

单母线及单母线分段接线的主要缺点是在母线或母线侧隔离开关发生故障或检修时，连接在该母线上的回路都要在发生故障或检修期间长时间停电，而双母线接线可以克服单母线不分段接线或单母线分段接线的缺点，对用户供电具有较高的可靠性和灵活性，如图 5 - 3 所示。这种接线，每一回路都通过一台断路器和两组隔离开关连接到两组母线上，两组母线可同时工作，并通过母线联络断路器并联运行。两组母线也可以一组做为工作母线，另一组做为备用母线，正常工作时，工作母线上的隔离开关是接通的，备用母线上的隔离开关是断开的。

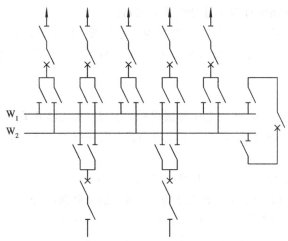

图 5 - 3 双母线接线

如图 5 - 4 所示是双母线分段接线，这种接线方式使所有的线路和电源相应地分配在两组母线上，避免在母线范围内发生短路时，所有电源被切除，从而中断对全部用户的供电。双母线分段接线使运行方式具有了较大的灵活性和优越性，进一步缩小了故障影响的范围。通常，对于重要用户可采用双母线分段的接线方式。

双母线接线及双母线分段接线与单母线分段接线比较，有如下优点：可轮换检修母线或母线隔离开关而不致使供电中断；检修任一回路的母线或母线隔离开关时，只停该回路；母线发生故障后，能迅速恢复供电；各电源和回路的负荷可任意分配到某一组母线上，可灵活调度以适应系统的各种运行方式和潮流变化；便于向母线左右任意一个方向顺延扩建。

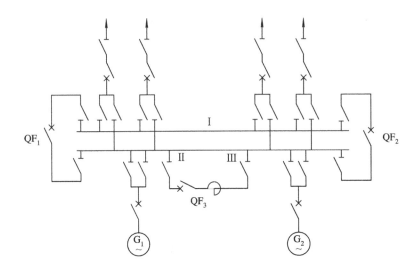

图 5 - 4   双母线分段接线

3. 电气接线图中的设备编号

1) 母线类编号

(1) 单母线不分段时,编号为 3 号母线。

(2) 单母线分段时,编号为 4 号及 5 号母线。

(3) 双母线时,分别编号为 4 号母线及 5 号母线。

(4) 旁路母线时,35~220 kV 级均编号为 6 号母线,10 kV 级编号为 1 号母线。

(5) 母线编号方位顺序:电源侧和左侧母线编号为 4 号;负荷侧和右侧母线编号为 5 号(面向电源)。

2) 开关编号

(1) 220 kV 开关,字头(即该电压等级代号)为 22。变压器开关为 01、02、…(如 2201 为 220 kV 的 1 号变压器开关);线路开关为 11、12、…(如 2211 为 220 kV 的 1 路进线开关)。

(2) 110 kV 开关,字头为 1。变压器开关为 01、02、…(如 101 为 110 kV 的 1 号变压器开关);线路开关为 11、12、…(如 112 为 110 kV 的 2 路进线开关)。

(3) 35 kV 开关,字头为 3。变压器开关为 01、02、…(如 302 为 35 kV 的 2 号变压器开关);线路开关为 1、2、3、…(如 32 为 35 kV 的 2 路进线开关)。

(4) 10 kV 开关,字头为 2。变压器总开关或进线开关为 01、02、…(如 201 为 10 kV 的 1 路进线开关或 1 号变压器的二次总开关);4 号母线的出线开关为 11、12、…(如 211 为 4 号母线上的开关);5 号母线的出线开关为 21、22、…(如 221 为 5 号母线的出线开关)。

(5) 6 kV 开关的字头为 6。变压器的二次总开关或进线开关为 01、02、…(如 601 为 6 kV 的 1 路开关或 1 号变压器二次开关);4 号母线的出线开关为 11、12、…(如 611 为 4 号母线上的开关);5 号母线的出线开关为 21、22、…(如 621 为 5 号母线的出线开关)。

(6) 0.4 kV 开关,字头为 4。变压器二次总开关或进线开关为 01、02、…(如 401 为 0.4 kV 的 1 路进线开关或 1 号变压器二次总开关);4 号母线的出线开关为 11、12、…(如

411 为 4 号母线上的开关）；5 号母线的出线开关为 21、22、…（如 421 为 5 号母线的出线开关）。

（7）联络开关的字头与各级电压的开关代号相同，后面两位数字为母线号。例如：

220 kV 4 号和 5 号母线之间的联络开关为 2245；

110 kV 4 号和 5 号母线之间的联络开关为 145；

35 kV 4 号和 5 号母线之间的联络开关为 345；

10 kV 4 号和 5 号母线之间的联络开关为 245；

6 kV 4 号和 5 号母线之间的联络开关为 645；

0.4 kV 4 号和 5 号母线之间的联络开关为 445。

（8）电抗器开关的编号为 00，前面加变压器的编号。例如，1 号变压器出口电抗器的旁路开关为 100，2 号变压器出口电抗器的旁路开关为 200。

（9）开关编号方位顺序：面向电源，从左开始，沿母线向右顺序编号。

3）刀闸类编号

（1）线路（进线或出线）侧刀闸和变压器侧刀闸为 2，前面加母线或该回路开关编号。例如：31—2 代表 35 kV 进线或出线的线路侧刀闸号，也是 31 开关的附属刀闸；301—2 代表 1 号变压器侧刀闸，也是 301 开关的附属刀闸。

（2）母线侧刀闸按母线号编号。例如：201—4 代表 4 号母线侧刀闸，也是 201 开关的附属刀闸；601—5 代表 5 号母线侧刀闸，也是 601 开关的附属刀闸。

（3）电压互感器刀闸为 9，前面加母线号或开关号。例如：49 代表 4 号母线上电压互感器刀闸号；59 代表 5 号母线上电压互感器刀闸号；111—9 代表接于 111 开关线路侧的电压互感器刀闸号；201—9 代表接于 201 开关线路的电压互感器刀闸号。

（4）避雷器的刀闸编号为 8，其方法原则上与电压互感器相同。

（5）变压器中性点接地刀闸为 7，前面加变压器号。此编号方法仅供参考，具体编号时，应遵照当地电力部门的规定原则。

5.1.2　倒闸操作

1. 倒闸操作简述

电力系统中运行的电气设备，常常遇到检修、调试及消除缺陷的工作，这就需要改变电气设备的运行状态或改变电力系统的运行方式。当电气设备由一种状态转换到另一种状态或改变电力系统的运行方式时，需要进行一系列的操作，这种操作叫做电气设备的倒闸操作。

1）设备运行状态的分类

（1）运行状态。变、配电设备的运行状态是指回路中的断路器和隔离开关都处于合闸位置，从电源至设备受电端是完全接通的。

（2）检修状态。变、配电设备检修状态是指回路中的断路器和隔离开关都处于分闸位置，电源至设备受电端之间有明显的完全的断开点。而且，设备两侧挂了临时遮栏，悬挂了相应的标示牌，即设备处于停电检修状态。

（3）热备用状态。变、配电设备热备用状态是指回路中的隔离开关处于合闸位置，断路器处于分闸位置，运行值班人员一经受令操作断路器，便可使电源与设备受电端之间完全接通，投入运行状态。

（4）冷备用状态。变、配电设备冷备用状态是指回路中的断路器和隔离开关都处于分闸位置，该设备与其他带电部分之间有明显的断开点。而且，合闸、信号控制回路也应完全断开。

2）电力系统倒闸操作的主要内容

（1）电力线路的停、送电操作。

（2）电力变压器的停、送电操作。

（3）发电机的启动、并列和解列操作。

（4）电网的合环与解环操作。

（5）母线接线方式的改变（倒母线操作）。

（6）中性点接地方式的改变。

（7）继电保护和自动装置使用状态的改变。

（8）接地线的安装与拆除等。

上述绝大多数操作任务是靠拉、合某些断路器和隔离开关来完成的，断路器和隔离开关被称为开关电器。此外，为了保证操作任务的完成和检修人员的安全，需取下、放上某些断路器的操作熔断器和合闸熔断器，这两种设备被称为保护电器，在操作过程中也像开关电器一样被频繁操作。

3）倒闸操作的必备条件

（1）要有考试合格并经主管部门领导批准的操作人和监护人。

（2）现场一、二次设备要有明显标志，包括命名、编号、铭牌、转动方向、切换位置指示以及区别电气相别的颜色。

（3）要有与现场设备和运行方式相符合的一次系统模拟图和二次回路原理展开图。

（4）除事故处理外的正常操作要有确切的调度命令、工作任务和合格的操作票。

（5）要有统一的、确切的操作术语。

（6）要有合格的安全工具和设施。

2．倒闸操作的基本知识

1）隔离开关的作用

在高压电网中，隔离开关的主要功能是：当断路器断开电路后，由于隔离开关的断开，使有电与无电部分造成明显的断开点，起辅助断路器的作用。由于断路器触头位置的外部指示器既缺乏直观，又不能绝对保证它的指示与触头的实际位置相一致，因此用隔离开关把有电与无电部分明显隔离是非常必要的。此外，隔离开关具有一定的自然灭弧能力，常用在电压互感器和避雷器等电流很小的设备投入和断开上，以及一个断路器与几个设备的连接处，使断路器经过隔离开关的倒换更为灵活方便。

2）操作隔离开关的基本要领

在手动合上隔离开关时，应迅速而果断。但在合闸行程终了时，不能用力过猛，以防损坏绝缘子或合闸过头。在合闸过程中，如果产生电弧，则要毫不犹豫地将隔离开关继续合上，禁止再将隔离开关拉开。

当使用隔离开关进行以下操作，如切断小容量变压器的空载电流、切断一定长度的架空线路、切断电缆线路的充电电流、用隔离开关解环操作等时，均会产生一定长度的电弧，此时应迅速将隔离开关拉开，以便尽快灭弧。

3）允许用隔离开关进行的操作

各变电所(站)的现场运行规程中，一般均明确规定本站允许用隔离开关进行操作的设备(回路)。这是因为在这些情况下，用隔离开关拉、合时所产生的电弧可以自行熄灭，一般允许用隔离开关进行的操作如下：

(1) 拉、合无故障的电压互感器和避雷器。

(2) 拉、合无接地故障的系统变压器的中性点。

(3) 拉、合有直接旁路(即并联回路)电流。

(4) 拉、合励磁电流小于 2 A 的空载变压器和充电电流不超过 5 A 的空载线路。但当电压在 20 kV 以上时，应使用户外垂直分合式三联隔离开关。

(5) 拉、合电压在 10 kV 及以下、电流小于 70 A 的环路均衡电流。

(6) 在既有断路器，又有隔离开关的回路中，正常情况下必须用断路器来完成拉、合电路的任务。

4）高压断路器的操作

高压断路器具有灭弧能力，能切断负荷电流和故障电流，是进行倒闸操作的主要设备。断路器的正确操作可以保证系统的安全运行和操作的顺利进行。在使用断路器进行操作时，一般应注意以下几个问题。

(1) 用断路器拉、合时，运行值班人员应从各方面检查、判断断路器触头的实际位置与外部指示是否相符合。一般来说，其自身的机械指示位置比电气控制回路的"红、绿灯"指示更为可靠。当然，值班人员还应根据断路器所在回路的指示仪表的指示及系统内的其他象征来帮助判断断路器触头的实际位置。

(2) 电力系统运行方式改变时，应认真核对相关断路器安装处的开断容量是否满足要求，还要检查安装处的断路器重合闸容量是否符合要求。

(3) 在断路器合闸前，还要检查该断路器是否达到允许故障开断次数。一般情况下，禁止将超过开断次数的断路器继续投入运行。

(4) 检修后的断路器，在投运前应检查各项指标是否符合规定要求，禁止将检修后不合格的断路器投入运行。

3. 倒闸操作的原则与步骤

1）倒闸操作的原则

为了保证倒闸操作的正确性，操作时必须按照一定的顺序进行。通常的操作原则是：

(1) 送电时：先合母线侧隔离开关——再合负荷侧隔离开关——最后合断路器。

(2) 停电时：先拉断路器——再拉负荷侧隔离开关——最后拉母线侧隔离开关。

实际操作时中间还有很多项目，由于操作任务种类繁多，这就需要对各种操作制定相应的操作顺序，根据操作原则，安排一条正确合理的操作途径。

2）倒闸操作的步骤

(1) 予受操作任务：

① 值班人员接受调度预发令时，要记录齐全，清楚调度员所发任务的操作目的，然后

根据记录逐项向调度员复诵,核对无误。

② 值班人员接受工作任务票后,应认真审核工作票所列安全措施是否正确完备,是否符合现场条件,对工作票中所列内容要清楚明了。

(2) 操作人员填写操作票:

① 接令人根据调度员(或工作票)所发任务的要求,值班负责人先核对模拟图和现场设备运行实际情况后,向操作人员交待清楚,操作人要弄清目的,核对模拟图及有关图纸资料,拟写操作票。

② 操作票应按顺序使用,操作票填写的操作顺序不可颠倒,字迹应清楚,如写错应注明"作废"字样。

③ 操作人填好操作票后,先自己审票,再交监护人审票。

(3) 正值(监护人)审票:

① 审票人根据调度员所发的操作任务或工作票的任务,核对模拟图逐项审核,对上一班预开的操作票,即使不在本班操作也必须认真审核。

② 审票时如发现错误,必要时可与有关调度员或工作票签发人联系核对,该票需注明"作废",并写明作废原因,由操作人签名后留存,再由操作人重新开票。

(4) 调度发布正式操作令。调度员发布操作任务和操作命令,正值(监护人)接令,并按填写好的操作票中的任务向发令调度员复诵,经双方确认无误后,在操作票上记录调度发出的"发令时间和发令人"。没有接到"操作命令",不得进行操作。

(5) 监护人和操作人相互考问和事故预想。监护人与操作人相互考问和事故预想的内容有:操作目的和要求、操作中可能发生哪些现象、应注意的安全事项等。

(6) 模拟操作和核对操作的正确性。操作前操作人、监护人应先在模拟图上按照操作票上所列的操作项目顺序唱票、预演,并逐项翻正模拟图,模拟时切记要注意操作中是否有带负荷拉隔离开关等情况,决不能流于形式。

(7) 对工具的准备和核查。操作人准备必要的安全用具、工具、钥匙,并检查绝缘手套、靴子、绝缘棒、验电器等是否合格,监护人应进行核查。

(8) 进入操作现场。操作人在前、监护人在后,到达操作现场后,核对设备名称、编号和设备的实际状态;检查正确后,操作人站在操作位置上,监护人核对操作人所站位置与设备名称、编号正确无误,必要的安全用具确已用上;监护人填写操作开始时间。

(9) 监护人唱票、操作人操作。

① 监护人按照操作票上所列操作顺序高声唱票,每次只准唱一项。

② 操作人手指操作设备,核对设备名称、编号和运行状态正确,逐项高声复诵并做假手势,直到复诵完毕;监护人听、看到操作人复诵无误后,发出"对!执行"的命令,操作"操作防误装置"正确后,便可进行操作。

③ 每操作一项后,均应在现场检查操作的正确性,然后由监护人勾票。操作人需看清勾票步骤和内容;勾票时不得勾出格或先勾后操作;监护人勾票后,并同操作人看下一项操作内容;最后一项操作完毕后,操作人、监护人应在现场复查操作票上全部操作项目完成的正确性。

(10) 完成操作,进行全面检查并记录时间。完成操作后,操作人与监护人对设备进行全面检查,监护人记录操作结束时间,操作人收好操作用具等。

（11）汇报调度，盖"已执行"章和记录。监护人汇报发令调度员，并在操作票上加盖"已执行"印章；操作人填写好有关记录。

（12）总结操作全过程的正确性，并作出相互评价。

4. 操作票的填写方法

操作票由操作人根据值班调度员下达的操作任务、值班负责人下达的命令或工作票的工作要求填写，填写前操作人应了解本设备的运行方式和运行状态，对照模拟图安排操作项目。填写操作票应符合以下规定：

（1）每张操作票只能填写一个操作任务，操作票中的任务栏内应写双重名称，操作项目栏中只要填写设备编号即可，每个变电所不允许有相同的设备编号。

（2）操作票应统一编号，连号使用，不得丢失；操作票要用钢笔或圆珠笔填写，字迹清楚；操作票中的设备双重编号、有关参数时间、操作动词不许涂改；其他如有个别错漏字需要改动时，应做到被改的字和改后的字都清楚，并要求在操作票上写明调度任务票号码，以备核对。

（3）操作票应由当班操作人填写，正值或值班负责人审核，但对接班 1 小时内所进行的操作，操作票可由上一班值班员填写和审核。操作票的填写以调度命令和现场当时的运行方式为准，填写人与审核人应对操作票的正确性负责，并分别在操作票备注栏内签名和做好交接。接班人员在操作之前，应对操作票进行审核并分别签名，对所需进行的操作正确性负责。

（4）下列各项应填入操作票内：

① 应拉合的断路器和隔离开关。

② 检查断路器、隔离开关的位置。

③ 检查接地线是否拆除。

④ 检查负荷分配。

⑤ 装拆接地线。

⑥ 放上或取下控制回路或电压互感器回路熔断器。

⑦ 切换保护回路并检验是否确无电压等。

⑧ 继电保护整定值的更改等。

（5）操作票中投入或退出保护，要写明连接片号。

（6）下列各项工作可以不用操作票：

① 事故处理。

② 拉合断路器的单一操作。

③ 拉开接地隔离开关或拆除全所仅有的一组接地线。

上述操作应记入操作记录簿内。

5. 倒闸操作举例

如图 5-5 所示为某变电所一次电气主接线图，现以此图为例，列举几种倒闸操作方式。

1）变压器检修操作实例

如图 5-5 所示，2#主变压器停电检修，操作票见表 5-2。

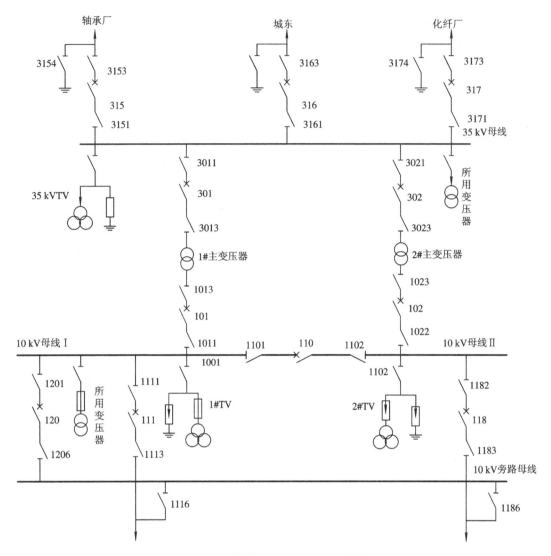

图 5-5 某变电所一次电气主接线图

变压器因计划检修或变压器运行中发生异常时,需要进行停电操作,即将变压器由运行状态转为检修状态。

对主变压器的停电,在一般情况下,退出一台变压器前要先考虑负荷的重新分配问题,以保证运行的另一台变压器不过负荷。那么操作票的第一项应是检查负荷分配,其目的是确定 2#主变压器停电后 1#主变压器不会过负荷。此项操作可通过主变压器电源侧的电流表指示来确定。

变压器停电时,也要根据先停负荷侧、后停电源侧的原则,图 5-5 中的 102 断路器为主变压器 10 kV 断路器,也就是负荷侧断路器;302 为主变压器 35 kV 断路器,也就是电源侧断路器。

根据上述原则,操作的第二项应是拉开 102 主变压器断路器,使变压器先进入空载运行状态;然后拉开主变压器 302 高压侧断路器;最后拉开各侧隔离开关,变压器才退出运行。

表 5 - 2　2♯主变压器停电检修操作票

××变电所倒闸操作票　　　编号：

操作开始时间：　年　月　日　时　分　　操作终了时间：　年　月　日　时　分		
操作任务：将 35 kV 2♯主变压器由运行转为检修		

√	顺序	操　作　项　目
	1	检查负荷在 2♯主变压器停电后 1♯主变压器不过负荷
	2	断开 102 断路器
	3	断开 302 断路器
	4	检查 102 断路器确已断开，并取下 102 断路器合闸熔断器＋FU、－FU
	5	拉开 1023 隔离开关，检查确已拉开
	6	拉开 1022 隔离开关，检查确已拉开
	7	检查 302 断路器确已断开，并取下 302 断路器合闸熔断器＋FU、－FU
	8	拉开 3023 隔离开关，检查确已拉开
	9	拉开 3021 隔离开关，检查确已拉开
	10	取下 102 断路器控制熔断器 3FU、4FU
	11	取下 302 断路器控制熔断器 1FU、2FU
	12	在 3023 隔离开关主变压器侧验明三相确无电压后挂 1♯接地线 1 组
	13	在 3023 操作手柄上挂"已接地、禁止合闸"标示牌
	14	在 1023 隔离开关主变压器侧验明三相确无电压后挂 2♯接地线 1 组
	15	在 1023 操作手柄上挂"已接地、禁止合闸"标示牌
	16	报告发令人，操作完毕
	17	
	18	
	19	
备注		

操作人：　　　　监护人：　　　　值班负责人：　　　　发令人：

2）线路检修操作实例

如图 5 - 5 所示，35 kV 轴承厂线 315 线路由运行转检修，操作票见表 5 - 3。

表 5 - 3 线路检修操作票

××变电所倒闸操作票   编号：

操作开始时间： 年 月 日 时 分 操作终了时间： 年 月 日 时 分		
操作任务：将 35 kV 轴承厂线 315 线路由运行转为检修		
√	顺序	操 作 项 目
	1	断开 315 断路器，并检查断路器确已断开
	2	取下 315 断路器合闸熔断器＋FU、－FU
	3	拉开 3153 隔离开关，检查确已拉开
	4	拉开 3151 隔离开关，检查确已拉开
	5	在 3153 隔离开关的出线侧验明三相确无电压后，合上 3154 接地隔离开关
	6	报告发令人，操作完毕
	7	
备注		

操作人：   监护人：   值班负责人：   发令人：

3) 断路器检修操作实例

如图 5 - 5 所示，35 kV 城东线 316 断路器由运行转检修，操作票见表 5 - 4。

表 5 - 4 断路器检修操作票

××变电所倒闸操作票   编号：

操作开始时间： 年 月 日 时 分 操作终了时间： 年 月 日 时 分		
操作任务：将 35 kV 城东线 316 断路器由运行转为检修		
√	顺序	操 作 项 目
	1	断开 316 断路器，并检查断路器确已断开
	2	取下 316 断路器合闸熔断器＋FU、－FU
	3	拉开 3163 隔离开关，检查确已拉开
	4	拉开 3161 隔离开关，检查确已拉开
	5	在 316 断路器 TA 侧与 3163 隔离开关侧之间验明三相确无电压后，挂 1# 接地线 1 组
	6	在 316 断路器与 3161 隔离开关侧之间验明三相确无电压后，挂 2# 接地线 1 组
	7	报告发令人，操作完毕
	8	
备注		

操作人：   监护人：   值班负责人：   发令人：

从表 5-4 和表 5-3 看到，断路器检修与线路检修的区别在于所装设的接地线位置不同。

4）断路器由检修转为运行操作实例

如图 5-5 所示，35 kV 城东线 316 断路器由检修转运行，操作票见表 5-5。

表 5-5　断路器由检修转为运行操作票

××变电所倒闸操作票　　　　　　　　　　编号：

操作开始时间：	年　月　日　时　分	操作终了时间：　年　月　日　时　分
操作任务：将 35 kV 城东线 316 断路器由检修转为运行		

√	顺序	操作项目
	1	拆除 316 断路器与 3161 隔离开关之间 2♯接地线一组
	2	拆除 316 断路器 TA 与 3161 隔离开关之间 1♯接地线一组
	3	投入 316 断路器控制器熔断器 2FU、1FU
	4	检查 316 断路器确在分闸位置
	5	合上 3161 隔离开关，检查确已合上
	6	合上 3163 隔离开关，检查确已合上
	7	投入 316 断路器合闸熔断器 -FU、+FU
	8	合上 316 断路器，检查确已合上
	9	报告发令人，操作完毕
	10	
	11	
	12	
备注		

操作人：　　　　　监护人：　　　　　值班负责人：　　　　　发令人：

上面列举了几例操作票的填写方法。由于各变电所主接线的差异和检修工作的不同要求，操作票也各有不同，因而要正确填写各种操作票就必须在掌握了操作原则和操作顺序的基础上举一反三，灵活运用。

电气设备的倒闸操作是一项十分严谨的工作，它涉及电力系统一次设备的运行方式的改变。能否正确进行倒闸操作将直接影响电网的安全，本节的内容是掌握电力系统的基础。

5.2　变、配电技术实训

变、配电技术是中级电工必须掌握的一项基本技能，因此，本节选取两个典型的实训，旨在通过实训达到以下目的：一是掌握低压主回路的主接线图的绘制及低压配电系统各开关柜的作用；二是掌握倒闸操作的方法并学会填写倒闸操作票。

实训 1 配电所低压主回路的绘制

（一）实训目的

（1）学会绘制低压主回路的主接线图。

（2）读懂低压主回路的主接线图。

（3）掌握低压配电系统各开关柜的作用。

（4）了解低压配电系统运行的一般要求。

（5）了解低压电器运行维修中的注意事项。

（二）相关知识

1. 低压配电系统的设备组成及作用

低压配电系统的设备主要包括进线柜、计量柜、补偿柜、配电柜、联络柜等。进线柜是通断变压器低压侧到低压配电屏的主要装置，它主要由断路器和刀闸组成，其母线上穿有计量回路的电流互感器。计量柜是计量电能的装置，是由电力部门安装校验的，分有功计量和无功计量。有功计量是实际用电量乘以电流互感器的倍数，按照峰、谷、平电价收费；无功计量衡量用户单位负载功率因数情况，无功计量超过电力部门规定的数值，就要被罚款。补偿柜是对感性负载进行无功功率补偿的装置，由许多电容器组、接触器、无功功率自动补偿器组成。配电柜是由许多断路器对多路低压负载供电的组合装置。联络柜是对多路电源进行切换和连接的装置。

2. 低压配电系统运行的一般要求

（1）低压配电装置应统一编定配电柜的编号，并标明负荷名称及容量，同时应与低压系统操作模拟图板上的编号对应一致。

（2）低压配电装置所控的负荷，必须分路清楚，避免一闸多控和混淆，同时应将重要负荷与一般负荷分开，以利运行和维护检修工作。

（3）低压控制电器的额定容量应与受控负荷实际需要相匹配，各级保护装置的选择和整定，均应符合动作选择性的要求。母线、导线或电缆的截流量必须满足系统负荷的需要。

（4）低压配电装置上的仪表及信号指示灯、报警装置应完好齐全。仪表的精度和互感器的规格应与用电设备容量或实际负荷相匹配。

（5）开关的操作手柄、按钮、锁键等操作部件所标示的"合"、"分"、"运行"、"停止"等字样应与设备的实际运行状态相对应。

（6）装有低压电源自投系统的配电装置，应定期做投切试验，检验其动作的可靠性。两个电源的联络装置处，应有明显的标志。当联锁条件不同时具备的时候，不能投切。

（7）低压配电装置与自备发电设备的联锁装置应动作可靠。严禁自备发电设备与电力网私自并联运行。

（8）断路器、交流接触器以及刀开关在通电运行以前，均应测校三相的同期性，并检查触头压力是否满足要求；开关的灭弧罩必须三相齐备且完好，否则应退出运行。

（9）低压配电装置前后左右操作维护的通道上应铺设绝缘垫，同时严禁在通道上堆放其他物品。

（10）低压配电装置前后左右应设置固定的照明装置且齐备完好，必要时或对重要场所的配电装置应设事故照明。

（11）低压配电室应设置与实际相符的操作模拟图板和系统接线图，其低压电器的备品、备件应齐全完好，并应分类存放于取用方便的地方。同时应配备安全用具和携带式检测仪表。

（12）低压配电装置的安装和试验应符合电气装置安装工程施工及验收规范的要求，低压配电装置应按周期巡视、检查、清扫检修及试验。

3. 低压系统主回路的绘制要求

低压系统主回路的绘制主要是根据低压系统主要设备按单线图形式绘制其系统一次接线图。绘制的系统图应含有低压配电系统的设备并注明电源进线方向。

（三）实训步骤

（1）仔细观察低压配电柜装置。
（2）掌握配电柜各部分的联络关系。
（3）根据实物绘制低压主回路的主接线图。例如，绘制的低压主回路的主接线图如图5-6所示。

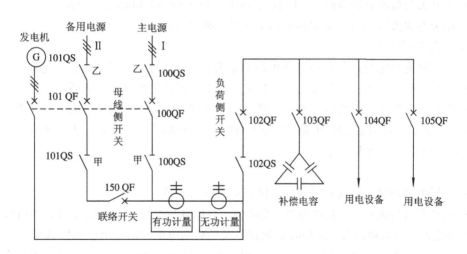

图 5-6　低压系统主回路

（4）读懂图（以图5-6所示为例）。

① 来自电力网有两路电源，一路主电源，另一路备用电源；还有一路电源是本地自备发电电源。

② 来自电力网的两路电源进入进线柜，并通过计量柜进行计量。

③ 经计量柜出来的电源和本地自备电源经配电柜送给负荷侧，其中由补偿柜对无功功率进行补偿。

（5）通过绘制接线图，总结配电柜各部分的作用。

（四）注意事项

（1）绘制的低压主回路的主接线图应与实际电路一致。

（2）低压电器在运行维修中必须保证所有接点(包括辅助触头和接地端子)与导线的连接紧固可靠，应利用停运或停电时经常检查并紧固；低压电器更换时，必须使用与原来元件规格相同的合格产品，不得随意更改。如没有合适备件而采用其他规格代用时，应经过批准。

各类低压电器运行中应注意的事项如下：

① 刀开关：

· 没有灭弧罩的刀开关，不能切断负荷电流，只能切断较小的负荷电流或空载电流。因此，一般应与断路器、熔断器或接触器配合使用，送电时，先合刀开关，后合断路器或接触器；停电时，先拉断路器或接触器，后拉刀开关。

· 带灭弧罩的刀开关，可切断额定电流，但只能不频繁操作。

· 带灭弧罩的熔断器式刀开关，可切断额定电流，并用熔断器切断短路电流，是一种组合电器，一般与接触器配合使用。

· 除刀熔开关外，刀开关可与断路器配合使用。刀开关与接触器配合使用时必须装设熔断器或者直接使用熔断器式刀开关。刀开关断开的负荷电流，不应大于制造厂容许的额定电流，其所配用的熔断器和熔丝的额定电流，不得大于刀开关的额定电流。

· 刀开关与熔断器组合时，只能控制 10 kW 以下的小型电动机或负荷。

· 用带有灭弧罩的刀开关切断负荷电流时，必须迅速拉闸。

② 断路器(自动空气开关)：

· 断路器的整定分过负荷整定和短路整定两种，运行时应按周期核校整定值。

· 运行中应保证灭弧罩的完好，严禁无灭弧罩使用或使用破损灭弧罩。

· 框架式断路器的结构较复杂，除接线正确可靠外，机械传动机构应灵活可靠，运行中可在转动部涂少许机油；脱扣线圈吸合不好时，可在线圈铁芯的下面垫以薄片，以减小衔铁与铁芯的距离而增大引力。

③ 交流接触器：

· 运行中必须保证接线正确可靠，保证灭弧罩的完整。

· 接触器可与按钮、控制继电器、变阻器、自耦减压变压器、频敏变阻器等组成各种复杂的功能齐全的启动设备，选用时必须按负荷的启动电流和额定电流兼顾选取。

· 运行中必须保证电磁铁铁芯的清洁和对齐，保证触头吸合的紧密可靠，不得有过大的交流声。

④ 转换开关：应与熔断器配合使用；转换开关手柄的位置指示应与相应的触片位置对应，定位机构应可靠；转换开关的接线应按说明书进行，应正确可靠；转换是以角度区别的，不得任意更改；转换开关一般不宜拆开，因组装时触片的装配难以掌握。如必须打开时，必须做详细记录并画图表示，以免装错。

⑤ 热继电器：主要用来保护过负荷或断相，电流大于 20 A 时宜采用经电流互感器的接线方式。运行中应保证热继电器的安装位置周围温度不致超过室温，以免引起误动作。热继电器动作后，如自动复位应有一个延时，一般为 3 min；如需手动复位时，可按动手动

复位钮。当热继电器的断相保护功能不能满足运行需要时，应增设断相保护器。

⑥ 熔断器：主要用做短路保护，在没有冲击负荷时可兼做过载保护，因此只适用于 10 kW 以下的小型电机过负荷保护。熔断器的种类很多，使用时要注意三相设备的熔断器及其熔丝的选择。

⑦ 电流互感器：是测量仪表，必须正确接线，二次侧一端要可靠接地。

（3）低压配电系统的操作必须按操作规程执行，并严格巡视、检查、检修和试验。

（五）分析思考

（1）为什么送电时，先合刀开关，后合断路器或接触器？而停电时，先拉断路器或接触器，后拉刀开关？

（2）为什么电流互感器、测量仪表的二次侧要可靠接地？

实训 2　高、低压配电线路的模拟操作

（一）实训目的

（1）读懂高、低压配电系统模拟板的主接线图。

（2）了解高、低压配电系统的工作过程。

（3）掌握倒闸操作的技术原则。

（4）掌握倒闸操作方法，并学会填写倒闸操作票。

（5）掌握备用电源的切换投入过程。

（二）相关知识

（1）停电操作必须从低压到高压，依次进行。停电拉闸必须用断路器切断电路，在检查断路器确在断开位置后，先拉负荷侧刀闸，后拉母线侧刀闸。

（2）送电操作必须先从高压侧对变压器或线路送电，然后依次从高压到低压送电。送电合闸时则先合母线侧刀闸，后合负荷侧刀闸，最后合上断路器，将电路接通。

（3）备用电源投入：

① 应先弄清楚主电源与备用电源的相序是否一致。一般情况为避免事故，应先断开主电源，再投入备用电源。

② 对于一类负荷，主电源和备用电源的相序是一致的，倒闸切换时可将备用电源直接投入后，再断开主电源。

（4）变压器调压方式分为以下两种：

① 分接头无载调压。调压时必须先停变压器，然后拨动分接开关。

② 有载调压。有载调压是指变压器在带负荷运行中，手动或自动变换一次分接头以改变一次线圈匝数，进行分级调压。对有载调压变压器进行调压时，将有载调压操作控制器设置为"自动"或"手动"。自动运行时，需要在控制器设定输出的（低压）额定电压，它会自动跟踪运行；手动运行时，应将调压控制器置于"手动"，通过按键可选择需要的（低压）电压。

(5) 倒闸操作票的制定与填写。执行某一操作任务,首先要掌握电气主接线的运行方式、保护配置、电源及负荷的功率分布情况,然后依据命令的内容填写操作票。填写操作票应注意以下几点:

① 变电运行中的倒闸操作,一般可归纳为三大类:线路倒闸操作(如断路器、线路停电与检修等)、变压器倒闸操作(如主变压器、互感器等)和母线倒闸操作。

② 设备停电检修,必须把各方面电源完全断开,禁止在只经断路器断开的电源设备上工作,在被检修设备与带电部分之间应有明显的断开点。

③ 安排操作项目时,要符合倒闸操作的基本规律和技术原则,各操作项目不允许出现带负荷拉隔离开关的可能性。

④ 装设接地线前必须先在该处验电,并详细地写在操作票上。

⑤ 要注意一张操作票只能填写一个操作任务。所谓一个操作任务,是指根据同一个操作命令且为了相同的操作项目而进行不间断的倒闸操作过程。

⑥ 单项命令是指变电所值班员在接受调度员的操作命令后所进行的单一性操作。

(三) 实训步骤

(1) 根据图 5 - 7 中所示低压供电系统模拟板图,填写 2♯ 低压变电站 QS$_6$ 线路的停电操作票(见表 5 - 6)。

表 5 - 6 ××单位低压配电线路倒闸操作票 编号:

操作开始时间:	年 月 日 时 分		终了时间:	年 月 日 时 分
操作任务:400 V II 段 QS$_6$ 线路停电				
顺序	操 作 项 目			
1	断开 QF$_7$ 断路器,检查 QF$_7$ 断路器确在开位			
2	断开 QF$_8$ 断路器,检查 QF$_8$ 断路器确在开位			
3	断开 QF$_9$ 断路器,检查 QF$_9$ 断路器确在开位			
4	拉开 QS$_6$ 刀开关,检查 QS$_6$ 刀开关确在开位			
5	在 2♯ 低压变电站 QS$_6$ 下方三相验电确无电压			
6	在 2♯ 低压变电站 QS$_6$ 下方装设 1 号接地线一组			
7	在 2♯ 低压变电站 QS$_6$ 操作手柄上挂"禁止合闸,有人工作"的标示牌			
8	报告发令人,操作完毕			
9				
10				
11				
12				
13				
备注		已执行章		

操作人: 监护人: 值班负责人: 发令人:

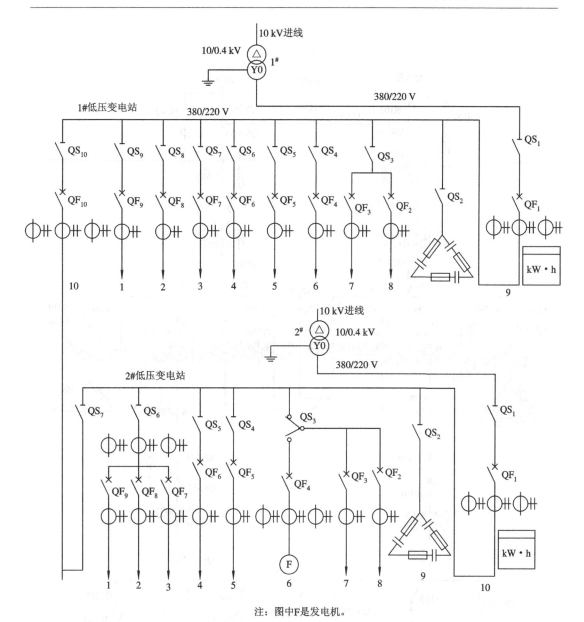

图 5 - 7　低压供电系统模拟板图

（2）根据图 5 - 8 中所示高压供电系统模拟板图，填写 2♯主变压器由运行转检修的操作票。

（四）注意事项

（1）变、配电系统停、送电的操作必须严格按照操作程序执行。

（2）停、送电倒闸操作顺序不能弄错，否则会造成事故。倒闸操作时必须由两人执行。

（3）操作票填写前应先编号，按照编号顺序使用，作废的操作票应注明"作废"字样，已执行的操作应注明"已执行"字样，上述操作票保存三个月。

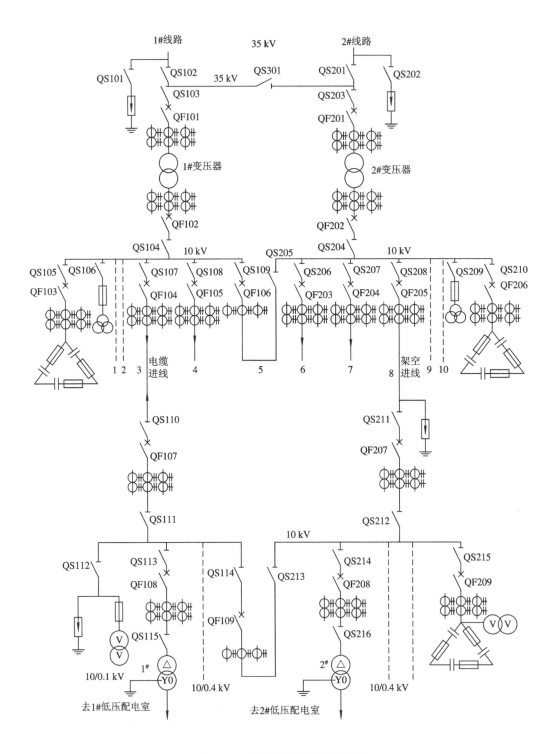

图 5-8 高压供电系统模拟板图

（五）分析思考

（1）填写倒闸操作票有什么要求？

（2）停电操作时能否先拉开隔离开关？为什么？

（3）拉开隔离开关时，如发生电弧该怎么办？

（4）如何进行断路器的操作？

（5）备用电源投入时应注意些什么？

（六）过关测验

可参照本章最后所附的深圳市职业技能鉴定"电工"中级应会评分表及试卷中的要求，对本章所学内容进行测试。

附：深圳市职业技能鉴定"电工"中级应会评分表及试卷

深圳市职业技能鉴定"电工"中级应会评分表

考核项目：高、低压配电线路的操作及低压主回路绘制

姓名：_____ 准考证号：_____ 考核日期：____年____月____日

考核时间定额：__90__分钟 开考时间：____时____分 交卷时间：____时____分

监考人：_____ 评卷人：_____ 得分：_____

考核内容及要求	评 分 标 准	扣分	得分	考评员签名
一、填写 35 kV 或 10 kV 某项倒闸操作票：35 分（倒闸操作内容由考评员现场指定）	1. 操作票格式正确得 5 分 2. 操作票顺序正确得 10 分 3. 操作票内容正确得 20 分			
二、在模拟板上按操作票内容操作：15 分	能按操作票内容正确操作得 15 分 操作错误不得分			
三、简述变压器的调压方式：10 分	全部正确得 10 分 只有一种正确得 5 分			
四、低压回路的实际测绘：25 分	1. 测绘完全正确得 25 分 2. 符号表示不规范每处扣 5 分，最高不超过 25 分			
五、对照实物讲述进线柜、计量柜、补偿柜、配电柜的作用：5 分	由考评员现场指定其中一种，讲述正确得 5 分			
六、在模拟板上回答问题：10 分（共两个）	由考评员现场提问，每答对一个得 5 分			
七、安全文明操作	对于违反安全文明的操作，由考评员视情况扣分，所有在场考评员签名有效			

考核说明：

(1) 考试时间一到，所有考生必须停止答题，上交试卷。

(2) 对于在考评中因扣分易引起争议的项目，考评员应在扣分栏中写明原因。

(3) 此题占总分的 1/3。

试卷编号：2304

试卷类别：配电技术

深圳市职业技能鉴定"电工"中级应会试卷

考核项目：高、低压配电线路的操作及低压主回路绘制

姓名：_____ 准考证号：_____ 考核时间定额：__90__分钟

技术要求：

(1) 填写 35 kV 或 10 kV 某项倒闸操作票：35 分(操作票格式正确得 5 分；操作票顺序正确得 10 分；操作票内容正确得 20 分)。提示：倒闸操作内容由考评员现场指定；填在附卷上有效。

(2) 在模拟板上按操作票内容操作：15 分(能按操作票内容正确操作得 15 分；操作错误不得分)。

(3) 简述变压器的调压方式：10 分(全部正确得 10 分；只有一种正确得 5 分)。

(4) 低压回路的实际测绘：25 分(测绘完全正确得 25 分；符号表示不规范每处扣 5 分；最高不超过 25 分)。

(5) 对照实物讲述进线柜、计量柜、补偿柜、配电柜的作用：5 分(由考评员现场指定其中一种，讲述正确得 5 分)。

(6) 在模拟板上回答问题：10 分(共两个。由考评员现场提问，每答对一个得 5 分)。

(7) 安全文明操作：对于违反安全文明的操作，由考评员视情况扣分，所有在场的考评员签名有效(有作弊等违反考场纪律行为的，按考场规定执行；未将考核设备复位及清理现场的，扣除 20 分；未归还考试工具、仪表、图纸的，扣除 50 分；造成重大设备损坏的，该项目记 0 分)。

考核说明：

(1) 考试时间一到，所有考生必须停止答卷。

(2) 此题占总分的 1/3。

操　作　票

××单位配电线路倒闸操作：　　　　　　　　　　　　　　编号：

操作开始时间：　年　月　日　时　分		终了时间：　日　时　分
操作任务：		

顺序	操　作　项　目
1	
2	
3	
4	
5	
6	
7	
8	
9	
10	
11	
备注	已执行章

第 6 章　理论模拟练习

练 习 题 一

一、单选题

1. 金属导体的电阻值随着温度的升高而(　　)。

  A. 增大   B. 减少   C. 恒定   D. 变弱

2. 纯电感电路的感抗为(　　)。

  A. L B. ωL C. $1/\omega L$ D. $1/2\pi fL$

3. 在正弦交流电阻电路中,正确反映电流电压的关系式为(　　)。

  A. $i = U/R$ B. $i = U_{\mathrm{m}}/R$ C. $I = U/R$ D. $I = U_{\mathrm{m}}/R$

4. 在有些情况下为了缩短晶闸管的导通时间而加大触发电流(两倍以上),这个电流称为(　　)。

  A. 触发电流 B. 强触发电流 C. 擎位电流 D. 导通电流

5. 三相负载接在三相电源上,若各相负载的额定电压等于电源线电压的 $1/\sqrt{3}$,应作(　　)连接。

  A. 星形   B. 三角形   C. 开口三角形 D. 双星形

6. 单相正弦交流电路中有功功率的表达式是(　　)。

  A. UI B. $\sqrt{3}UI$ C. $UI\cos\phi$ D. $UI\sin\phi$

7. 纯电容交流电路中电流与电压的相位关系为电流(　　)。

  A. 超前 $90°$ B. 滞后 $90°$ C. 同相   D. 超前 $0\sim90°$

8. 两个正弦量为 $u_1 = 36\sin(314t + 120°)\mathrm{V}$,$u_2 = 36\sin(628t + 30°)\mathrm{V}$,则有(　　)。

  A. u_1 超前 u_2 $90°$ B. u_2 比 u_1 超前 $90°$

  C. 不能判断相位差   D. 同相

9. 射极输出器的输出阻抗(　　),故常用在输出级。

  A. 较高   B. 低   C. 不高不低 D. 很高

10. 二极管半波整流时负载两端的直流电压等于(　　)。

  A. $0.75U_2$ B. $\sqrt{2}U_2$ C. $0.45U_2$ D. $0.9U_2$

11. 三相变压器的连接组别是表示(　　)。

  A. 原副边线电压的相位关系   B. 原副边的同名端关系

  C. 原副边相电压的相位关系   D. 原副边电流大小关系

12. 射极输出器的电压放大倍数约为（　　　）。

  A. 80～100   B. 1   C. <50   D. 10

13. 晶闸管的控制角越大，则输出电压（　　　）。

  A. 越高   B. 移相位   C. 越低   D. 越大

14. 某正弦交流电压的初相角中，$\phi_t = \pi/6$，在 $t=0$ 时，其瞬时值将（　　　）。

  A. 小于零   B. 大于零   C. 等于零   D. 不定

15. 已知 $m\sin\omega t$ 第一次达到最大值的时刻是 0.005 s，则第二次达到最大值时刻在（　　　）。

  A. 0.01 s   B. 0.025 s   C. 0.05 s   D. 0.075 s

16. $U = 311\sin(314t - 15°)$ V，则 U =（　　　）V。

  A. 220∠−195° B. 220∠1950° C. 311∠−15° D. 220∠−15°

17. 实际电压源与实际电流源的等效互换，对内电路而言是（　　　）。

  A. 可以等效   B. 不等效

  C. 当电路为线性时等效   D. 当电路为非线性时等效

18. $Z = A \cdot B$ 是（　　　）。

  A. 与   B. 与或非   C. 与非   D. 或非

19. 任一条件具备都可以得到肯定的结论，这是（　　　）逻辑。

  A. 与   B. 或   C. 或非   D. 非

20. 在放大电路中，为了稳定输出电流，应引入（　　　）。

  A. 电压负反馈 B. 电压正反馈 C. 电流负反馈 D. 电流正反馈

21. $Z = A + B$ 是（　　　）逻辑。

  A. 与   B. 或   C. 与或   D. 与或非

22. 在三极管放大电路中，为了增强带负载的能力，应采用（　　　）放大电路。

  A. 共发射极 B. 共基极   C. 共集电极   D. 共阴极

23. 结论和给定条件相反的逻辑是（　　　）。

  A. 与   B. 或   C. 与非   D. 非

24. 已知放大电路中三个管脚对地的电位分别是 0 V、0.7 V、6 V，则该三极管是（　　　）型。

  A. NPN   B. PNP   C. 硅管   D. 锗管

25. 放大器采用射极偏置改善工作点偏离的是（　　　）。

  A. 电流正反馈   B. 电流负反馈

  C. 电压正反馈   D. 电压负反馈

26. 可控硅的正向阻断是（　　　）。

  A. 可控硅加正向阳极电压，控制极加反向电压

  B. 可控硅加正向阳极电压，控制极不加电压

  C. 可控硅加反向阳极电压，控制极加正向电压

  D. 可控硅加反向阳极电压，控制极加反向电压

27. 一三相对称负载，三角形连接，已知相电流 $\dot{I}_{BC} = 10\angle -10°$ A，则线电流 $\dot{I}_B$ =（　　　）A。

A. $17.3\angle-40°$ B. $10\angle-160°$ C. $10\angle80°$ D. $17.3\angle80°$

28. 单相半波可控硅整流电路,最大输出电压有效值为(   )。

A. U_2 B. $U_2/2$ C. $\sqrt{2}U_2$ D. $0.45U_2$

29. 所有条件都具备,才有肯定的结论,这是(   )逻辑。

A. 与非   B. 或非   C. 与   D. 非

30. 单相桥式半控整流电路,通过改变控制角,负载电压可在(   )之间连续可调。

A. $0\sim0.45U_2$ B. $0\sim0.9U_2$ C. $0\sim U_2$ D. $0\sim2.34U_2$

31. 已知 $I=-14.1\sin100\pi t$ A,其电流相量 $I=$(   )A。

A. $14.1\angle0°$ B. $14.1\angle180°$ C. $10\angle0°$ D. $10\angle-180°$

32. 可控硅导通的条件是(   )。

A. 阳极与阴极加正向电压,控制极与阳极加反向电压

B. 阳极与阴极加正向电压,控制极与阴极加正向电压

C. 阳极与阴极加反向电压,控制极与阳极加反向电压

D. 阳级与阳极加反向电压,控制极与阴极加正向电压

33. 晶体三极管发射结反偏置、集电结处于偏置,晶体三极管处于(   )工作状态。

A. 放大   B. 截止   C. 饱和   D. 开路

34. 晶体三极管发射结处于正偏,集电结处于反偏,则三极管的工作状态为(   )。

A. 饱和   B. 截止   C. 放大   D. 导通

35. 已知 $e=311\sin(314t+5°)$V,其相量 $E=$(   )。

A. $311\angle5°$ B. $220\angle5°$ C. $320\angle+185°$ D. $220\angle-175°$

36. 戴维南定理只适用于(   )。

A. 外部为非线性电路   B. 外部为线性电路

C. 内部为线性含源电路   D. 内部电路为非线性含源电路

37. 可控硅由(   )个 PN 结组成。

A. 1   B. 2   C. 3   D. 4

38. 电容器的电流 $I=C\Delta U_C/\Delta t$,当 U_C 增大时,电容器为(   )。

A. 充电过程并吸取电能转换为电场能   B. 充电过程并吸取电场能转换为电能

C. 放电过程并由电场能释放为电能   D. 放电过程并由电能释放为电场能

39. 晶体三极管处于放大工作状态,测得集电极电位为 6 V,基极电位为 0.7 V,发射极接地,则该三极管为(   )型。

A. NPN   B. PNP   C. N   D. P

40. 已知电流 $I=6+j8$,电源频率为 50 Hz,瞬时值表达式为 $I=$(   )。

A. $10\sqrt{2}\sin(314t+53.1°)$ B. $10\sqrt{2}\sin(314t+36.9°)$

C. $10\sin(314t+53.1°)$ D. $10\sin(314t+36.9°)$

41. 共发射极放大器,集电极电阻 R_C 的作用是(   )。

A. 实现电流放大   B. 晶体管电流放大转化成电压放大

C. 电流放大与电压放大   D. 稳定工作点

42. 三相电源 Y 连接,已知 $U_B=220\angle-10°$V,其 $U_{AB}=$(   )V。

A. $220\angle20°$ B. $220\angle140°$ C. $380\angle14°$ D. $380\angle20°$

43. 某正弦交流电压的初相角 $\phi = -\pi/6$，在 $t = 0$ 时，其瞬时值将（　　）。

    A. 大于零　　　　　B. 小于零　　　　　C. 等于零　　　　　D. 最大值

44. 发生 LC 串联谐振的条件是（　　）。

    A. $\omega L = \omega C$　　　　B. $L = C$　　　　C. $\omega L = 1/\omega C$　　　　D. $X_L = 2\pi f L$

45. 若电路中某元件两端电压 $u = 100\sqrt{2}\sin(100\pi t + 50°)\text{V}$，电流 $I = 10\sqrt{2}\sin(100\pi t + 140°)\text{A}$，则该元件是（　　）。

    A. 电阻　　　　　B. 电感　　　　　C. 电容　　　　　D. 阻容

46. 阻容交流电路中电流与电压的相位关系是电流（　　）电压。

    A. 超前 $90°$　　　　B. 滞后 $90°$　　　　C. 同相　　　　　D. 超前 $0 \sim 90°$

二、多选题

1. 在正弦交流电路中，下列公式正确的是（　　）。

    A. $i_c = \mathrm{d}u_c/\mathrm{d}t$　　　　B. $I_c = \mathrm{j}\omega CU$　　　　C. $U_c = -\mathrm{j}\omega Ct$

    D. $X_c = I/\omega C$　　　　E. $Q_c = UI\sin\phi$

2. 基本逻辑运算电路有三种，即为（　　）电路。

    A. 与非门　　　　　B. 与门　　　　　C. 非门

    D. 或非门　　　　　E. 或门

3. 对于三相对称交流电路，不论星形或三角形接法，下列结论正确的有（　　）。

    A. $P = 3U_\mathrm{m}I_\mathrm{m}\cos\phi$　　　B. $S = 3U_\mathrm{m}I_\mathrm{m}$　　　C. $Q = \sqrt{3}U_1 I_1 \sin\phi$

    D. $S = \sqrt{P^2 + Q^2}$　　　E. $S = 3UI$

4. 多级放大器极间耦合形式是（　　）。

    A. 二极管　　　　　B. 电阻　　　　　C. 阻容

    D. 变压器　　　　　E. 直接

5. 电子电路最基本的逻辑电路是（　　）。

    A. 与门　　　　　B. 非门　　　　　C. 与非

    D. 或门　　　　　E. 异或

6. 基尔霍夫定律有（　　）。

    A. 节点电流定律　　　　B. 回路电压定律　　　　C. 支路电流定律

    D. 节点电压定律

7. 正弦交流电的三要素是（　　）。

    A. 最大值　　　　　B. 初相角　　　　　C. 角频率

    D. 串联　　　　　E. 并联

8. 我国规定三相电力变压器的连接组别有（　　）等。

    A. $Y/\triangle - 11$　　　　B. $Y_0/\triangle - 11$　　　　C. $Y_0/Y - 12$

    D. $Y/Y - 12$　　　　E. $Y/\triangle - 7$

9. 人为提高功率因数的方法有（　　）。

    A. 并联适当电容器　　　B. 电路串联适当电容器　　　C. 并联大电抗器

    D. 串联大电容器　　　E. 串联适当的电感量

10. 三相负载对称是(   )。

    A. 各相阻抗值相等   B. 各相阻抗值差$\sqrt{3}$ C. 各相阻抗复角相差120°

    D. 各相阻抗值复角相等   E. 各相阻抗复角相差180°

11. 晶体管导通的条件是(   )。

    A. 阳极与阴极之间加正向电压   B. 阳极与阴极之间加反向电压

    C. 控制极与阴极之间加正向电压   D. 控制极与阴极之间加反向电压

    E. 阳极与控制极间加正向电压

12. 对于正弦交流电路,下列方程正确的有(   )。

    A. $I_L = U/X_L$ B. $U_C = X_c i_C$ C. $U = RI$

    D. $X = X_1 + X_2 + X_3$ E. $Z = Z_1 + Z_2 + Z_3$

13. 交流电用相量表示法的形式有(   )。

    A. 代数式   B. 三角式   C. 几何式

    D. 指数式   E. 极坐标式

14. 提高功率因数的好处有(   )。

    A. 可以充分发挥电源设备容量   B. 可以提高电动机的输出力

    C. 可以减少线路功率损耗   D. 可以减少电动机的启动电流

    E. 可以提高电机功率

15. 电桥外接电源时过高过低会产生(   )现象。

    A. 损坏电阻   B. 降低灵敏度   C. 降低精确度

    D. 无法调零   E. 读数不准

16. 关断晶闸管的方法有(   )。

    A. 切断控制极电压   B. 断开阳极电源   C. 降低正向阳极电压

    D. 给阳极加反向电压   E. 减少控制极电流

17. 三相电源作 Y 连按时,线电压是相电压的(   )倍,且线电压超前相电压(   )。

    A. $\sqrt{3}$ B. $\sqrt{2}$ C. 60°

    D. 30°   E. 90°

18. 一个三相对称感性负载,分别采用△形和 Y 形接到同一电源上,则以下正确的有(   )。

    A. 负载相电压:$U_{\triangle 相} = 3U_{Y相}$ B. 线电流:$I_{\triangle 相} = 3I_Y$

    C. 功率:$P_{\triangle} = 3P_Y$ D. 相电流:$I_{\triangle 相} = \sqrt{3}I_Y$

    E. 承受的相电压相同

19. 在电力系统中,采用并联补偿电容器进行无功补偿的主要作用有(   )。

    A. 提高功率因数   B. 提高设备出力

    C. 降低功率损耗和电能损失   D. 改善电压质量

    E. 改善架空线路的防雷性能

20. RLC 串联的正弦交流电路中,当 $X_L = X_C$ 时,电路发生谐振,谐振特性有(   )。

    A. 电容上电压与电感上电压大小相等,方向相反   B. 电路中电流最大

  C. 电路中阻抗最小　　　　　　　　　　D. 电路中无功功率为 0

  E. 电阻上电压与外加电压大小相等，方向相反

21. 单相变压器连接组的测定方法有（　　）。

  A. 直流法　　　　　　B. 电阻法　　　　　　C. 交流法

  D. 功率测量法　　　　E. 交流电流法

22. 戴维南定理适用外部电路为（　　）电路。

  A. 线性　　　　　　　B. 整流　　　　　　　C. 放大

  D. 非线性　　　　　　E. 饱和

23. 已知放大电路中三极管三个管脚对地电位是(1) 0 V、(2) 0.7 V、(3) 6 V，该三极管各管脚对应的电极（　　）。

  A.（1）是基极　　　　B.（2）是基极　　　　C.（1）是发射极

  D.（3）是集电极　　　E.（3）是发射极

24. 三极管的极限参数主要有（　　）。

  A. 集电极最大允许电流 I_{CM}　　　　　　　B. 集—射极击穿电压（基极开路）U_{CEO}

  C. 集—基极反向饱和电流 I_{CBO}　　　　　　D. 穿透电流 I_{CEO}

  E. 集电极最大允许耗散功率 P_{CN}

25. 放大电路的三种组态是（　　）。

  A. 共发射极放大　　　B. 共集电极放大　　　C. 饱和

  D. 截止　　　　　　　E. 共基极放大

26. 设三相正弦交流电的 $i_a = I_m \sin\omega t$，则 i_b 为（　　）。

  A. $i_b = I_m \sin(\omega t - 120°)$　　B. $i_b = I_m \sin(\omega t + 240°)$

  C. $i_b = I_m \sin(\omega t - 240°)$　　D. $i_b = I_m \sin(\omega t + 120°)$

  E. $i_b = I_m \sin(\omega t \pm 0°)$

27. 三极管的三种工作状态是（　　）。

  A. 开路　　　　　　　B. 放大　　　　　　　C. 截止

  D. 短路　　　　　　　E. 饱和

28. 晶闸管的阻断作用有（　　）。

  A. 正向阻断　　　　　B. 反向阻断　　　　　C. 正向偏置

  D. 反向偏置　　　　　E. 门极偏置

29. 提高功率因数的意义有（　　）。

  A. 充分利用设备容量　　　　　　　　　　B. 提高供电质量

  C. 线路功率和电压损耗减小　　　　　　　D. 节约经济开支

  E. 节省线路投资

30. 放大电路的三种组态是（　　）。

  A. 低频放大器　　　　B. 共集电极放大器　　C. 共基极放大器

  D. 多极放大器　　　　E. 共发射极放大器

三、判断题

1. 功率因数角是负载电路中电压 U 与电流 I 的相位之差，它越大，功率因数越小。

                （　　　）

2. TTL 集成电路的全称是晶体管—晶体管逻辑集成电路。　　　　　(　　)

3. 当三极管的发射结和集电结都处于正偏状态时,三极管一定工作在饱和区。(　　)

4. 晶体三极管放大器为了消除湿度变化的影响,一般采用固定偏置电路。　(　　)

5. 可控硅整流电路中,对触发脉冲有一定的能量要求,如果脉冲电流太小,可控硅也无法导通。　　　　　(　　)

6. 两个不同频率的正弦量在相位上的差叫相位差。　　　　　　(　　)

7. 并联电容器可以提高感性负载本身的功率因数。　　　　　　(　　)

8. 叠加原理只能用来计算电压电流,不能用来计算电路的功率。　　(　　)

9. 晶闸管控制角越大则电压越高。

10. 某电气元件两端交流电压的相位超前于流过它上面的电流,则该元件为容性负载。　　　　　(　　)

11. 晶闸管的导通条件是晶闸管加正向电压,门极加反向电压。　　(　　)

12. 晶闸管具有正反向通断能力。　　　　　　　　　(　　)

13. 电感元件在电路中不消耗能量,它是无功负荷。　　　　　(　　)

14. 所谓部分电路欧姆定律,其部分电路是指不含电源的电路。　　(　　)

15. 线圈中磁通产生的感应电势与磁通变化率成正比。　　　　(　　)

16. 射极输出器不仅能作电压放大器,主要是为了增加输入阻抗,减小输出阻抗。

　　　　　　　　　　　　　(　　)

17. 晶闸管触发电路的脉冲前沿要陡,前沿上升时间不超过 100 μs。　(　　)

18. 单结晶体管具有一个发射极、一个基极和一个集电极。　　　(　　)

19. 单结晶体管的发射极电压高于谷点电压时,晶体管就导通。　　(　　)

20. 纯电感负载功率因数为 0,纯电容负载功率因数为 1。　　　(　　)

练 习 题 二

一、单选题

1. 交流电的角频率 ω 等于(　　)。

　　A. $2\pi f$　　　　　B. πf　　　　　C. 2π　　　　　D. $2\pi f t$

2. 电阻 $R_1 = R_2$,R_1 通 10 A 电流,R_2 通最大值为 12 A 的正弦交流电流,则在相同时间内发热量(　　)。

　　A. R_1 比 R_2 大　　B. R_2 比 R_1 大　　C. 一样大　　D. 无法确定

3. NPN 型三极管处于饱和状态时,各极电位关系是(　　)。

　　A. $U_C > U_E > U_B$　　B. $U_C < U_E < U_B$　　C. $U_C > U_B > U_E$　　D. $U_E < U_C < U_B$

4. 一 RLC 串联电路,测得 $U_R = 6$ V,外加电压 10 V,$U_L = 8$ V,则 U_C 为(　　)V。

　　A. 0　　　　　　B. 4　　　　　　C. 16　　　　　　D. 12

5. 电路的复阻抗 $Z = 2 - j$,则此电路属于(　　)。

A. 阻性电路　　　　B. 感性电路　　　　C. 容性电路　　D. 谐振电路

6. 可控硅导通后即使触发电压消失，由于(　　)作用仍能保持导通。

　　A. 自身的正反馈　　　　　　　　B. 自身的负反馈

　　C. 控制极电压　　　　　　　　　D. 负载电阻

7. 功率表的接线原则是(　　)。

　　A. 电压线圈与负载并联，电流线圈与负载并联

　　B. 电压线圈与负载并联，电流线圈与负载串联

　　C. 电压线圈与负载串联，电流线圈与负载串联

　　D. 电压线圈与负载串联，电流线圈与负载并联

8. 对于三相异步电动机，当电网电压下降到 70% 时，电磁转矩下降到(　　)。

　　A. 70%　　　　　　B. 49%　　　　　　C. 50%　　　　D. 60%

9. 一只满刻度为 200 V 的 1.5 级直流电压表，测量实际值为 50 V 的电压时，相对误差为(　　)。

　　A. ±3%　　　　　B. ±6%　　　　　C. ±7%　　　D. ±7.5%

10. 一只电流表量程扩大 n 倍，则应与测量机构并联一个电阻值为内阻(　　)倍的分流电阻。

　　A. $1/n$　　　　　B. $1/(n-1)$　　　C. $n-1$　　　D. n

11. 三相异步电动机启动后，随着转速的升高，转子的感应电流会(　　)。

　　A. 减小　　　　　B. 增大　　　　　C. 不变　　　D. 为 0

12. 三相异步电动机的转矩特性是指电动机转矩与(　　)的关系。

　　A. 定子电流　　　B. 转差率　　　　C. 输入功率　　D. 转子电流

13. 当变压器内部发生绝缘击穿或匝间短路时，起保护作用的是(　　)。

　　A. 过电流继电器　　　　　　　　B. 热继电器

　　C. 气体继电器　　　　　　　　　D. 时间继电器

14. 六氯化硫断路器的文字代号是(　　)。

　　A. SW　　　　　　B. SF　　　　　　C. SF_6　　　D. SG

15. 重复接地的电阻应不大于(　　)Ω。

　　A. 0.5　　　　　　B. 10　　　　　　C. 4　　　　D. 30

16. GN6—10/400 表示(　　)。

　　A. 10 kV、400 A 的户内式隔离开关　　B. 10 kV、400 A 的户内式多油断路器

　　C. 10 kV、400 A 的户外式隔离开关　　D. 10 kV、400 A 的户内式少油断路器

17. 额定电压为 10 kV 的三相油断路器，用在 60 kV 系统时，其开断容量(　　)。

　　A. 不变　　　　　B. 上升　　　　　C. 下降　　　D. 无法确定

18. 由电力拖动系统运动方程知，电动机静止或匀速运动的条件是(　　)。

　　A. $M-M_z>0$　　B. $M-M_z=0$　　C. $M-M_z<0$　　D. $\dfrac{\mathrm{d}n}{\mathrm{d}t}>0$

19. 三相异步电动机的固有机械特性是指(　　)的关系。

　　A. 电动机转矩 M 与转差率 S　　　B. 电动机转矩 M 与转速 N

　　C. 机械转矩 M 与转差率 S　　　　D. 机械转矩 M 与转速 N

20. 异步电动机的最大电磁转矩与额定转矩之比称为过载系数 λ_m，对于起重、冶金用的电动机 λ_m 可达(　　)。

  A. 1.6～2.2　　　 B. 2.2～2.8　　　 C. 2.8～3.5　　　 D. 1.5～2.5

21. 电度表 K—6000 转度，用一只 100 W 白炽灯校验 5 分钟，铝盘转数为(　　)转。

  A. 30　　　 B. 50　　　 C. 60　　　 D. 120

22. BVR 是(　　)。

  A. 铜芯塑料线　　　 B. 铜芯塑料绝缘软线

  C. 多股铜芯塑料绝缘软线　　　 D. 铜芯麻皮线

23. 变压器并联的条件之一是电压比相等，其允许差值为(　　)。

  A. ±5%　　　 B. ±2.5%　　　 C. ±0.5%　　　 D. ±0.25%

24. 在额定负载下运行的油浸变压器，油面上的温升不应超过(　　)℃。

  A. 40　　　 B. 55　　　 C. 65　　　 D. 75

25. 一台 975 r/min 的交流异步电动机，它的电角度是(　　)。

  A. 360°　　　 B. 720°　　　 C. 1080°　　　 D. 1440°

26. 防滴式电机在同垂直线成(　　)角的任何方向能防止水滴、铁屑或其他杂物掉入机座内。

  A. 15°　　　 B. 30°　　　 C. 45°　　　 D. 60°

27. 变压器的绕组，若采用交叠式放置，一般在靠近上、下铁轭的位置安放(　　)。

  A. 低压绕组　　 B. 串行绕组　　 C. 高压绕组　　 D. 随意

28. 正在运行的三相异步电动机，若电源电压降低，则其临界转差率将(　　)。

  A. 增大　　　 B. 减小　　　 C. 不变　　　 D. 不定

29. 10 kV 中性点不接地电网，当发生单相直接接地故障时，其余两相电压将增加(　　)。

  A. 3 倍　　 B. $1/\sqrt{3}$倍　　 C. $\sqrt{3}$倍　　 D. $\sqrt{2}$倍

30. 三相异步电动机的机械特性是(　　)的关系。

  A. M 与 U　　 B. N 与 S　　 C. N 与 M　　 D. U 与 I

31. 三相异步电动机转速越高，则漏抗 X_2(　　)。

  A. 越大　　　 B. 越小　　　 C. 不变　　　 D. 随机

32. 低频放大器中的耦合电容一般选用(　　)。

  A. 交流电容器　　　 B. 直流电容器

  C. 电解电容器　　　 D. 独立电容器

33. 交流电路的阻抗角表示(　　)。

  A. 感抗与电阻的幅角差　　　 B. 电压与电流的相位差

  C. 无功损耗与有功功率的相角差　　 D. 相电压与绕电压的相位差

34. 我国规定变压器并联运行时，其容量比不能超过(　　)。

  A. 3∶1　　　 B. 5∶1　　　 C. 2∶1　　　 D. 1∶1

35. 异步电动机转子中电动势和电流的频率与转差率成(　　)。

  A. 反比　　　 B. 无比　　　 C. 正比　　　 D. 指数

36. 电压互感器二次侧的额定电压一般为(　　)。

A. 50 V　　　　　B. 70 V　　　　　C. 100 V　　　　D. 110 V

37. 在桥式起重机中，电动机的过载保护元件采用（　　）。

    A. 热继电器　　　　　　　　　　B. 过流继电器

    C. 熔断器　　　　　　　　　　　D. 定时限过流继电器

38. 同一个三相对称负载接在同一电源上，作三角形连接时的总有功功率是作星形连接时的（　　）。

    A. 1 倍　　　　　B. 3 倍　　　　　C. $\sqrt{3}$ 倍　　　　D. $1/\sqrt{3}$ 倍

39. 单相正弦交流电路中无功功率的表达式是（　　）。

    A. UI　　　　　B. $\sqrt{3}UI$　　　　C. $UI\cos\phi$　　　D. $UI\sin\phi$

40. 测量二次回路的绝缘电阻一般用 500 V 或 1000 V 兆欧表，当电压低于 2 kV 回路时只允许用（　　）兆欧表。

    A. 380 V　　　　B. 500 V　　　　C1000 V　　　D. 2500 V

41. 当接地体采用角钢打入地下时，其厚度不小于（　　）mm。

    A. 2　　　　　　B. 4　　　　　　C. 6　　　　　D. 8

42. 当变压器中性点直接接地的三相四线制系统中将其零线的一处或多处接地称为（　　）接地。

    A. 工作　　　　B. 安全　　　　C. 重复　　　　D. 防雷

43. Y/Y−8 连接组别，一、二次侧两方对应的线电势相位差等于（　　）。

    A. 120°　　　　B. 180°　　　　C. 240°　　　　D. 360°

44. 高压配电线路允许的电压损失为（　　）。

    A. 2.5%　　　　B. 5%　　　　　C. 7.5%　　　　D. 10%

45. 功率表采用（　　）的方法改变电压量程。

    A. 线圈抽头　　B. 附加电阻　　C. 加二极管　　D. 附加线圈

46. 大容量高压变压器在进行耐压试验时，测量试验电压应该用（　　）。

    A. 电压表　　　　　　　　　　　B. 球隙

    C. 电压互感器和电压表　　　　　D. 高压电桥

47. 独立避雷针与避雷装置的空间距离不应小于（　　）m。

    A. 3　　　　　　B. 5　　　　　　C. 8　　　　　D. 10

48. 在 10 kV 架空配电线路中，水平排列的导线其弧重相差不大于（　　）mm。

    A. 100　　　　　B. 80　　　　　C. 50　　　　　D. 30

49. 直线杆横担装设在（　　）。

    A. 受电侧　　　B. 拉力侧　　　C. 电源侧　　　D. 张力侧

50. 终揣杆、分支杆的根担装设在（　　）。

    A. 受电侧　　　B. 拉力侧　　　C. 电源侧　　　D. 张力侧

二、多选题

1. 变电站用座式绝缘子按用途可分为（　　）。

    A. 户内式支柱瓷瓶　　B. 户外式支柱瓷瓶　　C. 户外长蝶型支柱瓷瓶

    D. 户外式棒型支柱瓷瓶　　E. 户外悬式瓷瓶

2. 投入并联运行的变压器不满足下列条件(　　　)时,将在变压中产生较大环流或负荷分配不均。

    A. 各台变压器的连接组别必须相同

    B. 各台变压器的变比必须相等

    C. 各台变压器的原/副边绕组的额定电流相同

    D. 各台变压器的短路阻抗相等

    E. 各台变压器的原/副边绕组的匝数相同

3. 同步电动机降压启动的方法可分为(　　　)启动。

    A. 电阻降压　　　　　　B. 电抗降压　　　　　　C. 自耦变压器降压

    D. Y—△降压　　　　　E. 延边三角形降压

4. 三相异步电动机固有机械特性其特殊工作点有(　　　)。

    A. 理想空载点,$S=0$,$M=0$

    B. 额定工作点,$S=S_e$,$M=M_e$

    C. 启动工作点,$S=1$,$M=M_\theta$

    D. 启动工作点,$S=0$,$M=M_\theta$

    E. 临界工些点,$S=S_\theta$,$M=M_\theta$

5. 电动机带负载运行时,转速过低的原因有(　　　)。

    A. 定子有断路　　　　　B. 定子有短路　　　　　C. 电压过低

    D. 负载过重　　　　　　E. 转子短路

6. 放大器的静态工作点是指(　　　)。

    A. 集电极电源 U_C　　　B. 集电极电流 I_C　　　C. 基极电压 U_{BE}

    D. 基极电流 I_B　　　　E. 集电极与发射极电压 U_{CE}

7. 直流电动机励磁方式为(　　　)。

    A. 他励　　　　　　　　B. 混合励　　　　　　　C. 并励

    D. 串励　　　　　　　　E. 复励

8. RLC 串联交流电路,可能出现阻性、容性、感性,因此有(　　　)。

    A. $R=X_C$　　　　　　　B. $X_L<X_C$　　　　　　C. $X_L>X_C$

    D. $R>X_C$　　　　　　　E. $X_L=X_C$

9. 产生电弧的最小电压、电流是(　　　)。

    A. 10~20 V　　　　　　B. 30~50 V　　　　　　C. 80~100 mA

    D. 30~50 mA　　　　　E. 80~100 V

10. 电子线路常见负反馈的组态有(　　　)。

    A. 电流电压复联　　　　B. 电压串联　　　　　　C. 电压并联

    D. 电流串联　　　　　　E. 电流并联

11. 电力变压器的控制开关应选(　　　)。

    A. 油开关　　　　　　　B. 负荷开关　　　　　　C. 隔离开关

    D. 真空开关　　　　　　E. 六氟化硫开关

12. 三相异步感应电机采用调转差率改变转速的办法有(　　　)。

  A. 定子调电压　　　　B. 转子加电阻　　　　C. 转子加附加电势

  D. 定子调频率　　　　E. 定子改变极对数

13. 防止雷电直击电气设备一般采用(　　　)。

  A. 避雷针　　　　　　B. 避雷线　　　　　　C. 避雷器

  D. 放电间隙　　　　　E. 避雷瓷瓶

14. 变压器运行性能的主要指标有(　　　)。

  A. 一次侧端电压的变化　　　　　　　　B. 二次侧端电压的变化

  C. 效率　　　　　　　D. 功率因数　　　　　E. 负荷率

15. 在电力系统中通常采用并联电容是为了(　　　)。

  A. 提高视在功率　　　B. 提高无功功率　　　C. 提高有功功率

  D. 减少线损　　　　　E. 提高供电电压

三、判断题

1. 正弦交流电路中，功率因数越大，功率因数角越小。 (　　)

2. 晶体三极管的发射结与集电结都处于正向偏置时，则三极管工作在饱和状态。

 (　　)

3. 可控硅加正向阳极电压，控制极不加触发电压，可控硅不导通称为可控硅正向阻断。 (　　)

4. 电容器中的电流等于零，则电容器储存的能量也等于零。 (　　)

5. 单铝线不能作为架空线。 (　　)

6. WG 表示倒挂式户外终端盒。 (　　)

7. 晶闸管由导通变为截止的条件是阳极电压为反向或为零。 (　　)

8. 放大电路的静态工作点不合适时，可能产生饱和或截止失真。 (　　)

9. △/YY 接法双速电动机的定子绕组，低速时是△接法，高速时是 YY 接法。

 (　　)

10. 额定电压 10 kV 的高压油断路由器，用在 6 kV 系统时，其开断容量不变。

 (　　)

11. 装于 Y/△接线变压器高压侧的过电流保护，在低压侧两相短路，采用三相三继电器的接线方式比两相三继电器的接线方式灵敏度高。 (　　)

12. 并联补偿电力电容器不应装设自动重合闸。 (　　)

13. RL 串联电路接在电压为 U 的电源上，当电压频率 $f=0$ 时，电路中的电流为 U/R。 (　　)

14. 电磁系仪表是根据通电导体在磁场中产生电磁力的原理制成的。 (　　)

15. 三相四线制供电时，中线必须加装熔断器。 (　　)

16. NPN 型三极管处在放大状态，三个电极电位以 C 极为最高。 (　　)

17. 电压互感器正常运行状态，相当于变压器空载状态。 (　　)

18. 串励直流电动机反转一般采用磁场反接。 (　　)

19. 低压电路指额定电压为 1 kV 以下的电路。 (　　)

20. 三相异步电动机转速在达到同步转速时转矩最大。

练 习 题 三

一、单选题

1. 一 RC 串联电路的电压 $U_R=4$ V，$U_C=3$ V，则总电压为( )V。

    A. 7   B. 1   C. 5   D. 4

2. 已知 RLC 电路中总阻抗等于 R，则该电路处于( )。

    A. 电压谐振   B. 电流谐振   C. 并联谐振   D. 耦合谐振

3. 单结晶体管弛张振荡器输出脉冲的幅值为( )。

    A. 单结晶体管发射结正向电压 U_V B. 电容器上充电电压 U_V

    C. 电容 C 充电电压的峰值 U_P D. U_P-U_V

4. 三相对称电源星形连接，已知 $U_B=220\angle15°$V，则 $U_{AB}=($)V。

    A. $220\angle45°$ B. $220\angle-75°$ C. $380\angle45°$ D. $380\angle165°$

5. 晶体三极管的发射结为正偏置，集电结为正偏时，晶体三极管处于( )工作状态。

    A. 放大   B. 截止   C. 饱和   D. 开路

6. 电杆拉线使用钢绞线时，其截面不应小于( )mm²。

    A. 16   B. 30   C. 25   D. 35

7. 保护旋转电机用的避雷器为( )。

    A. 阀式   B. 管型   C. 磁吹阀式   D. 氧化锌式

8. $Y_0/\triangle-11$ 连接组别用于大型、巨型容量的变压器，这种变压器高压侧电压都在( )以上。

    A. 35 kV   B. 110 kV   C. 6 kV   D. 10 kV

9. 电动机的机械特性是指( )的关系。

    A. 电动机的转矩 M 与转差率 S B. 电动机的转矩 M 与转速 N

    C. 机械转矩 M_E 与转差率 S D. 机械转矩 M_E 与转速 N

10. 异步电动机的启动转矩与( )成正比。

    A. V_1^2 B. n^2 C. S^2 D. V_1

11. 同功率而转速不同的四台电机，其中( )台空载电流较小。

    A. 2970 r/min   D. 1460 r/min   C. 980 r/min   D. 736 r/min

12. 一台 4 磁极对数的电机，它的旋转磁场转速为( )r/min。

    A. 1500   B. 1000   C. 750   D. 500

13. 要想使导通着的变通晶闸管关断，只要( )即可。

    A. 控制极加正压   B. 控制极加反压   C. 晶闸管加正压   D. 晶闸管加反压

14. 下列逻辑运算式中正确的是( )。

    A. $1+1=2$ B. $1+1=10$ C. $1+1=0$ D. $1+1=1$

15. 负荷开关与( )配合在某些系统中可代替高压断路器。

A. 隔离开关　　　B. 自动开关　　　C. 熔断器　　　D. 接触器

16. 兆欧表在进行测量时接线端的引线应选用（　　）。

A. 单股软线　　　B. 双股软线　　　C. 单股硬线　　　D. 双股硬线

17. 自耦变压器的最大优点是输出电压可以调节，但是它不能作（　　）变压器。

A. 整流　　　B. 安全　　　C. 试验　　　D. 控制

18. 继电器的动作时间不是固定而是被动作电流的大小作相反的变化，这种保护称为（　　）保护。

A. 定时限　　　B. 反时限　　　C. 无时限　　　D. 小时限

19. 架空线路竣工阶段时，应以额定电压对线路冲击合闸（　　）次。

A. 7　　　B. 5　　　C. 3　　　D. 1

20. 电动葫芦的电气控制线路是一种（　　）线路。

A. 点动控制　　　　　　　B. 自锁控制

C. 联锁的正反转控制　　　D. 点动双重联锁的正反转控制

21. 断路的跳合闸位置监视灯串联一个电阻的目的是（　　）。

A. 限制通过跳闸线圈的电流　　　B. 补偿灯泡的额定电压

C. 防止因灯座短路造成断路器误跳闸　　　D. 防止因灯座断路造成断路器误跳闸

22. 真空断路器灭弧室的玻码外壳起（　　）作用。

A. 真空密封　　　　　　　B. 密封

C. 绝缘　　　　　　　　　D. 真空密封和绝缘双重

23. 电压互感器的二次线圈有一点接地，此接地称为（　　）。

A. 重复接地　　　B. 工作接地　　　C. 保护接地　　　D. 安全接地

24. 电流互感器的容量通常用额定二次负载（　　）表示。

A. 功率　　　B. 电压　　　C. 电流　　　D. 阻抗

25. 接地体的连接应采用（　　）。

A. 搭焊接　　　B. 焊栓连接　　　C. 焊丝连接　　　D. 对焊接

26. 进行电气性能试验时，对于新绝缘油来说试验的目的是检验其（　　）。

A. 品质　　　B. 是否有水分　　　C. 含碳量　　　D. 耐压强度

27. 变压器应无味，若感觉有酸味时，说明（　　）。

A. 油内水分高　　　　　　B. 油内产生过电弧

C. 油严重老化　　　　　　D. 油内有二氧化碳

28. 双臂电桥能消除引线的接触电阻的影响，但在连接被测电阻时，要注意接头位置应使（　　）。

A. 电流接头在电压接头的内侧　　　B. 电压接头在电流接头的内侧

C. 电压接头在电流接头的内侧　　　D. 内外侧可任意接

29. 独立避雷针的接地体离建筑物的距离为（　　）m。

A. 1　　　B. 1.5　　　C. 2　　　D. 3

30. 变压器如果运行负荷不变，冷却系统正常，在同等条件下油温却高出（　　）℃，而且还有继续上升的趋势，说明变压器内部有故障。

A. 5　　　B. 10　　　C. 15　　　D. 20

31. 正弦电流 $i = 40 \sin(\omega t + \phi_1)$A，其有效值 I 为（　　）A。

    A. 40   B. 20   C. $\sqrt{2}\,20$ D. $\sqrt{2}\,40$

32. 正弦交流电路中电容的容抗与（　　）。

    A. 频率成正比   B. 频率成反比

    C. 频率成指数关系   D. 频率成对数关系

33. 若 $U = U_m \sin(\omega t + \pi/2)$，则为（　　）电路。

    A. 纯电阻   B. 纯电感   C. 纯电容   D. 阻抗

34. 某 NPN 硅三极管各极电压为 $U_e = 0$ V，$U_b = 0.2$ V，$U_c = 6$ V，该管处于（　　）状态。

    A. 截止   B. 饱和   C. 放大   D. 死区

35. 三相功率表实际上是由（　　）个瓦特表组成的。

    A. 1   B. 2   C. 3   D. 2 或 3

36. 已知电路中 $U_a = 13$ V，$U_b = 7$ V，$U_{ab} = $（　　）V。

    A. 6   B. -20 C. 20   D. -6

37. 某节点有四条支路，其中 $I_1 = 5$ A，$I_2 = 8$ A，$I_3 = -10$ A，则 $I_4 = $（　　）A。

    A. -5 B. 8   C. -10 D. -3

38. 利用戴维南定理解决（　　）最方便。

    A. 支路电流   B. 某点电位

    C. 某一点支路电流   D. 电源电势

39. 正弦交流电的解析式是用（　　）表示的。

    A. 代数式   B. 复数式   C. 三角函数式   D. 矢量法

40. 复数是由实部与（　　）组成的。

    A. 负数   B. 虚部   C. 无理数   D. 有理数

二、多选题

1. 投入并联运行的变压器应满足的条件有（　　）。

    A. 各台变正器的连接组别必须相同

    B. 各台变压器的原、副边绕组的额定电流相同

    C. 各台变压器的原、副边绕组的额定电压相同

    D. 各台变压器的短路电压相等

    E. 各台变压器的原、副边绕组的匝数相同

2. 我国最常用的变压器组别接线是（　　）。

    A. $Y/Y_0 - 12$ B. $Y/\triangle - 11$ C. $Y=0/\triangle - 11$

    D. $Y_0/Y - 12$ E. $Y/Y - 12$

3. 电压互感器的工作状态与电力变压器相比有以下特点：电压互感器的（　　）。

    A. 容量很小   B. 一次侧电压不受二次侧电压影响

    C. 二次侧电流很小   D. 在运行中二次侧不能开路

    E. 在运行中二次侧不允许短路

4. 电力拖动系统稳定工作的条件是( )。

  A. 电动机的转矩与负载转矩大小相等，方向相同

  B. 电动机的转矩与负载转矩大小相等，方向相反

  C. 外界的扰动使转速升高或降低时，扰动消除后，能恢复到原来的转速

  D. 电动机的转速随外界的扰动升高而升高

  E. 电动机的转速随外界的扰动降低而降低

5. 国家标准对三相双绕组电力变压器的连接组别作了规定，其中( )最为常用。

  A. Y/Y_0-12　　　　　　　　　B. $Y/\triangle-11$　C. $Y_0/\triangle-11$

  D. $Y_0/Y-12$　　　　　　　　　E. $Y/Y-12$

6. 表征高压断路器的电气技术特性有( )。

  A. 动稳定电流　　　　　　　　B. 额定电压　C. 热稳定电流

  D. 额定电流　　　　　　　　　E. 额定开路电流

7. 一个三相对称负载，连成 Y 形接到三相对称电源上，现测得 U 相电流为 10 A，则 U 相、V 相、W 相的线电流的解析式为( )。

  A. $i_V=10\sqrt{2}\sin\omega t$(A)　　　　　　B. $i_W=10\sqrt{2}\sin(\omega t+120°)$(A)

  C. $I_V=10\sqrt{2}\sin\omega t$(A)　　　　　　D. $I_V=10\sqrt{2}\sin(\omega t+120°)$(A)

  D. $i_W=10\sqrt{2}\sin(\omega t-120°)$(A)

8. 单相异步电动机按启动方法不同分为( )。

  A. 脉冲增场式电机　　　B. 放置磁场式电机　　　C. 分相式电机

  D. 电容式电机　　　　　E. 罩极式电机

9. 自动开关温度过高的原因有( )。

  A. 电压过高　　　　　　B. 触头压力不足　　　　C. 触头压力过大

  D. 接触不良　　　　　　E. 连接导线松动

10. 电工测量仪表的主要技术指标有( )。

  A. 可靠性　　　　　　　B. 安全性　　　　　　　C. 准确度

  D. 灵敏度　　　　　　　E. 恒定性

11. 钢丝绳连接的方法有( )。

  A. 焊接法　　　　　　　B. 螺丝法　　　　　　　C. 压接法

  D. 卡接法　　　　　　　E. 编制法

12. 电气测量的误差形式有( )。

  A. 读数误差　　　　　　B. 偶然误差　　　　　　C. 绝对误差

  D. 相对误差　　　　　　E. 引用误差

13. 变压器在运行时温升过高的主要原因有( )。

  A. 变压器油老化　　　　B. 硅钢片之间绝缘损坏　C. 内部绕组故障

  D. 分接开关接触不良　　E. 套管内外部接线接触不良

14. 触头熔焊的主要原因有( )。

  A. 触头容量过小　　　　B. 操作频率过高　　　　C. 电压过高

  D. 触头弹簧损坏　　　　E. 绝缘油牌号不对

15. 变压器的干燥方法有(　　)干燥法。

A. 铁损　　　　　　　　B. 零序电流　　　　　　C. 铜损

D. 真空热油　　　　　　E. 煤油气箱

三、判断题

1. 同步电动机常采用异步启动法启动。　　　　　　　　　　　　　　(　　)

2. 非门电路只有一个输入端和一个输出端。　　　　　　　　　　　　(　　)

3. 低频信号发生器阻抗匹配的作用是仪表输出阻抗与负载阻抗一致,以达到最大功率输出的目的。　　　　　　　　　　　　　　　　　　　　　　　　　　　(　　)

4. 熔体的额定电流应大于熔断器的额定电流。　　　　　　　　　　　(　　)

5. 高压熔断器是在电路中人为设置的一个最薄弱的发热元件。　　　　(　　)

6. 直流发电机调节减磁可调节发电机输出电压。　　　　　　　　　　(　　)

7. 数个电流源并联时,其总电流不能用基尔霍夫电流定律求解。　　　(　　)

8. 1600 kV 以下的变压器其平衡率相为 5%,线为 2%。　　　　　　(　　)

9. 直流电位表计除了测量电压之外,还可以测量直流电阻、电功率和电能。(　　)

10. 晶闸管导通的条件是晶闸管加正向电压即阳极接正极,阴极接负极,同时门极加正向电压。　　　　　　　　　　　　　　　　　　　　　　　　　　　　(　　)

11. 当变压器电源频率和原边电压不变时,空载或负载时的主磁还保持不变。(　　)

12. 变压器油的黏度越低,油的流性越好,散热能力越强。　　　　　　(　　)

13. 星形—三角形换接启动,适用于异步电动机定子绕组任意一种接法。(　　)

14. 绕线式转子三相异步电动机改变转子绕组电阻,可改变启动转矩。(　　)

15. 降压启动时,启动转矩增加,启动时间减少。　　　　　　　　　　(　　)

16. 避雷器就是用来限制过电压的一种主要保护电阻。　　　　　　　　(　　)

17. 独立避雷针与配电装置的空间距离一般不小于 5 m。　　　　　　(　　)

18. 零序电流只在有系统接地故障或非全相运行时才会出现。　　　　(　　)

19. 隔离开关和刀开关在其额定值下运行,出现接触部分发热,其原因是接触部分压力不足或接触表面氧化或有污垢造成。　　　　　　　　　　　　　　　　　　　(　　)

20. 电机的启动试验中,电动机启动后空转一段时间,应测量电机的空载电流。

(　　)

练 习 题 四

一、单选题

1. 放大器的集电极电源,除了使放大器有合适的静态工作点外,另一方面是(　　)。

A. 避免失真　　　　　　　　　　B. 保证放大器正常运行

C. 能量转换作用　　　　　　　　D. 稳定工作点

2. 对于低压侧高于 400 V,高压侧电压为 35 kV 及以下的,容量在 1800~5600 kVA 范围内的变压器,其连接组别应采用(　　)。

A. $Y/Y_0 - 12$　　　B. $Y_0/\triangle - 11$　　　C. $Y/\triangle - 11$　　　D. $Y/\triangle - 1$

3. 当示波器整步开关置于"内十"的位置时，则整步信号是利用（　　）。

A. 被测电压　　　B. 内部工频电压　　　C. 外部信号　　　D. 内部标准电压

4. 悬式绝缘子根据需要可组成绝缘子串，当线路电压为 110 kV 时，其绝缘子片数应至少为（　　）片。

A. 3　　　　　　　B. 7　　　　　　　C. 13　　　　　　　D. 15

5. 生产机械的负载转矩特性是指（　　）的关系。

A. 负载转矩 N 与转差率 S　　　　　　　B. 负载转矩 M_E 与转速 N

C. 电动机转矩 M 与转差率 S　　　　　　D. 电动机转矩 M 与转速 N

6. 高压电气设备绝缘老化的主要原因是（　　）。

A. 电老化　　　　B. 热老化　　　　C. 机械老化　　　　D. 潮湿老化

7. 过电流继电器运用于重载（　　）启动的电动机的过载和短路保护。

A. 不频繁　　　　B. 频繁　　　　C. 间隙　　　　D. 定则

8. 我国规定变压器并联运行时，其容量比不能超过（　　）。

A. 3:1　　　　　B. 5:1　　　　　C. 2:1　　　　　D. 1:1

9. 母线和螺杆端口连接时，母线的孔径不应大于螺杆端口直径（　　）mm。

A. 1　　　　　　　B. 2　　　　　　　C. 3　　　　　　　D. 4

10. 采用一只晶闸管可控的桥式整流电路，在选用晶闸管反向耐压数值时（　　）。

A. 按 $\sqrt{2}U_2$ 考虑　　　　　　　　　B. 按 $2U_2$ 考虑

C. 按 $\sqrt{3}U_2$ 考虑　　　　　　　　　D. 可以不考虑反向耐压数值

11. 当变压器容量为 50 kVA 时，其接地电阻不允许超过（　　）Ω。

A. 4　　　　　　　B. 10　　　　　　C. 30　　　　　　D. 50

12. 产生串联谐振的条件是（　　）。

A. $X_L \geqslant X_C$　　　B. $X_L > X_C$　　　C. $X_L < X_C$　　　D. $X_L = X_C$

13. 隔离开关和刀开关在其额定值运行时，出现接触部分发热，其原因是接触部分压力不足或（　　）。

A. 电流过大　　　　B. 电压过高　　　　C. 接触面氧化　　　　D. 散热不良

14. 独立避雷针、避雷带和 100 kVA 的变压器接地电阻应不大于（　　）Ω。

A. 4　　　　　　　B. 10　　　　　　C. 20　　　　　　D. 30

15. 某车间 $P = 150$ kW，原 $\cos\phi_1 = 0.6$，现要提高到 $\cos\phi_2 = 0.9$，应装（　　）kF 电容器。已知 $Q = (\tan\phi_1 - \tan\phi_2)$，$\tan\phi_1 = 1.33$，$\tan\phi_2 = 0.48$。

A. 97　　　　　　B. 107　　　　　C. 117　　　　　D. 127

16. 已知 $U = \sqrt{2}100\sin283t$ V，其频率为（　　）Hz。

A. 45　　　　　　B. 90　　　　　　C. 180　　　　　D. 283

17. 电感与电源能量交换的规模用无功功率 Q 来表示，它的单位是（　　）。

A. 伏安　　　　　B. 瓦　　　　　　C. 乏　　　　　　D. 度

18. 回路电流法是按网孔的独立回路设（　　）为未知数。

A. 网孔中各支路电流　　　　　　　　B. 交路电流

C. 独立的回路电流   D. 独立的电源电流

19. 纯电容电路中,设 $U_C = \sqrt{2}U\sin(\omega t + \phi)$,则电路中的电流 $I = ($ $)$。

    A. $j\omega C U_C$ B. $\dfrac{U_C}{f_\omega C}$ C. $j\dfrac{U_C}{\omega C}$ D. $-j\dfrac{U_C}{\omega L}$

20. 视在功率 $S = ($ $)$。

    A. $P + Q$ B. $P^2 + Q^2$ C. $\sqrt{P^2 + Q^2}$ D. $\sqrt{P^2 - Q^2}$

21. 三相发电机一般作(   )连接。

    A. 三角形   B. 星形   C. 双星形   D. 任意

22. 单相半波可控大地整流通过改变控制角 α,则负载电压可在(   )之间连续可调。

    A. $0 \sim 0.45U_2$ B. $0 \sim 0.9U_2$ C. $0 \sim 1.2U_2$ D. $0.45 \sim 1.2U_2$

23. 晶闸管导通后,管压降约有(   )。

    A. 0.3 V   B. 0.7 V   C. 1 V   D. 2 V

24. 磁电系仪表过载能力小的主要原因是(   )。

    A. 支圈线细   B. 被测电流通过游丝

    C. 磁场太强   D. 灵敏度高

25. 能观察电量的变化规律的仪器是(   )。

    A. 万用表   B. 电度表   C. 示波器   D. 功率表

26. 电动系功率采用(   )方法,改变电压量程。

    A. 线圈抽头   B. 改变附加电阻   C. 加二极管   D. 电流大小

27. 纯电阻交流电路中,电流和电压的相位关系是(   )。

    A. 一致   B. 相反   C. 相垂直   D. 滞后

28. 纯电感电路中,电流与电压的相位关系是(   )。

    A. 同相位   B. 反相位

    C. 电压超前电流 $90°$ D. 电流超前电压 $90°$

29. 在纯电阻电路中设 $I = I \angle 30° A$,同 $U = ($ $)V$。

    A. $U_m \angle 90°$ B. $U \angle 180°$ C. $U \angle 30°$ D. $U \angle -30°$

30. 当三相电源作 Y 连接时,$U_A = U_m \sin\omega t \, V$,则 $U_{AB} = ($ $)V$。

    A. $U_m \sin\omega t$ B. $\sqrt{3}U_m \sin\omega t$

    C. $\sqrt{3}U_m \sin(\omega t + 45°)$ D. $\sqrt{3}U_m \sin(\omega t + 30°)$

31. 电气设备出厂时进行的试验叫(   )。

    A. 产品试验   B. 出厂试验   C. 倒行试验   D. 预防试验

32. 异步电动机作空载试验时,其试验时间不应小于(   )小时。

    A. 0.5   B. 1.0   C. 2.0   D. 2.5

33. 对于运行中的 $20 \sim 35$ kV 的变压器油,击穿强度不应低于(   )kV/cm。

    A. 20   B. 30   C. 35   D. 40

34. 测定泄漏电流,试验电源要采用(   )。

    A. 低压直流电源   B. 高压直流电源

    C. 低压交流电源   D. 高压交流电源

35. 自耦变压器原、副边有（　　）的联系。

  A. 磁的耦合　　 B. 电　　 C. 机械　　 D. 直接

36. Y/△—1 连接组别一、二次侧相对应的线电压相位差为（　　）。

  A. 30°　　 B. 90°　　 C. 180°　　 D. 240°

37. 对于降压变压器，以下关系成立的有（　　）。

  A. $n_1 > n_2$，$U_1 < U_2$　　 B. $n_1 < n_2$，$U_1 > U_2$

  C. $n_1 > n_2$，$U_1 > U_2$　　 D. $n_1 < n_2$，$U_1 < U_2$

38. 串励直流电动机（　　）轻载或空载运行。

  A. 允许　　 B. 不允许　　 C. 有时不允许　　 D. 任意

39. 直流电动机启动时，由于电枢电势恒定，启动电流（　　）。

  A. 非常大　　 B. 较大　　 C. 不大　　 D. 减小

40. 在负载功率为 1 kW，额定电流为 1 A 的三相鼠笼式异步电动机线路中，热继电器应整定于（　　）位置。

  A. 2 A　　 B. 3 A　　 C. 5 A　　 D. 10 A

41. 交流接触器的铁芯嵌有短路环，其作用是（　　）。

  A. 动作迅速　　 B. 减少振动　　 C. 增强吸力　　 D. 增强电感

42. 磁吹灭弧原理是利用（　　）将电弧迅速熄灭。

  A. 近阴极效应　　 B. 狭缝冷却　　 C. 气体吹动　　 D. 空气降温

43. 避雷器是用来限制（　　），保护电气设备的绝缘。

  A. 过电流　　 B. 大电压　　 C. 过电压　　 D. 欠电流

44. 高压架空线中，面向负荷侧，从（　　）起导线的排列相序是 L_1、L_2、L_3。

  A. 左侧　　 B. 右侧　　 C. 中间　　 D. 偏右

45. 架空线路由于导线跨度大，并且还受气候的影响，因此应具有足够的机械强度，通常 6 kV 以上的高压铝芯线在居民区内，最小的截面是（　　）mm^2。

  A. 35　　 B. 25　　 C. 16　　 D. 10

46. 严禁使用（　　）方法切割或连接管子。

  A. 手锯　　 B. 焊接　　 C. 机械切割　　 D. 套接

47. 所谓三级负荷是指（　　）。

  A. 停电后造成重大经济损失的负荷　　 B. 一、二次以外其他负荷

  C. 停电后造成较大政治影响的负荷　　 D. 停电后造成人身伤亡的负荷

48. 在运行中，电流互感器在接近于（　　）状态工作，这是它与变压器的主要区别。

  A. 开路　　 B. 短路　　 C. 断路　　 D. 正常

49. 电力变压器空载运行时，存在温度略有升高的现象，导致温升的原因是（　　）。

  A. 空载损耗大　　 B. 内部绝缘击穿

  C. 铜损增大　　 D. 初次级短路

二、多选题

1. 重复接地的作用有（　　）。

  A. 降低漏电的对地电压　　 B. 减轻零线断线的危险

C. 防止高压串入低压的危险　　　　　　D. 缩短短路故障的持续时间

E. 改善架空线路的防雷性能

2. 在架空线路中,拉线的种类有(　　　)。

　　A. 普通拉线　　　　　　B. 两侧拉线　　　　　　C. 过道拉线

　　D. △形拉线　　　　　　E. 弓形拉线

3. 集成运算放大器的主要特点是(　　　)。

　　A. 输入电阻很大　　　　B. 输出电阻很大　　　　C. 输入电阻很小

　　D. 输出电阻很小　　　　E. 共模抑制比很大

4. 三相负载对称是(　　　)。

　　A. 各相阻抗值相等　　　B. 各相阻抗值差 $\sqrt{3}$　　　C. 各项阻抗值复角相差 $120°$

　　D. 各项阻抗复角相等　　E. 各相阻抗值复角相差 $180°$

5. 避雷器一般分为(　　　)避雷器。

　　A. 管型　　　　　　　　B. 间隙　　　　　　　　C. 阀型

　　D. 瓷瓶　　　　　　　　E. 尖端放电

6. 测量误差可分为(　　　)。

　　A. 系统误差　　　　　　B. 偶然误差　　　　　　C. 疏忽误差

　　D. 绝对误差　　　　　　E. 相对误差

7. 接地电阻的测量方法有(　　　)测量法。

　　A. 接地电阻测量仪　　　B. 电流表－电压表　　　C. 电流表－功率表

　　D. 电桥　　　　　　　　E. 三点

8. 接地电阻包括(　　　)等部分电阻。

　　A. 接地体　　　　　　　B. 土壤　　　　　　　　C. 流散

　　D. 导线　　　　　　　　E. 接地线

9. 对 10 kV 及以下柱上的避雷器的安装应符合(　　　)的要求。

　　A. 避雷器固定瓷套与固定抑箍之间加垫层

　　B. 三个高低一致相间距 350 mm

　　C. 引线直而短,连接可靠且截面不小于规定

　　D. 与电气部分连接不应对避雷器产生外加应力

　　E. 引下线接地可靠,接地电阻应符合规定

10. RLC 串联交流电路,电路电流与电压的相位差角取决于(　　　)。

　　A. 电源电压的大小　　　B. 电路电流的大小　　　C. 电源的频率

　　D. 电路各参数的值　　　E. 电流与电压的大小

11. 设备的预防性试验的目的是(　　　)。

　　A. 通过试验发现问题　　B. 计划修理必须通过的程序

　　C. 检查故障　　　　　　D. 根据情况可以确定大、中、小修

　　E. 防止发展为大故障或事故

12. 直流电机的四种励磁方式是(　　　)。

　　A. 他励　　　　　　　　B. 串联　　　　　　　　C. 并励

　　D. 串励　　　　　　　　E. 复励

13. 工厂电力线路有高压线路和低压线路两种，低压线路的基本接线方式有（　　）。
　　A. 并联接线　　　　　　B. 串联接线　　　　　C. 放射式接线
　　D. 树杆式接线　　　　　E. 环形接线

14. 火灾自动报警装置的种类有（　　）。
　　A. 感烟探测器　　　　　B. 感温式探测器　　　C. 光电式火灾探测器
　　D. 可燃气体探测器　　　E. 可燃液体探测器

15. 不得将运行中变压器（　　）保护同时停用。
　　A. 过流　　　　　　　　B. 过压　　　　　　　C. 瓦斯
　　D. 零序　　　　　　　　E. 差动

三、判断题

1. 运算放大器有积分运算的功能，即能将矩形脉冲变成三角形波。（　　）

2. 在同一供电系统中，三相负载接成△形和接成 Y 形所吸收的功率是相等的。（　　）

3. RLC 串联电路接在交流电源上当 $X_L = X_C$ 时，电路呈阻性。（　　）

4. 变压器主磁通饱和度越高，副边感应电势也越高。（　　）

5. 在单相交流电路中，日光灯管两端电压和镇流器两端电压的相量和应大于电源电压。（　　）

6. RL 系列和 RM 系列熔断器是无填料熔断器。（　　）

7. 异步电动机定子与转子间的气隙大，功率因数大。（　　）

8. 10 kV 线路的过流保护是速断保护的后备保护。（　　）

9. 直流电位差计是利用直流补偿原理制成的一种仪器。（　　）

10. 运行中的变压器油，如果失去透明度和荧光，则说明其中含有游离碳等杂质。（　　）

11. 电缆的电容较大，采用电缆输送电能有利于提高系统的功率因数。（　　）

12. 电压互感器的高压侧熔断器连续熔断时，必须查明原因，不得擅自加大熔断器容量。（　　）

13. 高压开关柜上指示灯是 110 V，如接到 110 V 的电源上，一般要串一个电阻。（　　）

14. 发电厂、变电所装设消弧线圈是用它来平衡接地故障电流中因线路对地电容所产生的超前电流分量。（　　）

15. 并联电容器的补偿方法可分为个别补偿、分散补偿和集中补偿三种。（　　）

16. 浮充电的目的是使蓄电池经常能保持满足负载要求的容量，保证有可靠的电源。（　　）

17. 电路图中所有电器的触头均表示在起始情况下的位置，即在没有通电或没有发生机械动作时的位置。（　　）

18. 在带电感性负载的单相半控桥及三相半控桥电路中，不应接续流二极管。（　　）

19. 35 kV 架空线路弧垂误差不应超过设计弧垂的＋5％～2.5％且正误差最大应超过 1000 mm。 （　　）

20. 感应系单相电能表有切线性和射线性两种。 （　　）

练 习 题 五

一、单选题

1. 一只可控硅的单相桥式整流电路,通过改变控制角度,负载电压可在(　　)之间连续可调。

　　A. $0\sim0.45U_2$ 　　B. $0\sim0.9U_2$ 　　C. $0\sim U_2$ 　　D. $(0.45\sim0.9)U_2$

2. 一台容量为 20 kVA,电压 $U_1/U_2=3300/220$ V 的单相变压器,在额定运行情况下,可接 220 V、40 W 的白炽灯(　　)只。

　　A. 1000 　　　　B. 500 　　　　C. 2000 　　　　D. 1500

3. 户内少油断路器的文字代号是(　　)。

　　A. SN 　　　　B. DN 　　　　C. GN 　　　　D. RN

4. 在同一根分支杆上架设多回路时,对于高压线与信号线同杆架设,其各层横担间最小垂直距离不应小于(　　)mm。

　　A. 600 　　　　B. 1200 　　　　C. 800 　　　　D. 2000

5. 采用电流干燥法处理受潮电机,通常电流应控制在(　　)额定电流。

　　A. 20％～30％ 　　B. 30％～40％ 　　C. 50％～70％ 　　D. 80％～90％

6. 功率表接线时,电压线圈和电流线圈接线要求是(　　)。

　　A. 电压线圈接在电流线圈的前面 　　　　B. 电流线圈接在电压线圈的前面

　　C. 视具体情况而定 　　　　　　　　　　D. 电流线圈与电压线圈串联连接

7. 油浸式变压器内部发生故障时,(　　)继电器应动作发出信号或切断电源

　　A. 过流 　　　　B. 温度 　　　　C. 瓦斯 　　　　D. 速断

8. 在纯电容正弦交流电路中,下列各式正确的是(　　)。

　　A. $i=\dfrac{u}{x_L}$ 　　B. $I=U\omega C$ 　　C. $i=\dfrac{U}{\omega L}$ 　　D. $i=\dfrac{V}{\omega L}$

9. 对称三相交流电路的总功率等于单相功率的(　　)倍。

　　A. 1 　　　　B. $\sqrt{2}$ 　　　　C. $\sqrt{3}$ 　　　　D. 3

10. 新安装的变压器一般要进行(　　)次冲击合闸试验。

　　A. 2 　　　　B. 3 　　　　C. 4 　　　　D. 5

11. 在正弦交流电路中,节点电流的方程是(　　)。

　　A. $\sum i=0$ 　　B. $\sum I=0$ 　　C. $\sum I\neq0$ 　　D. $\sum i=\sum I$

12. 在电感性负载电路中,为了提高功率因数,通常采用(　　)的方法。

　　A. 油相机 　　B. 异步机同步化 　　C. 提高负荷率 　　D. 并联电容

13. 功率表采用(　　)的方法改变电压量程。

A. 线圈抽头　　　　B. 附加电阻　　　　C. 加二极管　　　D. 附加线圈

14. 安装线夹时，在导线上应先缠铝包带，缠绕方向与外层导线绕向(　　)。

A. 一致　　　　　　B. 相反　　　　　　C. 任意　　　　　D. 横向

15. 变压器若带感性负载，从轻载到满载其输出电压将会(　　)。

A. 升高　　　　　　B. 降低　　　　　　C. 不变　　　　　D. 随机

16. 下述变压器保护装置中，当变压器外部发生短路时，不应动作的是(　　)继电器。

A. 瓦斯　　　　　　B. 速断　　　　　　C. 定时限　　　　D. 差动

17. 一台三相电力变压器的接线组别是 Y_1D_{11}，表示一次绕组为 Y 接法，二次绕组为△接法，那么二次绕组超前一次绕组(　　)。

A. 30°　　　　　　B. 60°　　　　　　C. 90°　　　　　D. 120°

18. 油浸变压器干燥时其绕组温度不超过(　　)℃。

A. 110　　　　　　B. 100　　　　　　C. 95　　　　　　D. 85

19. 起吊横担时，绳索的水平角为 θ，则(　　)。

A. θ 大，绳索受力大　　　　　　　　B. θ 小，绳索受力大

C. θ 小，绳索受力小　　　　　　　　D. 绳索受力大小与 θ 无关

20. 将 CD_2 操作机构的分闸顶杆用铜杆制作是为了(　　)。

A. 防止锈蚀　　　　B. 利于导电　　　　C. 防止磁化　　　D. 降低硬度

21. 在 RLC 串联的正弦电路中，电压和电流同相时，参数 LC 与角频率 ω 的关系是(　　)。

A. $\omega L^2 C^2 = 1$　　B. $\omega^2 LC = 1$　　C. $\omega LC = 1$　　D. $\omega\sqrt{LC}$

22. 已知变压器 $S = 5$ kVA，$Q = 3$ kvar，则 P 为(　　)kW。

A. 2　　　　　　　B. 3　　　　　　　C. 4　　　　　　D. 5

23. 已加 300 Ω 电阻与电感串联其阻抗为 350 Ω，该电路功率因数为(　　)。

A. 0.56　　　　　　B. 0.76　　　　　　C. 0.86　　　　　D. 0.93

24. 已知正弦电压 $u = U_m \sin(\omega t - 90°)$，则 $t = T/4$ 时该电压的瞬时值为(　　)。

A. 220　　　　　　B. 110　　　　　　C. 0　　　　　　D. 155.6

25. 可以用串并联规则进行化简的直流电路叫(　　)。

A. 复杂电路　　　　B. 串联电路　　　　C. 并联电路　　　D. 简单电路

26. 实际电流源与实际电压源的内阻(　　)。

A. $1/R$　　　　　B. 相等　　　　　　C. 不等　　　　　D. 相差很大

27. 交流电压 $u = U_m \sin(\omega t + \phi)$V 的复数式 $U = (　　)$。

A. $U_m \angle \omega t$　　B. $U_m \angle 0°$　　C. $U \angle \omega t$　　D. $U \angle \phi$

28. 已知复电流 $\dot{I} = 6 + j8$ A，$f = 50$ Hz，其瞬时值表达式为 $i = (　　)$A。

A. $10\sqrt{2}\sin(314t + 53.1°)$　　　　　B. $10\sqrt{2}\sin(314t + 36.9°)$

C. $10\sqrt{2}\sin(314t + 54°)$　　　　　D. $10\sqrt{2}\sin 314t$

29. 现在照明日光灯功率因数的补偿方法都采用(　　)。

A. 集中补偿　　　　B. 个别补偿　　　　C. 并联电容器　　D. 不补偿

30. 单臂电桥适用于测量(　　)的电阻值。

A. 1 Q 以下　　　　B. 1Ω 以上　　　　C. $1 \sim 10^6$ Ω　　　D. 任意

31. 直流电桥使用时应(　　　)。

    A. 先开电源开关后开检流计开关　　　　B. 先开检流计开关后开电源开关

    C. 先开电源开关并锁住，再开检流计开关

    D. 先开检流计开关并锁住，再开电源开关

32. 在不知线路电流的情况下，使用钳形表测量电流时，应将量程选择开关放在(　　　)。

    A. 最大挡　　　　B. 最小挡　　　　C. 中间挡　　　　D. 任意挡

33. 三相电源作 Y 连接时，$U_A = U \angle 0°$V，则 $U_{AB} = ($　　　$)$V。

    A. $U \angle 0°$　　　　B. $U \angle 30°$　　　　C. $\sqrt{3}U \angle 0°$　　　　D. $\sqrt{3}U/30°$

34. I/I−6 连接组别一、二次侧相位关系为(　　　)。

    A. 同相　　　　B. 反相　　　　C. 超前　　　　D. 滞后

35. 对于升压变压器而言，以下关系成立的有(　　　)。

    A. $n_2 < n_1$，$I_1 > I_2$　　　　　　　　　　B. $n_2 > n_1$，$I_1 > I_2$

    C. $n_2 < n_1$，$I_1 < I_2$　　　　　　　　　　D. $n_2 > n_1$，$I_1 < I_2$

36. 变压器连接组别为 Y/△−11，表示二次绕组线电势超前一次绕组(　　　)。

    A. 120°　　　　B. 60°　　　　C. 30°　　　　D. 0°

37. 三相绕组线式异步电动机的转子外接电阻可以(　　　)。

    A. 减小启动电流　B. 保持启动电流　C. 增加启动电流　D. 不变

38. 容量较大的异步电动机一般采用(　　　)绕组。

    A. 整距　　　　B. 长距　　　　C. 短距　　　　D. 半距

39. 在额定负载下三相异步电动机端电压变化率不超过(　　　)。

    A. ±5%　　　　B. ±10%　　　　C. ±8%　　　　D. ±2%

40. 某普通车床主轴电动机(Y132M−4 型)的额定功率为 7.5 kW，额定转速为 1440 r/mm，则额定转矩为(　　　)。

    A. 49.7 N·m　　B. 49.7 kg·m　　C. 74 gN·m　　D. 74.9 kg·m

41. 多地点控制线路中，启动按钮应(　　　)连接。

    A. 并联　　　　B. 串联　　　　C. 混联　　　　D. 任意

42. 欲使一台电动机在运转中暂停一段时间后，再继续向前运行，控制线路中应采用(　　　)。

    A. 时间继电器　　B. 中间继电器　　C. 速度继电器　　D. 热继电器

43. 一般当电缆根数少且敷设距离较大时，采用(　　　)。

    A. 直接埋设敷设　B. 电缆隧道　　C. 电缆沟　　　　D. 电缆排管

44. 低压母线支持点间距离不得大于(　　　)mm。

    A. 1200　　　　B. 900　　　　C. 500　　　　D. 300

45. 变压器的(　　　)保护是按循环电流原理设计的一种保护。

    A. 差动　　　　B. 欠压　　　　C. 过载　　　　D. 过流

46. 在操纵闸刀开关时，动作应当(　　　)。

    A. 缓慢　　　　B. 平稳　　　　C. 迅速　　　　D. 随便

47. 值班电工必须注意倒闸操作的先后顺序，如供电时必须先合（　　）。

　　A. 隔离开关　　　　B. 负荷开关　　　　C. 油开关　　　　D. 刀闸开关

48. 一台三相异步电动机正在空载运行时，声响沉重，转动乏力，停机后再也无法空载启动，这种故障是（　　）引起的。

　　A. 转子轴承碎裂　　　　　　　　B. 缺了一相电源

　　C. 定子绕组接错接反　　　　　　D. 定子绕组匝间局部短路

49. 多信号控制线路中，启动按钮应（　　）连接。

　　A. 并联　　　　　B. 串联　　　　　C. 滑联　　　　　D. 任意

50. 国产 J02－42－2 三相异步电动机定子为 24 槽，则每极每相槽数为（　　）。

　　A. 4　　　　　B. 2　　　　　C. 6　　　　　D. 8

二、多选题

1. 电缆中间接头常用的类型有（　　）。

　　A. 干包头　　　　　　B. 铝套管式　　　　　　C. 铸铁盒式

　　D. 环氧树脂浇注式　　E. 铸铁头式

2. 同步电动机励磁加入的控制方法有（　　）。

　　A. 按定子电流控制　　B. 按转子电压频率控制　　C. 按转子转速控制

　　D. 按定子电压频率控制　　E. 按转子电流频率控制

3. 变压器过电流保护的常见方式有（　　）。

　　A. 不带闭锁的　　　　B. 带复合电压启动的　　　C. 带低电压闭锁的

　　D. 零序电流的闭锁　　E. 负载电流和单相低电压启动的

4. 低压配线常用的线管有（　　）。

　　A. 瓷管　　　　　　B. 硬型管　　　　　　C. 铝合金管

　　D. 胶皮管　　　　　E. 水、煤气管

5. 变配电系统常用的继电器有（　　）继电器。

　　A. 过电压　　　　　B. 过电流　　　　　C. 低电压

　　D. 瓦斯　　　　　　E. 温度

6. 发电机与电力网并列运行必须满足的条件是（　　）。

　　A. 端电压相等　　　B. 相位相同　　　C. 频率相等

　　D. 相序一样　　　　E. 容量基本相等

7. 射极输出器的特点是（　　）。

　　A. 正电压放大，有电流功率放大　　　　　　B. 输入电阻高

　　C. 输入电阻小　　　D. 输出电阻高　　　E. 输出电阻小

8. 电压互感器与电流互感器的区别在于（　　）。

　　A. 前者原边匝数多于后者

　　B. 前者原边串入电路后者并入电路

　　C. 前者副边接电压表，后者副边不允许开路

　　D. 前者副边不允许短路，后者副边不允许开路

　　E. 铁芯应可靠接地

9. 直流电动机对启动性能的要求有(　　　)。

　　A. 足够的启动转矩　　　　B. 启动电流要大　　　　C. 启动电流不要过大

　　D. 启动时间要短　　　　　E. 启动时间无具体要求

10. 接地电阻测量仪主要用来测量接地装置的(　　　)。

　　A. 接地电阻　　　　　　B. 土壤电阻率　　　　　C. 接地电感

　　D. 接地电容　　　　　　E. 绝缘电阻

11. 国家标准对三相电力变压器的连接组别作了规定，其中最常用的有(　　　)。

　　A. Y/Y_0-12　　　　B. $Y/\triangle-11$　　　　C. $Y_0/\triangle-11$

　　D. $Y_0/Y-12$　　　　E. $Y/Y-12$

12. 变压器的作用有(　　　)。

　　A. 变频　　　　　　　B. 变压　　　　　C. 变流

　　D. 变阻抗　　　　　　E. 变功率

13. 高压隔离开关的型号有(　　　)。

　　A. GN　　　　　　　B. SN　　　　　C. GW

　　D. SW　　　　　　　E. SE

14. 三相异步电动机在额定输出功率下(　　　)。

　　A. 功率因数下降　　　　B. 效率最高　　　　C. 功率因数最大

　　D. 功率因数不变　　　　E. 功率不是最高

15. 变压器并联运行的条件是(　　　)。

　　A. 变压比相同　　　　　B. 短路阻抗相同　　　　C. 接线组别相反

　　D. 接线组别相同　　　　E. 容量相同

三、判断题

1. 两电容 C_1 与 C_2 串联，总电容减少了，总耐压值提高了。　　　　(　　)

2. 在同一供电系统中，保护接地与保护接零可以共存。　　　　(　　)

3. 在三相异步电动机定子电压突然降为原来电压的 80% 瞬间，转差率来不及变，其电磁转矩变为原来的 64%。　　　　(　　)

4. 瓦斯继电器不但保护变压器内部故障，而且能保护变压器输出段母线的短路故障。(　　)

5. 改变三相异步电动机的输入电压是不能改变最大的启动转矩的。　　　　(　　)

6. 同步电动机的机械特性为绝对硬特性。　　　　(　　)

7. 三相交流电路当负载接成星形时，必须有中线。　　　　(　　)

8. 高压架空线路，面向负荷侧，从左起的排列顺序是 L_1、L_2、L_3。　　　　(　　)

9. 使用兆欧表可以测量电容内部的绝缘电阻。　　　　(　　)

10. 常用的交流电能表是一种感应系仪表。　　　　(　　)

11. 一般单臂电桥测量范围是 $1\sim10^6\ \Omega$。　　　　(　　)

12. 两台容量相同的变压器并联运行时，两台变压器一、二次绕组构成的回路出现环流电流的原因是变比不等或连接组别不同，出现负载不均匀的原因是短路电压不相等。(　　)

13. PNP 管三极管处在放大状态时，三个电极电位以发射极为最高。（　　）

14. 变压器油的凝固点越高越好。（　　）

15. 变压器和发电机的中性点接地称为工作接地。（　　）

16. 爆炸性气体环境应根据爆炸性气体混合物出现的频繁程度的持续时间分为 0 区、1 区、2 区等 3 个等级。（　　）

17. "瓦特"和"千瓦"是电功的单位。（　　）

18. 常用的接地摇表有国产 ZC－8 型、ZC－29 型、ZC－34A 型，它们的基本原则是一样的。（　　）

19. 为了保证人身安全，把正常情况下不带电的金属外壳和电气故障下可能出现危险的对地电压的金属部分与接地装置可靠的连接称为保护接地。（　　）

20. 直流电机如果将励磁绕组与电枢绕组同时反接，就能改变转向。（　　）

练 习 题 六

一、单选题

1. 三极管参数中，对温度最敏感的参数是（　　）。

　　A. I_b　　　　　　B. I_C　　　　　　C. I_{ceo}　　　　　　D. I_0

2. 一个三相对称负载，三角形连接，已知相电流 $I_{BC} = 10\angle -10°\,A$，则线电流 $I = (\quad)$。

　　A. $17.3\angle -40°$　B. $10\angle 160°$　　C. $10\angle 80°$　　　D. $17.3\angle 80°$

3. 功率表是（　　）仪表。

　　A. 磁电系　　　　B. 电动系　　　　C. 感应式　　　　D. 电磁式

4. 能观察电量的变化规律的仪器是（　　）。

　　A. 万用表　　　　B. 电度表　　　　C. 功率表　　　　D. 示波器

5. 电缆弯曲半径与电缆半径的比值对于有铠装塑料绝缘电力电缆而言应为（　　）。

　　A. 15　　　　　　B. 10　　　　　　C. 25　　　　　　D. 30

6. SN10－10 表示（　　）。

　　A. 10 kV 户外少油断路器　　　　B. 10 kV 户外多油断路器

　　C. 10 kV 户内少油断路器　　　　D. 6 kV 多油户内式断路器

7. 直埋电缆的周围应辅（　　）mm 厚细砂或软土。

　　A. 50　　　　　　B. 100　　　　　C. 150　　　　　D. 200

8. 国家标准规定并联运行变压器的变比差值不应超过（　　）。

　　A. 0.3%　　　　　B. 0.5%　　　　C. 1%　　　　　D. 1.5%

9. 通常情况电机定子铁芯由导磁率较好的（　　）mm 厚硅钢片叠压而成。

　　A. 0.2　　　　　B. 0.35　　　　　C. 0.5　　　　　D. 0.8

10. 电焊变压器的最大特点就是具有（　　）以满足电弧焊接的要求。

　　A. 较软的外特性　　　　　　　　B. 较硬的外特性

　　C. 陡降的外特性　　　　　　　　D. 上升的外特性

11. 保护三相异步电动机所采用的电流和电压继电器其线圈为(　　)型。

    A. 交流　　　　　　B. 直流　　　　　　C. 交直流型　　　　D. 电动型

12. 三相异步电动机额定转速时转差率为(　　)。

    A. 0.1%~0.5%　B. 0.5%~2%　　C. 2%~5%　　　D. 10%~15%

13. 变压器电源变化允许范围为额定值的(　　)%。

    A. ±15　　　　　　B. ±10　　　　　　C. +5　　　　　　D. ±2

14. 两台变压器并联运行时,变压器所承担负荷与容量不成比例,其原因是(　　)。

    A. 变压比不等　　B. 短路电压不等　C. 连接组别不同　D. 容量不等

15. 自动空气开关电磁脱扣器的整定电流应(　　)电路正常工作时的峰值电流。

    A. 等于　　　　　　B. 小于　　　　　　C. 大于　　　　　　D. 等于或小于

16. 三相负载接在三相电源上,若各项负载的额定电压等于电源电压的线电压,应作(　　)连接。

    A. 星形　　　　　　B. 三角形　　　　　C. 开口三角形　　　D. 双星形

17. 维持晶闸管导通所必需的最小阳极电流称为(　　)。

    A. 触发电流　　　　B. 强触发电流　　　C. 擎住电流　　　　D. 导通电流

18. 少油断路器中的绝缘油主要作用是(　　)。

    A. 灭弧　　　　　　B. 绝缘　　　　　　C. 冷却　　　　　　D. 润滑

19. 若正弦交流电压和电流的最大值分别是 U_m、I_m 时,则视在功率的表达式为(　　)。

    A. $U_{min}/2$　　　　B. $U_{min}/\sqrt{2}$　　　C. $\sqrt{2}U_{min}$　　　D. $\sqrt{3}U_{min}$

20. 晶闸管的控制角为60°,其导通角为(　　)。

    A. 60°　　　　　　B. 90°　　　　　　C. 120°　　　　　　D. 150°

21. 敷设电缆时,三相系统中使用单芯电缆应组成紧贴的(　　)排列。

    A. 正方形　　　　　B. 正三角形　　　　C. 长方形　　　　　D. 三角形

22. 三相异步电动机当转差率为1时,此电动机为(　　)状态。

    A. 制动　　　　　　B. 同步运行　　　　C. 额定转速运行　D. 启动

23. 电力变压器的短路电压一般规定为额定电压的(　　)。

    A. 2%~3%　　　B. 4.5%~6%　　C. 1%~8%　　　D. 8%~10%

24. 多油断路器内部需干燥时,干燥最高温度不宜超过(　　)℃。

    A. 75　　　　　　　B. 85　　　　　　　C. 95　　　　　　　D. 105

25. 蓄电池充电时,电解液的温度不应高于(　　)℃。

    A. 30　　　　　　　B. 45　　　　　　　C. 60　　　　　　　D. 80

26. 大于10 kVA的配电变压器接地电阻应不大于(　　)Ω。

    A. 4　　　　　　　　B. 10　　　　　　　C. 20　　　　　　　D. 30

27. 基尔霍夫电流定律的表达式是(　　)。

    A. $\sum I = 0$　　　　B. $\sum U = 0$　　　C. $\sum E = 0$　　　D. $\sum U = \sum E$

28. 卡是(　　)的单位。

    A. 电功率　　　　　B. 电功　　　　　　C. 电热　　　　　　D. 电量

29. 若电路有 n 个节点、b 条支路，则利用霍氏定律需要列出（　　）个方程。

  A. b B. n C. $n-1$ D. $b-n+1$

30. $3\frac{1}{2}$ 位数字表可显示的最大数字是（　　）。

  A. 8999   B. 9999   C. 1990   D. 1999

31. 应用戴维南定理可以把一个复杂的有源二端网络简化为一个简单的等效（　　）。

  A. 电压源   B. 实际电压源   C. 理想电压源   D. 理想电流源

32. 基尔霍夫第一定律可以列出（　　）。

  A. 电流方程   B. 独立的节点电流方程

  C. 支路电压源   D. 回路电压方程

33. 交流电势 $e=E_m\sin(\omega t+90°)$ V 的复数式 $E=$（　　）V。

  A. $E_m\angle t+90°$ B. $E\angle\omega t$ C. $E\angle 90°$ D. $E\angle 0°$

34. 晶体三极管为发射结正偏置、集电结正偏时，晶体三极管处于（　　）工作状态。

  A. 放大   B. 截止   C. 饱和   D. 开路

35. 电子枪的主要作用是（　　）。

  A. 发射电子   B. 发射一束高速经过聚焦的电子束

  C. 发射高速离子   D. 加速电子

36. 满刻度为 200 V 的 1.5 级直流电压表，用它来测量实际值为 40 V 的电压时，相误差为（　　）。

  A. ±7.5%   B. ±1.875%   C. ±3.75%   D. ±6.51%

37. 在纯电阻电路中，设 $i=I_m\sin\omega t$ A，则 $u=$（　　）V。

  A. $U_m\sin\omega t$ B. $U_m\sin(\omega t+90°)$

  C. $U_m\sin(\omega t-90°)$ D. $U_m\sin(\omega t-180°)$

38. 进行 $\tan\delta$ 试验时，一般要求周围环境温度不得低于（　　）℃。

  A. +20   B. -5   C. +5   D. +10

39. 大容量高电压变压器在进行耐压试验时，测量试验电压应使用（　　）。

  A. 电压表   B. 球隙

  C. 电压互感器和电压表   D. 高压表

40. 变压器负载增加时，主磁通（　　）。

  A. 增加   B. 减小   C. 增加和减小   D. 基本不变

41. 变压器若带感性负载，从轻载到满载，其输出电压将会（　　）。

  A. 升高   B. 降低   C. 不变   D. 突升

42. 当同步电动机的负载增加时，要使 $\cos\phi=1$，必须使励磁电流（　　）。

  A. 减少   B. 增大   C. 为 0   D. 不变

43. 同步电机的转速随着负载增加而（　　）。

  A. 不变   B. 变慢   C. 变高   D. 陡变

44. 一台△形接法的三相异步电动机，在额定负载转矩下接成 Y 形，其铜耗和温升（　　）。

  A. 不变   B. 增大   C. 减小   D. 略降

45. 热继电器中的双金属片弯曲是由于（　　　）而引起。
　　A. 机械强度不同　　　　　　　　B. 热膨胀系数不同
　　C. 温差效应　　　　　　　　　　D. 弹性变形

46. 接地电阻测量仪主要用来测量接地装置的（　　　）。
　　A. 接地电阻　　　B. 土壤电阻率　　　C. 接地电感　　　D. 接地电容

47. 直线杆横担装置设在（　　　）终端杆，分支杆及导线张力不平衡处的横担装置电源侧。
　　A. 受电侧　　　B. 拉力侧　　　　C. 电源侧　　　D. 张力侧

48. 垂直布置母线时，交流 A、B、C 相的排列为（　　　）。
　　A. 由下而上　　　B. 由上而下　　　C. 从中向上下　　D. 任意

49. 少油开关中的油主要起（　　　）作用。
　　A. 绝缘　　　　　B. 灭弧　　　　　C. 传热　　　　　D. 隔离

50. 变压器发生内部故障时的主要保护是（　　　）动作。
　　A. 过压　　　　　B. 瓦斯　　　　　C. 差动　　　　　D. 过流

二、多选题

1. 高压隔离开关的型号为（　　　）。
　　A. GN　　　　　　　　　B. SN　　　　　　　　　C. DN
　　D. GW　　　　　　　　　E. SW

2. 常用的高压断路器有（　　　）。
　　A. 油断路器　　　　　　B. 真空断路器　　　　　C. 高压负荷开关
　　D. SF6 断路器　　　　　E. 高压隔离开关

3. 同步电动机具有（　　　）等优点。
　　A. 恒定的转速　　　　　B. 运行效率高　　　　　C. 功率圈数可调
　　D. 恒定的转矩　　　　　E. 恒定的转差率

4. 电动机的功率损耗有（　　　）。
　　A. 机械损耗　　　　　　B. 铜耗　　　　　　　　C. 过载损耗
　　D. 铁损耗　　　　　　　E. 电压损耗

5. 电动机运行时，电流表指针摆动厉害的原因有（　　　）。
　　A. 电压过高　　　　　　B. 负载变化　　　　　　C. 电压低
　　D. 转子断条　　　　　　E. 转子缺相

6. 晶闸管导通期间所对应的角称为（　　　），它的值越大负载上的输出电压越（　　　）。
　　A. 触发角　　　　　　　B. 导通角　　　　　　　C. 逆变角
　　D. 低　　　　　　　　　E. 高

7. 异步电动机的基本调速方法有（　　　）。
　　A. 转子加电阻　　　　　B. 定子调压　　　　　　C. 调电源频率
　　D. 调磁极对数　　　　　E. 调转差率

8. 矩形硬母线的连接应采用（　　　）。
　　A. 焊接　　　　　　　　B. 专线夹　　　　　　　C. 搭接

　　　　D. 内螺丝管连接　　　　　　E. 锡焊

9. 变通阀型避雷器由（　　）组成。

　　　　A. 瓷套管　　　　　　　　B. 磁场线圈　　　　　　C. 火花间隙

　　　　D. 接地装置　　　　　　　E. 阀片电阻

10. 示波器主要由（　　）组成。

　　　　A. 电子枪　　　　　　　　B. 玻璃壳　　　　　　　C. 偏转系统

　　　　D. 萤光屏　　　　　　　　E. 第三阳极

11. 晶闸管整流器过电流的原因有（　　）。

　　　　A. 直流侧短路　　　　　　B. 过载　　　　　　　　C. 交流侧短路

　　　　D. 串联晶闸管损坏　　　　E. 并联晶闸管损坏

12. 实现电能转换为机械能的装置有（　　）。

　　　　A. 发电机　　　　　　　　B. 交流电动机　　　　　C. 直流电动机

　　　　D. 变压器　　　　　　　　E. 整流器

13. 异步电动机通过改变（　　）的方法调速。

　　　　A. 主磁通　　　　　　　　B. 电源反压　　　　　　C. 电源频率

　　　　D. 转差率　　　　　　　　E. 磁极对数

14. 阀型避雷器由（　　）组成。

　　　　A. 避雷针　　　　　　　　B. 接闪器　　　　　　　C. 火花间隙

　　　　D. 阀电阻　　　　　　　　E. 接地线

15. 电力线路常用的绝缘子有（　　）。

　　　　A. 针式　　　　　　　　　D. 悬式　　　　　　　　C. 棒式

　　　　D. 蝶式　　　　　　　　　E. 瓷横担

三、判断题

　　1. 三相异步电动机的过载倍数是最大转矩与转矩的比值。　　　　　　　　　（　　）

　　2. 接地电阻的大小主要取决于接地体和接地线的电阻。　　　　　　　　　　（　　）

　　3. 与非门电路所有输入端接低电平时，则输出为高电平。　　　　　　　　　（　　）

　　4. 在变压器差动保护范围以内改动一次电路的相序时，变压器差动保护电流互感器的二次接线不需要变动。　　　　　　　　　　　　　　　　　　　　　　　　（　　）

　　5. 为充分利用仪表的准确度，应尽量按使用标尺度起始位置后 1/4 的原则来选择仪表的量程。　　　　　　　　　　　　　　　　　　　　　　　　　　　　　　　　（　　）

　　6. 中小容量的直流电动机可以直流启动。　　　　　　　　　　　　　　　　（　　）

　　7. 在大电流工作场所，宜采用 π 型滤波。　　　　　　　　　　　　　　　　（　　）

　　8. 可控硅导通后的电流取决于可控硅正向压降。　　　　　　　　　　　　　（　　）

　　9. 正弦交流电的相位和时间无关。　　　　　　　　　　　　　　　　　　　（　　）

　　10. 直流发电机调节励磁可调节发电机输出电压。　　　　　　　　　　　　　（　　）

　　11. 直埋地下电缆与易燃管道交叉时的垂直距离应大于 0.5 m。　　　　　　　（　　）

　　12. 电路中任一个节点处电流的代数和恒等于零。　　　　　　　　　　　　　（　　）

13. 绕线式转子三相异步电动机改变串入转子绕组的电阻值,可以改变启动转矩。

                                       (   )

14. 在桥式起重机中,电动机过载保护元件应采用过电流保护而不采用短路保护。

                                       (   )

15. 隔离开关负荷开关都有隔离作用。   (   )

16. 为了保证人身安全,把正常情况下不带电的金属外壳和电气故障下可能出现的危险的对地电压的金属部分与接地装置可靠的连接称为工作接地。   (   )

17. 电度表的潜动是指当负载为零时电度表稍有转动。   (   )

18. 架空线路耐张杆与直线杆上悬式绝缘子的数量按规定是相等的。 (   )

19. 无功功率对负载来说是无用的,故称之为无用功率。   (   )

20. 制动力矩与运行(转动)力矩方向相反。

练 习 题 七

一、单选题

1. 某电路需 2 μF 电容的电容器,实际只有 3 μF、6 μF 、4 μF 多个电容器,可以采用 3 μF 与 6 μF 串联或两个 4 μF 电容串联得到,通常采用 2 只相同电容器串联,原因是(   )。

    A. 6 μF 电容器分配较高电压而超过额定值击穿

    B. 3 μF 电容器分配较高电压超过额定值击穿

    C. 两个电容器都会被击穿

    D. 习惯上采用 2 只相同电容器并联

2. 当可控硅串联工作时,应在每个可控硅上(   )。

    A. 并联电阻均压   B. 串联电阻均流

    C. 串联电阻均压   D. 并联均压电阻和阻容元件

3. 在启动同步电动机时,励磁绕组中应串入一个放电电阻,该电阻阻值约为绕组本身电阻的(   )倍。

    A. 10～12   B. 5～10   C. 10～15   D. 15～20

4. 同步电动机采用异步启动方法启动时,励磁绕组应(   )。

    A. 开路   B. 短路

    C. 通过大电阻短路   D. 通过电容短路

5. 接地系统的接地体一般用(   )制成。

    A. 50 mm×50 mm×5 mm 的镀锌角钢   B. 50 mm×50 mm 的镀锌扁铁

    C. 40 mm×4 mm 的镀锌扁铁   D. 40 mm×40 mm×4 mm 的镀锌角钢

6. 为了防腐,在接线离地面上、下各(   )mm 部分涂刷防腐油。

    A. 100   B. 200   C. 300   D. 400

7. 所谓油开关的额定电流,就是它的(   )电流。

    A. 额定开断   B. 最大工作   C. 短路   D. 冲击

8. DW10—400 型自动开关，过电流脱扣器额定电流为 400 A，其动作电流调节范围是（　　）A。

    A. 0～120　　　　　B. 0～1600　　　　　C. 400～1200　　　　　D. 400～1600

9. 易燃易爆炸场所，要采用金属管配线，钢管厚度不低于（　　）mm。

    A. 3.5　　　　　B. 2.5　　　　　C. 2　　　　　D. 1.5

10. 由直流负载线和 I_b 可以确定出晶体管的（　　）。

    A. 静态工作点　　　　　　　　　　B. 电压放大倍数

    C. 电流放大倍数　　　　　　　　　　D. 输出阻抗

11. 负荷开关在分闸时有明显的断口，故可起到（　　）作用。

    A. 熔断器　　　　　B. 隔离开关　　　　　C. 断路器　　　　　D. 接触器

12. 不对称的星形负载接在三相四线制电源上，则（　　）。

    A. 各相负载上电流对称，电压不对称　　B. 各相负载上电压、电流都对称

    C. 各相负载上电压对称，电流不对称　　D. 各相负载上电压、电流都不对称

13. 防雷接地体埋设位置距建筑物应不少于（　　）m。

    A. 1　　　　　B. 2　　　　　C. 3　　　　　D. 4

14. 用 ZC—8 型接地电阻仪进行接地电阻测量时，应将转换倍率开关置于（　　）位置。

    A. 最大　　　　　B. 2/3　　　　　C. 1/3　　　　　D. 最小

15. 高压设备发生接地时，为了防止跨步电压触电，室外不得接近故障点（　　）m 以内。

    A. 1　　　　　B. 3　　　　　C. 5　　　　　D. 8

16. 对于运行的 10 kV 电气设备中的绝缘油，其电气强度规定为（　　）kV。

    A. 不小于 10　　　　　B. 不小于 15　　　　　C. 不小于 20　　　　　D. 不小于 25

17. 当晶闸管串联时，应采用（　　）措施。

    A. 均压　　　　　B. 均流　　　　　C. 均压均流　　　　　D. 阻容吸收

18. （　　）电阻应选双臂电桥测量。

    A. 0.1～1 Ω　　　　　B. 1～10 Ω　　　　　C. 10～100 Ω　　　　　D. 100～1000 Ω

19. 交流工频电压 314 V，负载为 1 H 的电感，则通过电感的电流为（　　）A。

    A. 0　　　　　B. 1　　　　　C. 2　　　　　D. 3

20. 瓦特表结构属于（　　）式仪表。

    A. 磁电　　　　　B. 电磁　　　　　C. 静电　　　　　D. 电动

21. 设某节点有三个支路，$I_1 > 0$，$I_2 < 0$，$I_3 > 0$，该节点电流方程为（　　）。

    A. $I_1 + I_3 = I_2$　　　B. $I_3 - I_2 = I_1$　　　C. $I_1 + I_2 = I_3$　　　D. $I_1 + I_2 + I_3 = 0$

22. 已知 $u = 311\sin(314t - 10°)$ V，其相量表示为（　　）V。

    A. $311\angle 170°$　　　B. $311\angle -190°$　　　C. $220\angle 170°$　　　D. $220\angle 10°$

23. 三相交流电源可供给（　　）。

    A. 线电压　　　　　B. 相电压　　　　　C. 一种电压　　　　　D. 线电压与相电压

24. 磁电系仪表的阻尼装置是（　　）。

    A. 铝骨架　　　　　B. 空气阻尼器　　　　　C. 永久磁铁　　　　　D. 电磁感应线圈

25. 在电动系仪表中，动圈又称(　　　)与被测电路并联。

    A. 电压线圈　　　　B. 电流线圈　　　　C. 功率线圈　　　　D. 静圈

26. 电气设备新安装后进行的试验叫(　　　)。

    A. 出厂试验　　　　B. 例行试验　　　　C. 产品试验　　　　D. 交接试验

27. $Y/Y-12$ 连接组别一、二次侧相对应的线电压相位关系为(　　　)。

    A. $0°$　　　　　　B. $90°$　　　　　　C. $180°$　　　　　　D. $270°$

28. 电力变压器一、二次绕组对应电压之间的相位关系称为(　　　)。

    A. 连接组别　　　　B. 短路电压　　　　C. 空载电流　　　　D. 开路电压

29. 同步发电机的励磁绕组应通入(　　　)。

    A. 正弦交流电　　　B. 脉冲直流电　　　C. 直流电　　　　　D. 方波交流电

30. 熔断丝(保险丝)在电路中起(　　　)保护作用。

    A. 欠压　　　　　　B. 加压　　　　　　C. 过压　　　　　　D. 短路

31. 架空线路的导线最低点与连接两个固定点的直线的垂直距离称为(　　　)。

    A. 张力　　　　　　B. 跨度　　　　　　C. 宽度　　　　　　D. 驰度

32. 单根导线(电缆)穿管时，线管内径大于导线外径的(　　　)倍。

    A. 2.5　　　　　　B. 2　　　　　　　C. 1.4~1.5　　　　D. 1

33. 根据保护装置对被保护元件所起的作用，可分为(　　　)保护和辅助保护。

    A. 副　　　　　　　B. 主　　　　　　　C. 次　　　　　　　D. 欠压

34. 少油断路器的调整中，对交流电磁线圈要求合闸电压在(　　　)额定范围变动时，均能正常工作。

    A. 85%~110%　　B. 70%~105%　　C. 60%~110%　　D. 75%~120%

35. 电动机皮带传动装置的调整，需使皮带传动，两皮带轮的中心线必须(　　　)。

    A. 垂直　　　　　　B. 水平　　　　　　C. 在同一直线上　　D. 倾斜

36. 1 kV 以下中性点直接接地的电力系统，一切电气设备的金属外壳应(　　　)。

    A. 保护接地　　　　B. 工作接地　　　　C. 重复接地　　　　D. 保护接零

37. 电动机三相对称绕组其首末端在空间排列顺序是(　　　)。

    A. $A-B-CX-Y-Z$　　　　　　　　B. $A-Z-B-X-C-Y$

    C. $A-X-B-Y-C-Z$　　　　　　　　D. $C-B-A-XY-Z$

38. 直流弧焊发电机具有(　　　)的外特性。

    A. 缓慢下降　　　　B. 陡峭下降　　　　C. 陡峭上升　　　　D. 不变

39. 交流耐压试验是指(　　　)耐压试验。

    A. 工频交流　　　　B. 高频交流　　　　C. 中频交流　　　　D. 低频交流

40. 在纯电感电路中，设 $I=I\angle0°$A，则 $U=$(　　　)。

    A. $U_m\angle0°$　　　B. $U\angle0°$　　　　C. $U\angle-90°$　　　D. $U\angle90°$

41. 双臂电桥适用于测量(　　　)的电阻值。

    A. $1\ \Omega$ 以下　　　B. $1\ \Omega$ 以上　　　C. $1\sim10^5\ \Omega$　　　D. 任意

42. 交流电的无功功率 $Q=$(　　　)。

    A. $UI\cos\phi$　　　　B. $UI\sin\phi$　　　　C. $S-P$　　　　　　D. $UI\tan\phi$

43. 交流电 $I=I_m\sin(\omega t+\phi)$A 的复数式 $I=$(　　　)A。

A. $I_m\angle\omega t+\phi$　　　B. $I\angle\omega-\phi$　　　C. $I\angle\phi t$　　　D. $I\angle-\phi$

44. 基尔霍夫第二定律可以列出（　　）。

A. 电压方程　　　　　　　　　　　B. 电位方程

C. 独立回路电压方程　　　　　　　D. 回路电位方程

45. 已知 $P=1800$ W，$S=2250$ VA，此时功率因数为（　　）。

A. 0.7　　　　　B. 0　　　　　C. 0.9　　　　　D. 0.97

46. 镉、镍电池是（　　）电池。

A. 碱性　　　　　B. 酸性　　　　　C. 酸碱性　　　　　D. 中性

47. 电力变压器一、二次绕组对应电压之间的相位关系称为（　　）。

A. 短路阻抗　　　B. 短路电压　　　C. 连接组别　　　D. 空载电流

48. 内部过电压的倍数规定为内部过电压幅值与电网工频相电压的（　　）之比。

A. 有效值　　　　B. $\sqrt{3}$ 有效值　　　C. 幅值　　　　D. $\sqrt{2}$ 幅值

49. 安装带有拉地刀刃的隔离开关，其转轴上的扭力应调整至操作力矩（　　），手把涂以黑色油漆。

A. 最小　　　　　B. 适中　　　　　C. 最大　　　　　D. 一半

50. 架空线路的导线最低点到连接导线两个固定点的垂直距离称为（　　）。

A. 跨度　　　　　B. 驰度　　　　　C. 高度　　　　　D. 长度

二、多选题

1. 电力线路常用的绝缘子有（　　）。

A. 针式　　　B. 悬式　　　C. 棒式　　　D. 蝶式　　　B. 瓷横担

2. 生产机械的负载转矩特性可以归纳为（　　）几种类型。

A. 与转速无关的负载特性　　　　　B. 与转速成线性关系的负载特性

C. 与转速的平方成正比的负载特性　D. 与电压的平方成正比的负载特性

E. 与转速成反比的负载特性

3. 功率表可以测量负载的（　　）。

A. 功率因数　　B. 有功功率　　C. 无功功率　　D. 视在功率　　E. 介质损失

4. 晶闸管对触发电路的要求是（　　）。

A. 触发脉冲有一定幅度　　　　　　B. 触发脉冲有一定宽度

C. 触发脉冲上升时间小于 10 μs　D. 同步

E. 不触发时输出电压小于 0.2 V

5. 常使用的相序测试方法有（　　）。

A. 相序测试法　　　　　　　　　　B. 相序指示灯法

C. 负序滤过回路相序测试仪　　　　D. 功率法

E. 电流法

6. 电力电缆试验项目有（　　）。

A. 测量绝缘电阻　　　　　　　　　B. 直流耐压

C. 泄漏电流测量　　　　　　　　　D. 检查电缆线路相位

E. 电缆阻抗测定

7. 异步电动机的运行特性指( )等同输出功率 P_2 的关系。

    A. I_1 B. I_2 C. n D. $\cos\phi$ E. η

8. 供电线路的基本要求有( )。

    A. 安全   B. 可靠   C. 经济   D. 合理   E. 质量好

9. 电力系统发生短路故障时,将发生( )现象。

    A. 电流下降   B. 电流增大   C. 电压降低

    D. 电压增高   E. 电流电压间相位角改变

10. 由操作电源供电的二次回路分为( )。

    A. 控制回路   B. 测量回路   C. 保护回路

    D. 电压回路   E. 电流回路

11. 检修 SN10－10 型少油断路器的内容有( )。

    A. 本体拆卸   B. 清洗检查零部件   C. 修锉打光更换零件

    D. 传动机构的检修   E. 断路器本体的组装

12. 避雷针用来保护( )免遭直击雷。

    A. 建筑物   B. 变电所   C. 架空线路

    D. 变压器   E. 接地装置

13. 工作接地的作用有( )。

    A. 降低设备对地的绝缘水平   B. 迅速切断故障设备

    C. 降低人体的触电电压   D. 防止高压窜入低压的危险

    E. 防止短路接地

14. 变压器的短路试验的目的是测( )。

    A. 涡流   B. 短路损耗   C. 短路电压

    D. 电流   E. 负载

15. 设备事故可分为( )。

    A. 责任事故   B. 自然事故   C. 质量事故

    D. 破坏事故   E. 其他事故

三、判断题

1. 恒压源和恒流源可等效互换。 ( )

2. 两台容量相等的变压器并联运行时,若出现负载分配不均匀,其原因是短路电压不相称。 ( )

3. WG 表示倒挂式户外终端盒。 ( )

4. 避雷器是用来限制过电流的一种主要保护电路。 ( )

5. 与非门可以由与门和非门串联得到。 ( )

6. 交流桥式起重机的主钩电动机在吊着物体上升时,电动机转子串接电阻越大,上升速度越慢。 ( )

7. 少油断路器的外壳一般涂成红色。 ( )

8. 当电路中的参考点改变时,其两点间的电压也将随之改变。 ( )

9. 高压配电室采用环路式接地装置是为了使接触电压和跨步电压不超过规定值。

（　　）

10. 熔断器在电机控制回路中主要作过载保护。（　　）

11. 判断绝缘材料性能优劣的试验方法是采用高阻兆欧表测量其绝缘电阻。（　　）

12. 电机控制电路中用热继电器作过载保护。（　　）

13. 选用自动空气开关时，开关的额定电流应等于线路计算负载电流。（　　）

14. 小型笼型转子异步电动机在一般情况都采用铸铝转子。（　　）

15. 变压器空载时，副边电流等于零，铜损最小，所以效率也最高。（　　）

16. 变压器的差动保护是按循环电流原理设计的一种保护。（　　）

17. 单结晶体管的发射极电压高于峰点电压时，晶体管导通。（　　）

18. 阀型避雷器的通流容量是表示阀片耐受雷电流、中频续流和操作冲击电流的能力。（　　）

19. AC−8 型接地摇表有两个控测针，一根是电位控测针，另一根是功率控测针。

（　　）

20. 金属导体的电阻 $R=U/I$，说明电阻与通过电阻的电流成反比。（　　）

练 习 题 八

一、单选题

1. 为提高电容器的耐压值，将电容器串联，已知 C_1 为 $10\ \mu F/250\ V$，C_2 为 $20\ \mu F/300\ V$，将它们串联后，则总电容的耐压值为（　　）。
    A. 250 V　　　　B. 300 V　　　　C. 375 V　　　　D. 550 V

2. 已知 $u=311\sin(314-10°)V$，其相量表示为（　　）V。
    A. $311\angle170°$　B. $311\angle-190°$　C. $220\angle170°$　D. $220\angle350°$

3. 当可控硅串联工作时，应在每个可控硅上（　　）。
    A. 并联电阻均压　　　　　　　B. 串联电阻均流
    C. 串联电阻均压　　　　　　　D. 并联均压电阻和阻容元件

4. 一个满刻度为 200 V 的 1.5 级直流电压表，基本误差为（　　）。
    A. ±3 V　　　　B. ±1.5 V　　　　C. ±4 V　　　　D. ±0.3 V

5. 三相异步电动机的电磁转矩与定子电压（　　）成正比。
    A. U_1　　　　B. $1/U_1$　　　　C. U_1^2　　　　D. $1/U_1^2$

6. 电杆与电杆拉线间的夹角一般为（　　）。
    A. 60°　　　　B. 30°　　　　C. 45°　　　　D. 50°

7. 导线水平排列时横担距杆顶距离一般为（　　）mm。
    A. 300　　　　B. 200　　　　C. 450　　　　D. 600

8. 我国现行规程要求并联变压器的短路电压的百分比值相差不超过（　　）。
    A. 3%　　　　B. 5%　　　　C. 10%　　　　D. 15%

9. 当变比不同的两台变压器并列运行时，会产生环流，并在两台变压器内产生电压降，使得两台变压器输出端电压(　　)。

  A. 上升   B. 降低

  C. 变比大的升，小的降   D. 变比小的升，大的降

10. 一台新的电机，额定电压 380 V，其绝缘电阻应大于(　　)MΩ 才能使用。

  A. 0.1   B. 22   C. 0.5   D. 1

11. 对于集基偏置电路，改善工作点的反馈是(　　)。

  A. 电压负反馈   B. 电压正反馈   C. 电流负反馈   D. 电流正反馈

12. 为提高变压器的效率主要是降低(　　)。

  A. 铜损   B. 铁损   C. 内阻压降   D. 短路阻抗

13. 单相电容电动机里的电容是串联在(　　)中的。

  A. 工作绕组   B. 启动绕组   C. 励磁绕组   D. 变磁极对数

14. 异步电动机转子中电动势和电流的频率与转差率成(　　)。

  A. 反比   B. 无比   C. 正比   D. 指数

15. 三相鼠笼型异步电动机最新的调速方法是(　　)。

  A. 调电压   B. 变电阻   C. 变频率   D. 变磁极对数

16. RLC 串联的正弦交流电路的谐振频率 f 为(　　)。

  A. $2\pi\sqrt{LC}$ B. $1/2\pi\sqrt{LC}$ C. $1/2\pi LC$ D. $2\pi\sqrt{RC}$

17. 单相半波可控整流电路中，对于感性负载来讲(　　)。

  A. 必须加续流二极管   B. 可不加续流二极管

  C. 必须加续流电阻   D. 可不加续流电阻

18. 在操作闸刀开关时，动作应当(　　)。

  A. 迅速   B. 缓慢   C. 适中   D. 平稳

19. 容量在 800 kVA 以下的电力变压器空载电流为额定电流的(　　)。

  A. 1%~3%   B. 3%~6%   C. 60%~8%   D. 8%~10%

20. 一段绳索两端受到大小相等、方向相反的一对拉力时，绳索平衡，若改变拉力则失去平衡，该说明(　　)。

  A. 二力平衡公理不成立

  B. 二力平衡只适用于受拉情况，受压不成立

  C. 二力平衡只适用于刚体，不适用于变形体

  D. 二力平衡公理不适用于刚体，只适用于变形体

21. 10 号变压器油，其凝点不高于(　　)℃。

  A. 0   B. 10   C. −10   D. ±10

22. 在正弦交流电路中表示阻抗电压电流的关系是(　　)。

  A. $I=U/Z$ B. $i=U/Z$ C. $I=U_{m}Z$ D. $U_{m}/\sqrt{2}Z$

23. 1 kW 等于(　　)。

  A. 1 kJ/h   B. 1 kJ/s   C. 1 J/h   D. 1 J/s

24. 电感与电源能量交换的规模用无功功率 Q 来表示，规定无功功率等于瞬时功率为(　　)。

A. 有效值　　　　　B. 最大值　　　　　C. 相量值　　　　　D. 最小值

25. 测量 1 Ω 以下电阻应选用(　　)。

A. 单臂电桥　　　B. 双臂电桥　　　C. 交流电桥　　　D. 万用表×1 挡

26. 电路的复阻抗 $Z=2-j$，电路属于(　　)。

A. 阻性　　　　　B. 感性　　　　　C. 容性　　　　　D. 纯电容

27. 无功功率的单位是(　　)。

A. 瓦特　　　　　B. 马力　　　　　C. 乏　　　　　　D. 伏安

28. 在正常情况下，仪表的准确度是根据(　　)误差来表示的。

A. 绝对　　　　　B. 相对　　　　　C. 引用　　　　　D. 疏忽

29. 钳形电流表的工作原理是(　　)。

A. 静电感应　　　B. 电磁感应　　　C. 集肤效应　　　D. 直接耦合

30. 在纯电感电路中，设 $i=I_{\mathrm{m}}\sin(\omega t+\phi^{\circ})\mathrm{A}$，则 $U=$(　　)。

A. $U_{\mathrm{m}}\sin\omega t$ 　　　　　　　　　B. $U_{\mathrm{m}}\sin(\omega t+\phi)$

C. $U_{\mathrm{m}}\sin(\omega t+\phi+90^{\circ})$ 　　　D. $U_{\mathrm{m}}\sin(\omega t+\phi-90^{\circ})$

31. 高压验电器的试验周期为(　　)。

A. 半年　　　　　B. 一年　　　　　C. 一年半　　　　D. 两年

32. 自耦变压器的最大优点是输出电压(　　)。

A. 大于原边电压　B. 固定不变　　　C. 可以调节　　　D. 降低

33. 电焊变压器的外特性相对于一般变压器是(　　)的。

A. 升高　　　　　B. 降低　　　　　C. 不变　　　　　D. 突升

34. 同步电动机的励磁电流小于正常值时，定子电流都(　　)。

A. 减少　　　　　B. 增大　　　　　C. 不变　　　　　D. 为 0

35. CJ0 系列的交流电磁式接触器可起(　　)保护作用。

A. 短路　　　　　D. 过载　　　　　C. 欠压和零压　　D. 过流

36. 在 10 kV 架空配电线路，水平排列的导线其弧垂相差不应大于(　　)mm。

A. 100　　　　　B. 80　　　　　　C. 50　　　　　　D. 300

37. 高压隔离开关(　　)。

A. 可以带负荷分合闸　　　　　　　B. 严禁带负荷分合闸

C. 可带轻负荷分合闸　　　　　　　D. 根据容量决定是否带负荷分合闸

38. 在桥式起重机中，电动机过载保护元件应采用(　　)保护。

A. 过压　　　　　B. 欠压　　　　　C. 过电流　　　　D. 欠电流

39. 工厂中当线路上电气设备的工作电流大于(　　)时，应采用负荷均匀的三相四线制供电。

A. 20 A　　　　　B. 30 A　　　　　C. 50 A　　　　　D. 100 A

40. 少油开关也称(　　)断路器。

A. 贫油　　　　　B. 缺油　　　　　C. 无油　　　　　D. 空气

41. 架空线路竣工验收时，应以额定电压对线路冲击合闸(　　)次。

A. 5　　　　　　B. 3　　　　　　C. 2　　　　　　D. 1

42. 独立避雷针与配电装置的空间距离不应小于(　　)。

A. 5 m   B. 8 m   C. 10 m   D. 12 m

43. 接触器衔铁在吸合过程中,线圈中的电流(　　)。

     A. 由大变小   B. 由小变大   C. 恒定不变   D. 突变

44. 变压器的铁芯用(　　)mm 厚的硅钢片叠成,并在片间涂上绝缘漆绝缘。

     A. 0.5~0.6   B. 0.35~0.5   C. 0.2~0.35   D. 1~1.5

45. 变压器的结构有心式和壳式两类,其中心式变压器的主要特点是(　　)。

     A. 铁芯包着绕组   B. 绕组包着铁芯

     C. 一、二次绕组在同一铁芯上   D. 绕组铁芯任意排列

46. 电工测量仪表的主要技术指标为(　　)。

     A. 准碓度、灵敏度、稳定度   B. 准确度、耐压程度、抗干扰能力

     C. 灵敏度、稳定度、防磁能力   D. 稳定度、防静电场、耐用热性

47. 晶闸管的控制角 $\alpha = 60°$,其导通角为(　　)。

     A. 0°   B. 60°   C. 120°   D. 240°

48. 视在功率的单位是(　　)。

     A. 瓦特   B. 马力   C. 乏   D. 伏安

49. 可以用串并联规则进行化简的直流电路叫(　　)。

     A. 复杂电路   B. 串联电路   C. 并联电路   D. 简单电路

50. 已知正弦电压 $u = 220\sin(\omega t - 90°)$,则 $t=0$ 时,该电压瞬时值为(　　)V。

     A. −220 V   B. 110   C. 0   D. 155.6

二、多选题

1. 高压负荷开关的作用有(　　)。

     A. 分断和闭合负荷   B. 分断短路电流

     C. 分断和闭合空载线路电流   D. 分断和闭合空载变压器

     E. 分断和闭合电容器   F. 各台变压器的原/副绕组的匝数相同

2. 电力电缆截面积的标准规格有(　　)mm 等。

     A. 2.5   B. 3   C. 6   D. 25   E. 35

3. 电动机的机械特性可分为(　　)。

     A. 软的机械特性   B. 硬的机械特性   C. 绝对软的机械特性

     D. 相对软的机械特性   E. 绝对硬的机械特性

4. 已知放大电路中三极管三个管脚步通过的电流分别是:(1)从管脚步流出 5.1 mA;(2)流入管脚的电流为 0.1 mA;(3)流入管脚步的电流是 5 mA,则该三极管各管脚对应的电极是(　　)。

     A. (1)号为基极   B. (1)号为发射极   C. (2)号为基极

     D. (3)号为集电极   E. (3)号为发射极

5. 在电力系统中,为提高功率因数,常采用并联电容器的形式其补偿方式有(　　)补偿。

     A. 个别   B. 分散   C. 分期   D. 集中   E. 同期

6. 通常单相异步电动机的调速方式是(　　)。

A. 串电阻调速　　　　　B. 绕组抽头调速　　　　　C. 自耦变压器调速

D. 可控硅调速　　　　　E. 电抗器调速

7. 防止变压器油老化的主要措施有（　　　）。

A. 降低油温　　　　　B. 净化再生　　　　　C. 防止局部放电

D. 添加抗氧剂　　　　E. 用硅胶吸潮

8. 高压断路器的操作机构常用的有（　　　）形式。

A. 磁电　　　B. 弹簧　　　C. 机械　　　D. 电磁　　　E. 液压

9. 单臂电桥之所以不能测量小电阻，是因为其测出值中包含有桥臂间的（　　　）。

A. 计算电阻　　　　　B. 固定电阻　　　　　C. 可调电阻

D. 引线电阻　　　　　E. 接触电阻

10. 断路器弹簧操作机需定期检查的主要项目有（　　　）。

A. 可调部分紧固件及活动部位的检查

B. 辅助开关接点及触点间并联电容的检查

C. 转、活动部位定期注油

D. 分合闸线圈绝缘的检查

E. 二次接线是否良好

11. 变压器并联运行的条件是（　　　）。

A. 变压比相同　　　　B. 百分比阻抗基本相等　　　C. 接线组别相同

D. 变压器容量基本相等　　　E. 功率因数基本相同

12. 接地装置包括（　　　）等部分。

A. 接地体　　　B. 土壤　　　C. 流散　　　D. 导线　　　E. 接地线

13. 下列单位中，（　　　）是功率的单位。

A. 千瓦小时　　　B. 度（电）　　　C. 焦耳　　　D. 千瓦　　　E. 马力

14. 晶闸管（可控硅）的引脚名称是（　　　）。

A. 基极　　　　　　　B. 集电极　　　　　　　C. 阳极

D. 阴极　　　　　　　E. 控制极（门极）

15. 电压互感器在动作时必须注意（　　　）。

A. 副边不许开路　　　　　　　B. 副边不许短路

C. 副绕组铁芯和外壳均应可靠接地　　　D. 原绕组铁芯和外壳均应可靠接地

E. 初级绕组不得短路

16. 异步电动机定子与转子间隙过大，将会（　　　）。

A. 空载电流小　　　　B. 空载电流大　　　　C. 转矩小

D. 功率因数下降　　　E. 振动

17. 换向时，火花产生的原因有（　　　）等方面的因素。

A. 电磁　　　B. 机械　　　C. 化学　　　D. 热辐射　　　E. 过载

18. 一级负荷主要是指突然停电将造成（　　　）。

A. 工件断或不连续　　　B. 人身伤亡　　　　C. 重大设备损坏难以修复

D. 产生废品　　　　　　E. 给国民经济带来严重损失

19. 高层宾馆采取的供电方式通常有（　　　）。

A. 单母线分段式主接线　　B. 低压树干式　　　　C. 低压环形接线

D. 放射性接线　　　　　　E. 串联式

20. 根据绝缘材料的不同,电缆可分为( )绝缘电缆。

A. 云母　　　B. 油浸纸　　　C. 石棉　　　D. 塑料　　　E. 橡胶

三、判断题

1. 电容中电流与电压的关系为 $i=C\Delta U_C/\Delta t$,当 U_C 升高时,电容器吸收电能并转变为电场能。　　　　　　　　　　　　　　　　　　　　　　　( )

2. 可控硅具有反向阻断能力,同时也具有正向阻断能力。　　　　　　( )

3. 三相异步电动机处于临界转差率时,对应的电磁转矩为最大。　　　( )

4. 晶体三极管的截止条件是 $U_{BE}<U_0$(晶体管发射结死区电压)。　　( )

5. 在变压器差动保护电流互感器范围以外改变一次电路的相序时,变压器差动保护用的电流互感器的二次接线也应随之作相应的变动。　　　　　　　( )

6. 电压表的内阻越小,对被测电路原状态的影响越小。　　　　　　　( )

7. 同步电动机无启动力矩,故采用异步启动法。　　　　　　　　　　( )

8. 接触器属于低压配电电器。　　　　　　　　　　　　　　　　　　( )

9. 接触器分电压接触器和电流接触器。　　　　　　　　　　　　　　( )

10. 绕线式三相异步电动机转子绕组串电阻将改变最大转矩。　　　　( )

11. 高压架空线路面向电源侧,从右起的排列顺序是 L_1、L_2、L_3。　　( )

12. 在供电设备输出的功率中既有无功功率,又有有功功率,功率因数越低,无功功率反而越高。　　　　　　　　　　　　　　　　　　　　　　　( )

13. 变压器的铁损包括涡流损耗和磁滞损耗。　　　　　　　　　　　( )

14. 绝缘油取样时要考虑环境的影响。　　　　　　　　　　　　　　( )

15. 新电气设备出厂试验报告,施工单位可不进行试验投入运行。　　( )

16. 要求精确测量电阻都可以用直流单臂电桥测量。　　　　　　　　( )

17. 大容量电力变压器的效率 η 可达 99% 以上。　　　　　　　　　( )

18. 用隔离开关可以拉、合无故障的电压互感器和避雷器。　　　　　( )

19. 在爆炸性气体环境 1 区、2 区内,自动开关延时过电流脱扣器的整定电流为 1.25 倍工作电流。　　　　　　　　　　　　　　　　　　　　　　　( )

20. 电路图中所有电器的触头均表示在起始情况下的位置,即在没有通电或没有发生机械动作时的位置。　　　　　　　　　　　　　　　　　　　　　　　( )

练 习 题 九

一、单选题

1. 如图 6-1 所示,用基尔霍夫电压定律可以列出( )个独立的电压方程。

A. 2　　　　　　B. 3　　　　　　C. 4　　　　　　D. 5

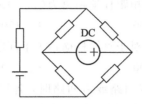

图 6 - 1

2. 如图 6 - 2 所示，电源电压不变，而频率升高，则(　　)变亮。

　　A. D_1　　　　　　B. D_2　　　　　　C. D_3　　　　　　D. D_4

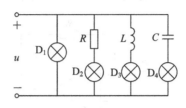

图 6 - 2

3. 低频电压放大器的信号频率为(　　)。

　　A. 5～10 kHz　　B. 20～100 kHz　　C. 7～50 kHz　　D. 20～200 kHz

4. 集基偏置电路，改善工作点的反馈是(　　)。

　　A. 电压负反馈　　B. 电压正反馈　　C. 电流负反馈　　D. 电流正反馈

5. 可控硅的阳极电流取决于(　　)。

　　A. 阳极电压　　B. 控制极电压　　C. 负载电阻　　D. 维持电流

6. 晶体三极管有两个 PN 结，基区与发射区结合而叫发射结，则另一个叫(　　)。

　　A. 基结　　　　B. PN 结　　　　C. 集电结　　　　D. 射结

7. 放大器的耦合电容 C_1 与 C_2 一般采用(　　)电容器。

　　A. 纸质　　　　B. 瓷质　　　　C. 电解　　　　D. 微调

8. 放大器采用射极偏置改变工作点偏离的是(　　)。

　　A. 电流正反馈　　B. 电流负反馈　　C. 电压正反馈　　D. 电压负反馈

9. 变压器的调压范围一般在额定电压的(　　)之间。

　　A. ±10%　　　B. ±5%　　　C. ±15%　　　D. ±20%

10. 三相异步电动机采用变极调速时，若将 Y 改为双 Y 接法，则电动机的转矩(　　)。

　　A. 不变　　　　B. 减少一半　　　C. 增加 1 倍　　　D. 略微减少

11. 由同步电动机的功能特性知，同步电动机的稳定运行范围为(　　)。

　　A. $0° < Q < 90°$　　B. $90° < Q < 180°$　　C. $0° < Q < 180°$　　D. $Q > 180°$

12. 对于运行中的 20～35 kV 的变压器油，击穿强度不应低于(　　)kW/cm。

　　A. 20　　　　B. 30　　　　C. 10　　　　D. 35

13. 为了防止雷电侵入波，对于变电所里的 3～10 kV 的配电装置，应在每相母线和每路出线安装(　　)。

　　A. 避雷针　　B. FS 型阀型避雷器　　C. 管型避雷器　　D. 接地线

14. 导线为三角形排列时, 横担距杆顶距离为( )mm。

    A. 300   B. 200   C. 450   D. 600

15. 用杆架设的高低压导线, 对于直线杆横担上下间隔的距离不应小于( )mm。

    A. 300   B. 400   C. 600   D. 800

16. 在同一根直线杆上架设双回路或多回路时, 各层横担间最小垂直距离应符合要求, 对于高压与高压间, 其最小垂直距离不应小于( )mm。

    A. 800   B. 600   C. 1200   D. 2000

17. 图 6-3 所示电路具有( )运算功能。

    A. 同相比例   B. 反相比例   C. 微分   D. 积分

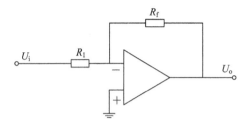

图 6-3

18. 图 6-4 所示电路中, 当 $R_{I1} = R_{I2} = R$ 时, 则输出电压与输入信号的关系为( )。

    A. $U_o = -(U_{i1} + U_{i2})$ B. $U_o = U_i \dfrac{R_2}{R_3} U_{i1}$

    C. $U_o = \dfrac{R_2}{R}(U_{i1} + U_{i2})$ D. $U_o = \dfrac{R_2}{R}(U_{i1} + U_{i2})$

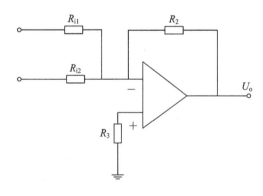

图 6-4

19. 图 6-5 中, $U_{AD} = ($)V。

    A. -1   B. -5   C. +1   D. 5

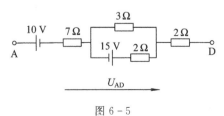

图 6-5

20. 图 6 - 6 中，$I_S=$（　　）V。

A. 25 　　　　 B. 4 　　　　 C. 10 　　　　 D. −4.8

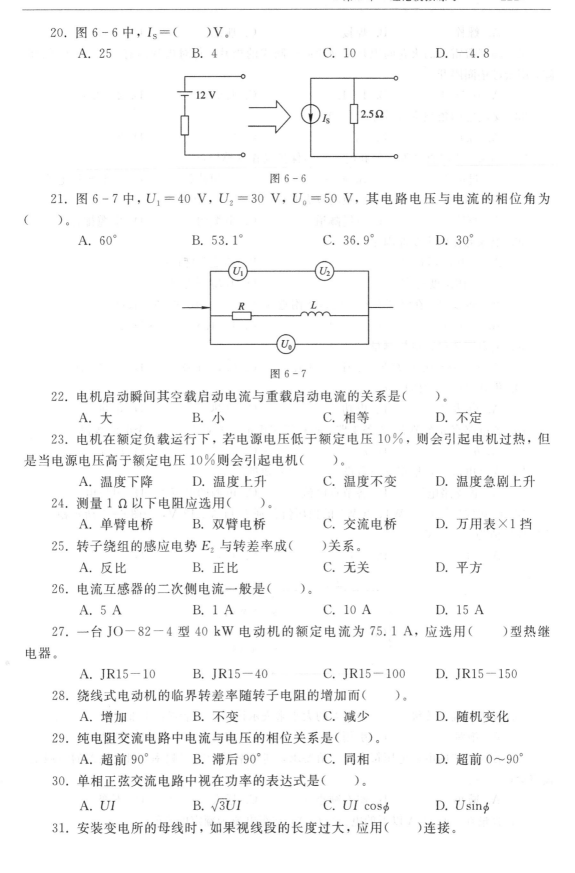

图 6 - 6

21. 图 6 - 7 中，$U_1=40$ V，$U_2=30$ V，$U_0=50$ V，其电路电压与电流的相位角为（　　）。

A. 60° 　　　　 B. 53.1° 　　　　 C. 36.9° 　　　　 D. 30°

图 6 - 7

22. 电机启动瞬间其空载启动电流与重载启动电流的关系是（　　）。

A. 大 　　　　 B. 小 　　　　 C. 相等 　　　　 D. 不定

23. 电机在额定负载运行下，若电源电压低于额定电压 10%，则会引起电机过热，但是当电源电压高于额定电压 10% 则会引起电机（　　）。

A. 温度下降 　　　 D. 温度上升 　　　 C. 温度不变 　　　 D. 温度急剧上升

24. 测量 1 Ω 以下电阻应选用（　　）。

A. 单臂电桥 　　　 B. 双臂电桥 　　　 C. 交流电桥 　　　 D. 万用表×1 挡

25. 转子绕组的感应电势 E_2 与转差率成（　　）关系。

A. 反比 　　　　 B. 正比 　　　　 C. 无关 　　　　 D. 平方

26. 电流互感器的二次侧电流一般是（　　）。

A. 5 A 　　　　 B. 1 A 　　　　 C. 10 A 　　　　 D. 15 A

27. 一台 JO−82−4 型 40 kW 电动机的额定电流为 75.1 A，应选用（　　）型热继电器。

A. JR15−10 　　 B. JR15−40 　　 C. JR15−100 　　 D. JR15−150

28. 绕线式电动机的临界转差率随转子电阻的增加而（　　）。

A. 增加 　　　　 B. 不变 　　　　 C. 减少 　　　　 D. 随机变化

29. 纯电阻交流电路中电流与电压的相位关系是（　　）。

A. 超前 90° 　 B. 滞后 90° 　 C. 同相 　 D. 超前 0~90°

30. 单相正弦交流电路中视在功率的表达式是（　　）。

A. UI 　　　　 B. $\sqrt{3}UI$ 　　　　 C. $UI\cos\phi$ 　　　　 D. $U\sin\phi$

31. 安装变电所的母线时，如果视线段的长度过大，应用（　　）连接。

     A. 螺栓   B. 焊接   C. 胀缩   D. 套管

32. 阀型避雷器的火花间隙是用钢片冲压制成的极片,每对极片间有(　　)mm 的间隙,用云母垫圈隔开。

    A. 0.1~1   B. 1~1.5   C. 1.5~2   D. 2~2.5

33. 交流电的角频率 ω 等于(　　)。

    A. $2\pi f$ B. πf C. $2\pi t$ D. $2\pi fL$

34. 10 kV 线路首端发生短路时(　　)保护动作断路跳闸。

    A. 过电流   B. 速断   C. 低频减载   D. 定时限过电流

35. 一般当电缆根数少且敷设距离较大时应采用(　　)敷设。

    A. 直线埋设   B. 电缆隧道   C. 电缆沟   D. 电缆排管

36. 绝缘老化的主要原因是(　　)。

    A. 工作电压过高   B. 环境湿度过高

    C. 工作温度过高   D. 环境压力过高

37. 电缆敷设时,在终端头和中间接头附近应留有(　　)m 的备用长度。

    A. 0.3~0.5   B. 0.5~1   C. 1~1.5   D. 1.5~2

38. 电阻应选单臂电桥测量(　　)。

    A. 0.001~0.01 Ω   B. 0.01~0.1 Ω   C. 0.1~1 Ω   D. 1~10 Ω

39. 焦耳是(　　)的单位。

    A. 电功率   B. 电功   C. 电热   D. 电量

40. 若电路有 n 个节点、b 条支路,则利用霍氏定律要列出(　　)个电流方程。

    A. b B. n C. $n-1$ D. $b-n+1$

41. 支路电流法是根据支路数设(　　)为未知量。

    A. 各支路电流   B. 各节点电流   C. 电源的电流   D. 电压电流

42. 已知硅稳压管 2CW4、2CW5 的稳压值分别为 11 V、12 V,如图 6-8 所示稳压电路的稳压值为(　　)V。

    A. 23   B. 0.7   C. 1.4   D. 0

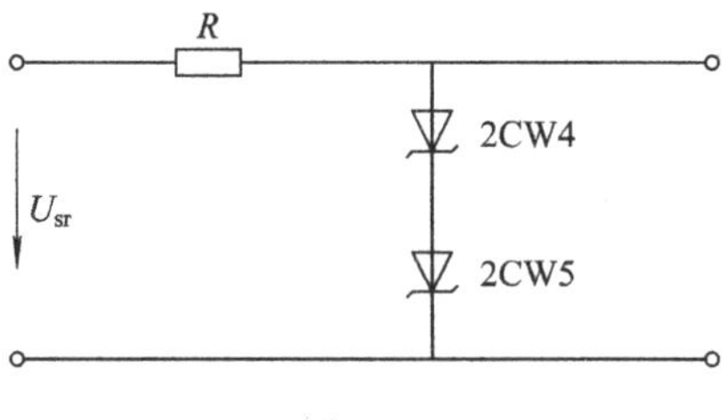

图 6-8

43. 仪表准确度等级用(　　)误差的大小来表示该仪表所能保证的准确度。

    A. 绝对   B. 引用   C. 相对   D. 偶然

44. 若变压器的电源电压符合额定值要求,其频率低于额定频率,则变压器的空载电流将会(　　)。

    A. 减小   B. 略有减小   C. 增大   D. 不变

45. 容量在 800 kVA 以下的电力变压器,空载电流为额定电流的(　　)。

　　A. 2%　　　　　　B. 5% 以下　　　　C. 3%～6%　　　D. 5%～10%

46. 直流电动机要求实现反转时，当对调电枢电源极性后，其励磁电源极性（　　）。

　　A. 保持不变　　　B. 同时对调　　　　C. 任意　　　　　D. 单独对调

47. 负荷开关在断开位置时，像隔离开关一样有明显的（　　），因此也能起隔离开关的作用。

　　A. 短路　　　　　B. 接通　　　　　　C. 断口　　　　　D. 焊点

48. 接地电阻是指接地装置和（　　）的电阻。

　　A. 接地设备　　　B. 电源中线　　　　C. 大地间　　　　D. 导线中

49. 电力变压器的短路电压一般规定为额定电压的（　　）。

　　A. 10%～15%　　B. 5%～10%　　　　C. 2%～3%　　　D. 4.5%～6%

50. 过流保护装置的动作电流按躲过（　　）来规定。

　　A. 最大短路电流　　　　　　　　　　B. 最大负荷电流

　　C. 最小电流　　　　　　　　　　　　D. 最大额定电流

二、多选题

1. 油断路器的灭弧方式有（　　）。

　　A. 横吹式　　　　　B. 纵吹式　　　　　C. 纵横吹式

　　D. 去离子栅火弧　　E. 磁吹式

2. 工作接地的作用有（　　）。

　　A. 降低设备对地的绝缘水平　　　　　B. 迅速切断故障设备

　　C. 降低人体的接触电压　　　　　　　D. 防止高压窜入低压的危险

　　E. 改善架空线路的防霉性能

3. 电流互感器的工作状态与电力变压器相比有以下特点：电流互感器的（　　）。

　　A. 一次线圈匝数少　　　　　　　　　B. 一次线圈电流与二次电流无关

　　C. 二次侧电压很低　　　　　　　　　D. 二次侧允许开路

　　E. 二次侧不允许开路

4. 电杆基础的作用是防止电杆因承受（　　）荷重等而使电杆上拨、下压，甚至倾倒。

　　A. 垂直　　　B. 水平　　　C. 事故　　　D. 风力　　　E. 雪

5. 异步电动机的运行特性是指（　　）等同输出功率 P_2 的关系。

　　A. I_1　　　B. I_2　　　C. n　　　D. $\cos\varphi$　　　E. n

6. 如图 6-9 所示，电流源互换为电压源，其（　　）。

　　A. $E=15$ V　　　　B. $r=3$ Ω　　　　C. $E=-15$ V

　　D. $r=15$ Ω　　　　E. $r=-3$ Ω

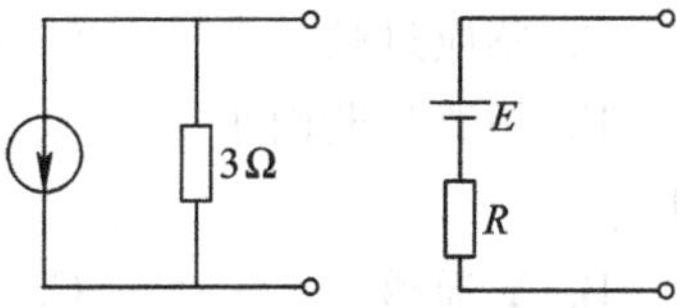

图 6-9

7. 如图 6 - 10 所示,将电压源等效为电流源,则有(   )。

    A. $I_s = 9$ A　　　　B. $I_s = -9$ A　　　　C. $R = 36$ Ω

    D. $R = 2$ Ω　　　　E. $R = -2$ Ω

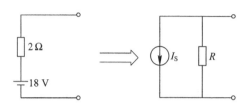

图 6 - 10

8. 如图 6 - 11(a)所示,将它等效为一电压源(如图 6 - 11(b)所示),则有(   )。

    A. $R = 15$ Ω　　　　B. $R = 12$ Ω　　　　C. $E = 5$ V

    D. $E = 20$ V　　　　E. $E = 0$ V

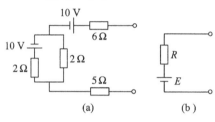

(a)　　　　　　　　(b)

图 6 - 11

9. 如图 6 - 12(a)所示,将它等效为一电流源(如图 6 - 12(b)所示),则有(   )。

    A. $R = 3$ Ω　　　　B. $R = -3$ Ω　　　　C. $I_s = 7$ A

    D. $I_s = -7$ A　　　　E. $I_s = 29/3$ A

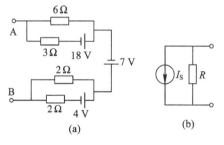

(a)　　　　　　　　(b)

图 6 - 12

10. 电气线路内部过电压有(   )。

    A. 操作过电压　　　　B. 感应过电压　　　　C. 谐振过电压

    D. 大气过电压　　　　E. 工频电压升高

11. 接触器线圈烧坏的原因有(   )。

    A. 电压过高　　　　B. 感应过频　　　　C. 匝间短路

    D. 吸合不正　　　　E. 短路环断面小

12. 通用示波器由(   )组成。

    A. X 通道　　　　B. Y 通道　　　　C. 主机部分

    D. 探头　　　　E. 电源

13. 电气设备的试验分为（　　）试验。

　　A. 出厂　　　　　　　　B. 安装　　　　　　　C. 交接

　　D. 故障　　　　　　　　E. 预防

14. 吊车的驱动有（　　）部分，均由吊车专用设备的 YZR 系列电动机来拖动。

　　A. 主钩　　　　　　　　B. 副钩　　　　　　　C. 大车

　　D. 小车　　　　　　　　E. 控制箱

15. 互感器的误差有（　　）误差。

　　A. 固定　　　　　　　　B. 变比　　　　　　　C. 角

　　D. 最大　　　　　　　　E. 最小

16. 按工作原理分，常见的检流计有（　　）式。

　　A. 直流磁化　　　　　　B. 光电放大　　　　　C. 电子放大

　　D. 电桥比较　　　　　　E. 电压电流综合

17. 接地的方式有（　　）。

　　A. 工作接地　　　　　　B. 保护接地　　　　　C. 重复接地

　　D. 保护接零　　　　　　E. 防雷接地

18. 计算复杂电路的方法有（　　）。

　　A. 支路电流法　　　　　B. 回路电流法　　　　C. 节点电位法

　　D. 戴维南定律　　　　　E. 混合电路法

19. 测量误差分为（　　）。

　　A. 参数误差　　　　　　B. 测量误差　　　　　C. 系统误差

　　D. 偶然误差　　　　　　E. 疏忽误差

20. 叠加原理是计算线性电路中的（　　）。

　　A. 电压　　　　　　　　B. 电功率　　　　　　C. 电流

　　D. 电能　　　　　　　　E. 并联电路

21. 测量机构一般都由驱动部分及（　　）组成。

　　A. 制动　　　　　　　　B. 阻尼　　　　　　　C. 读数

　　D. 振溢　　　　　　　　E. 启动

22. 示波器主要由（　　）组成。

　　A. 电子枪　　　　　　　B. 玻璃壳　　　　　　C. 偏转系统

　　D. 萤光屏　　　　　　　E. 第三阳极

23. 变压器的绝缘电阻常用（　　）V 的兆欧表测量。

　　A. 250　　　　　　　　　B. 500　　　　　　　　C. 1000

　　D. 2500　　　　　　　　E. 5000

24. 变压器绕组同名端是（　　）。

　　A. 绕向相同，标志相同　　　　　　　B. 绕向相同，标志相反

　　C. 绕向相反，标志相反　　　　　　　D. 绕向相反，标志相同

　　E. 绕向与标志无关

25. 电动机常用参数控制原则有（　　）。

　　A. 行程控制原则　　　　B. 速度原则　　　　　C. 气隙分配原则

D. 电流原则　　　　　　　　E. 时间原则

26. 重复接地的作用有(　　)。
    A. 改善架空线路的防雷性能　　　B. 迅速脱离电源
    C. 降低漏电设备的对地电压　　　D. 减轻零线断线的危险
    E. 缩短短路故障的持续时间

27. 一般用作高低压架空输配电线,可采用(　　)线。
    A. 圆单　　　　　　B. 铝绞　　　　　　C. 钢芯铝
    D. 铜绞　　　　　　E. 型

28. 拉线的作用是(　　)。
    A. 平衡电杆多方面的拉力　　　B. 防止电杆弯曲和倾斜
    C. 增强稳定性　　　　　　　　D. 美观
    E. 可使电杆埋得浅些

29. 油断路器的灭弧方式有(　　)。
    A. 横吹式　　　　　　B. 纵吹式　　　　　　C. 纵横吹式
    D. 去离子栅灭弧　　　E. 磁吹式

30. 常用的安装用线管有(　　)。
    A. 水煤气管　　　　　B. 电线管　　　　　C. 塑料管
    D. 金属软管　　　　　E. 瓷管

三、判断题

1. 从电容定义式 $C=Q/U$ 知,当 $Q=0$ 时,电容量必等于零。　　　　　　(　　)

2. 射极输出器的电压放大倍数近似等于1,但输出电阻大,输入电阻小。　(　　)

3. $Y_0/\triangle-11$ 连接的三相变压器用在高压侧需要中性点接地的 10 kV 以上高压电力网中。　　　　　　　　　　　　　　　　　　　　　　　　(　　)

4. 油断路器是依靠电弧本身能量产生的气流来熄灭电弧的。　　　　　(　　)

5. 少油开关中油的作用是灭弧。　　　　　　　　　　　　　　　　(　　)

6. 晶体三极管的饱和导通条件是:$I_B > \dfrac{U_C}{\beta R_C}$。　　　　　　　　(　　)

7. $\triangle/Y_0$ 形接线的变压器,当在 Y_0 侧线路上发生接地故障时,在 $\triangle$ 侧线路上将有零序电流流过。　　　　　　　　　　　　　　　　　　　　　(　　)

8. 变压器差动保护与瓦斯保护可以相互代替。(　　)

9. 某工厂变压器容量为 560 kVA,电压为 10/0.44 kV,户外安装选用断流容量较大的 RW4 熔断器作保护。　　　　　　　　　　　　　　　　　　　　(　　)

10. 三相异步电动机的转速取决于电源频率和磁极对数,与转差率无关。　(　　)

11. 当电源电压一定时,变压器的铁损便取决于负载电流的大小和性质。　(　　)

12. 用电磁系仪表测量直流不存在极性问题。　　　　　　　　　　　(　　)

13. 变压器的铁损包括涡流损耗和磁滞损耗。　　　　　　　　　　　(　　)

14. 三相绕线式异步电动机,只要在转子电路中加入励磁电流,也可作同步电动机方向式运行。　　　　　　　　　　　　　　　　　　　　　　　(　　)

15. 在三相三线星形连接的电路中，不用中线是因为三相电流的瞬时值之和为零。
（　　）

16. 串励直流电动机的负载转矩增加时，转速会自动下降。（　　）

17. 同步电动机的机械特性随着负载而改变。（　　）

18. 用万用表测晶闸管的门极与阴极间的电阻，正反向阻值均为数十欧姆，说明该晶闸管是正常的。（　　）

19. 直流高压试验包括直流耐压试验与泄漏电流试验，前者是试验绝缘介电强度，后者是检查绝缘状况。（　　）

20. 为了使电力系统以及电气设备可靠的运行，将系统中的某一点直接或间接接地称工作接地。（　　）

练 习 题 十

一、单选题

1. 同步电动机常常采用的制动方法是（　　）。
A. 反接制动　　　B. 再生制动　　　C. 能耗制动　　　D. 电容制动

2. 一只电压表量程扩大 m 倍，则应与测量机构串联一只电阻值为内阻（　　）倍的电阻。
A. m　　　B. $m-1$　　　C. $1/m-1$　　　D. $1/m$

3. 按规程规定，对于大型变压器，除一般试验外，在交接、大修和预防性试验中都必须进行（　　）试验。
A. 交流耐压　　　　　　　B. 测量介质损失角正切值
C. 绝缘电阻和吸收比　　　D. 测量线圈直流值

4. 直埋电缆的埋设深度不应小于（　　）mm。
A. 500　　　B. 600　　　C. 700　　　D. 800

5. 接地干线与接地支线末端应露出地面（　　）m，以便接引地线。
A. 0.5　　　B. 0.7　　　C. 1　　　D. 1.5

6. 在电缆沟内有两条以上电缆并列敷设时，电缆接头的位置应保持错开，使电缆接头保持在（　　）m 以上距离。
A. 1　　　B. 2　　　C. 3　　　D. 4

7. 拉线绝缘子距地不应小于（　　）m。
A. 1　　　B. 2　　　C. 2.5　　　D. 3

8. 沟道内预埋电缆支架应牢靠稳固，并做防腐处理，支架的垂直净距要求为 10 kV 及以下为（　　）mm。
A. 100　　　B. 150　　　C. 200　　　D. 250

9. RW_4—10 跌落熔断器安装时距地面高度不得低于（　　）m。
A. 3.5　　　B. 4　　　C. 4.5　　　D. 5

10. 表示金属石墨电刷的是( )。

    A. S—3   B. D213   C. J205   D. JS—301

11. 20～50 kW1500 r/min 以下的电动机其定子与转子之间的间隙应为( )mm。

    A. 0.2   B. 0.35   C. 0.5   D. 0.8

12. 电动机在额定运行时,额定功率因数与启动时间( )。

    A. 高   B. 低   C. 相等   D. 不定

13. 同步电动机多采用异步启动法在转差率为( )时,再给直流励磁,将电动机牵入同步运行。

    A. 1%   B. 5%   C. 15%   D. 25%

14. 为降低变压器铁芯中的( )叠片间要互相绝缘。

    A. 无功损耗   B. 空载损耗   C. 涡流损耗   D. 短路损耗

15. 变压器短路试验是要测出( )。

    A. 铁损   B. 铜损   C. 主磁通   D. 副磁通

16. 同步发电机的定子用来产生( )。

    A. 感应电势   B. 旋转磁场   C. 电磁转矩   D. 感生电流

17. 接触器选用的条件之一是指触点的额定电流( )负载设备的额定电流。

    A. 等于   B. 小于   C. 不小于   D. 小于或等于

18. 熔断器的额定电流应( )所装熔体的额定电流。

    A. 基本等于   B. 不小于   C. 小于   D. 小于或等于

19. 一台 JO—91—4 型 55 kW 电机,额定电流为 102.5 A,应选用( )型接触器。

    A. CJ10—100   B. CJ10—150   C. CJ10—60   D. CJ10—20

20. 用 Y—△启动时,鼠笼电动机启动转矩应减小到直接启动时的( )。

    A. $1/\sqrt{3}$ B. 1/3   C. 1/2   D. $1\sqrt{2}$

21. 变压器在满载的( )时效率最高。

    A. 50%～60%   B. 60%～70%   C. 70%～80%   D. 80%～100%

22. 熔断器最小熔化电流一般为额定电流的( )倍。

    A. 1.2～1.5   B. 2～3   C. 3～4   D. 4～5

23. 变压器的大修每( )年一次。

    A. 5～10   B. 2～3   C. 3～4   D. 10～15

24. 高压负荷开关是用来开断与接通网络的( )的。

    A. 过载电流   B. 短路电流   C. 负荷电流   D. 空载电流

25. 纯电感交流电路中电流与电压的相位关系为电流( )电压。

    A. 超前 90°   B. 滞后 90°   C. 同相   D. 超前 0～90°

26. 电工测量仪表的有效测量范围,在零点附近的刻度显著变窄处应为额定量程的( )左右。

    A. 100%   B. 75%   C. 50%   D. 25%

27. 晶闸管整流电路用于大电感性负载时,为保证正常工作可采用( )的方法。

    A. 电容滤波   B. 电感滤波   C. 阻容滤波   D. 二极管续流

28. 重型多片矩形母线的安装中,母线与设备连接处采用( )连接。

A. 焊　　　　　　B. 搭　　　　　　C. 硬　　　　　　D. 软

29. 安装跌落式熔断器等,其熔管轴线应与垂线成(　　)角。

　　A. $10°\sim15°$　　B. $15°\sim30°$　　C. $30°\sim40°$　　D. $40°\sim45°$

30. 在理想电感元件的正弦交流电路中,正确反映电流电压的关系式为(　　)。

　　A. $i=U/X_L$　　B. $i=u/\omega L$　　C. $I=U/\omega L$　　D. $I=U_m/X_L$

31. 用两表法测量三相功率时,出现两个功率表读数相等的现象,此时三相功率应是(　　)。

　　A. 两表相加　　B. 两表相减　　C. 两表相乘　　D. 两表相加乘$\sqrt{3}$

32. 防震锤安装后,其安装距离误差应不大于(　　)mm。

　　A. ±80　　　　B. ±50　　　　C. ±30　　　　D. ±15

33. 10 t 以上的桥式起重机的滑触线应采用规格不小于(　　)的角钢。

　　A. 50 mm$\times$5 mm　B. 50 mm$\times$3 mm　C. 40 mm$\times$5 mm　D. 40 mm$\times$3 mm

34. 自动开关的保护特性主要是指过流保护特性,即动作电流与(　　)的函数关系。

　　A. 电压　　　　B. 电阻　　　　C. 时间　　　　D. 稳定电流

35. 真空断路器与油断路器比较,(　　)。

　　A. 真空断路器主触头行程小　　　　B. 油断路器主触头行程小

　　C. 真空断路器主触头行程大　　　　D. 两者相差不大

36. 三相断路器的额定开断容量等于稳定电压乘以额定电流,还要乘以系数(　　)。

　　A. $\sqrt{2}$　　　　B. $\sqrt{3}$　　　　C. 2　　　　D. 3

37. 线路设备停电检修时,临时接地应使用(　　)。

　　A. 不大于 255 mm^2 多股软铜线　　　　B. 不大于 10 mm^2 铜芯线

　　C. 不大于 6 mm^2 铜芯绝缘线　　　　D. 不大于 25 mm^2 铜芯绝缘线

38. 使用两根绳起吊一个重物,当起吊绳与吊钩垂线的夹角为(　　)时,起吊绳受力是所吊重物的质量。

　　A. $0°$　　　　B. $30°$　　　　C. $45°$　　　　D. $60°$

39. 真空断路器的触头常采用(　　)触头。

　　A. 桥式　　　　B. 指形　　　　C. 对接式　　　　D. 螺旋形

40. 晶闸管导通后,晶闸管电流决定(　　)。

　　A. 电路的负载　　B. 晶闸管的容量　　C. 线路电压　　D. 晶闸管的电压

41. 一般接地体离建筑物的距离为(　　)m。

　　A. 1　　　　　B. 1.5　　　　C. 2　　　　D. 3

42. 某台三相电动机的电压为 380 V,$P=150$ kW,其空载电流(设全部感抗电流)为 76 A,其无功容量 Q 为(　　)kVar。

　　A. 30　　　　B. 50　　　　C. 70　　　　D. 90

43. 基尔霍夫电压定律的表达式是(　　)。

　　A. $\sum I=0$　　B. $\sum U=0$　　C. $\sum E=0$　　D. $\sum U=\sum E$

44. 220 V 交流电其电压幅值为(　　)V。

　　A. 220　　　　B. 311　　　　C. 380　　　　D. 537

45. 电路中电阻所消耗的电功率的计算公式为(　　)。

    A. $P=U^2R$ B. $P=UR$ C. $P=I^2Rt$ D. $P=IU$

46. $U=U_m\sin(\omega t+\pi/2)$，$i=I_m\sin\omega t$，则(　　)。

    A. i、u 同相   B. i、u 反相   C. i 超前 $\dfrac{U\pi}{2}$ D. i 滞后 $\dfrac{U\pi}{2}$

47. 利用基尔霍夫第一定律列节点电流方程时各支路电流方向应(　　)。

    A. 按电势正方向   B. 按电压正方向

    C. 按电位正方向   D. 任意

48. 理想电流源的内阻(　　)。

    A. 无穷大   B. 0   C. 任意大   D. 小

49. 电动机属于(　　)。

    A. 容性负载   B. 感性负载   C. 电阻性负载   D. 感容性负载

50. 示波器是只能观察电量变化的规律和能反映电量的(　　)的仪器。

    A. 变化全貌   B. 部分变化规律

    C. 单一波形   D. 任意波形

51. 纯电容电路中，电流和电压的相位关系是(　　)。

    A. 同相位   B. 电流超前电压 90°

    C. 电流滞后电压 90°   D. 任意波形

52. 感应耐压试验采用的电压频率为(　　)。

    A. 50 Hz   B. 100～400 Hz   C. 1000 Hz   D. 1 MHz

53. 变压器副边磁势对原边磁势来说是起(　　)作用。

    A. 去磁   B. 增强   C. 不起   D. 衰减

54. 三相异步电动机，当转差率为 1 时，此电动机为(　　)状态。

    A. 过载   B. 制动   C. 运行   D. 启动

55. 三相鼠笼式异步电动机采用 Y 接法时，A、B 二相定子绕组全部烧毁变黑，C 相绕组正常，原因是(　　)。

    A. 过载   B. C 相电源断路

    C. A、B 二相相间短路   D. C 相短路

二、多选题

1. 架空线路中，立水泥杆的基本步骤有(　　)。

    A. 杆身调整   B. 立杆   C. 涂防腐油

    D. 填土夯实   E. 绑扎导线

2. 三相鼠笼式异步电动机降压启动的方法有(　　)。

    A. 定子绕串电阻   B. 自耦变降压启动   C. Y－△降压启动

    D. 延边三角形   E. 转子回路串电阻

3. 三相异步电动机转子的(　　)等量与转子的转速有关。

    A. 感应电势   B. 感应电流   C. 功率因数

    D. 转差率   E. 转子漏抗

4. 电动机拖动系统的(　　　)是电动机拖动的基础。

  A. 机械特性　　　　　　　　B. 负载转矩特性　　　　　C. 转速调节

  D. 电动机启动和制动　　　　E. 运动方程式

5. 在逻辑运算电路中，基本逻辑表达式为(　　　)。

  A. $L = A + B$　　　　　　　B. $L = \overline{A \cdot B}$　　　　　C. $L = A$

  D. $L = A \cdot B$　　　　　　　E. $L = \overline{A + B}$

6. 晶闸管的主要参数有(　　　)。

  A. 正向阻断峰值电压　　　　B. 反向阻断峰值电压　　　C. 额定正向平均电流

  D. 控制极触发电压　　　　　E. 维持电流

7. 异步电动机机械特性曲线上最关注的数据是(　　　)。

  A. 最大转矩　　　　　　　　B. 量小转矩　　　　　　　C. 额定转矩

  D. 空载转矩　　　　　　　　E. 启动转矩

8. 异步电动机定子与转子间隙过大，将会(　　　)。

  A. 空载电流小　　　　　　　B. 空载电流大　　　　　　C. 转矩小

  D. 功率因数小　　　　　　　E. 功率放大

9. 射极输出器有(　　　)的特点。

  A. 电流放大　　　　　　　　B. 电压放大　　　　　　　C. 输入电阻大

  D. 输出电阻大　　　　　　　E. 功率放大

10. 测量绝缘电阻的仪器是兆欧表，根据被测得部件的额定电压不同，可分为(　　　)等形式。

  A. 100 V　　　　　　　　　B. 380 V　　　　　　　　C. 500 V

  D. 1000 V　　　　　　　　E. 2500 V

11. 找寻电缆故障定点的方法，常用的是(　　　)。

  A. 单线法　　　　　　　　　B. 双线法　　　　　　　　C. 三线法

  D. 四线法　　　　　　　　　E. 混合法

12. 晶闸管是一个四层三端元件，其内部有三个 PN 结，三端的名称分别是(　　　)。

  A. 集电极　　　　　　　　　B. 发射极　　　　　　　　C. 阳极

  D. 阴极　　　　　　　　　　E. 门极

13. 防止感应雷击电气设备一般采用(　　　)。

  A. 避雷针　　　　　　　　　B. 避雷线　　　　　　　　C. 避雷器

  D. 放电间隙　　　　　　　　E. 避雷瓷瓶

14. 根据保护装置对被保护元件所起的作用可分(　　　)保护。

  A. 电压　　　　　　　　　　B. 电流　　　　　　　　　C. 温度

  D. 主　　　　　　　　　　　E. 辅助

15. 多油断路器中的油的主要作用是(　　　)。

  A. 灭弧　　　　　　　　　　B. 冷却　　　　　　　　　C. 绝缘

  D. 润滑　　　　　　　　　　E. 保护

16. 电工测量的方法可分为(　　　)。

  A. 直读法　　　　　　　　　B. 间读法　　　　　　　　C. 分析法

    D. 比较法　　　　　　　　E. 计算法

17. 仪表准确度等级有(　　)。
    A. 0.1　　　　B. 0.2　　　　C. 0.5　　　　D. 1.0　　　　E. 2.5

18. 绝缘预防性试验包括(　　)试验。
    A. 绝缘电阻测试　　　　　B. 泄漏电流　　　　　　　C. 介质损失角正切值
    D. 交流耐压　　　　　　　E. 直流耐压

19. 磁吹避雷器由(　　)组成。
    A. 瓷套管　　　　　　　　B. 主放电间隙　　　　　　C. 分流间隙
    D. 磁场线圈　　　　　　　E. 接地装置

20. 电子示波器按用途和特点可分为(　　)示波器。
    A. 通用　　　　B. 记忆　　　　C. 取样　　　　D. 双踪　　　　E. 特种

三、判断题

1. 已知 $i_1 = 6\sqrt{2}\sin\omega t$，$i_2 = 8\sqrt{2}\sin(\omega t + 90°)$，则 $i = i_1 + i_2$ 的有效值 I 等于 10。
    (　　)

2. 可控硅导通后，即使触发电压消失，由于自身正反馈作用可控硅仍保持导通。
    (　　)

3. 两台容量相等的变压器并联运行时，两台变压器一次绕组构成的回路中出现环流的原因是变压比不等或连接组别不同。(　　)

4. 三相异步电动机转子回路串电阻调速法适用绕线式电动机。(　　)

5. 架空导线的弧垂与所用导线、气象条件、调整弧垂时所测实际温度有关。(　　)

6. 负荷开关的断流能力介于隔离开关和断路器之间。(　　)

7. 晶闸管的三个电极是阳极、阴极、控制极。(　　)

8. 反相器就是非门电路。(　　)

9. 与门电路有多个输入端，当所有输入端都接高电平时，输出也为高电平。(　　)

10. 运算放大器有微分运算的功能，即把矩形变成尖脉冲波形。(　　)

11. 三相异步电动机最大电磁转矩 M_{max} 所对应的转差率 S_m 称为最大转差率。(　　)

12. 同步电动机异步启动时的控制中，是将交流电流自动加入励磁绕组。(　　)

13. 油断路器的额定电流就是它的额定开断电流。(　　)

14. 送电时，应先合母线侧隔离开关，再合线路侧隔离开关，最后合高压断路器。
    (　　)

15. 6~10 kV Y/Y₀-12 降压变压器的过电流保护，为了灵敏地反应降低侧单相接地短路，应采用三相完全星形或两相三继电器式的接线方式。(　　)

16. 自感电动势的大小与线圈中的电流大小成正比。(　　)

17. 电磁仪表既可以测直流电量，也可以测交流电量。(　　)

18. 相同电压情况下，半波整流平均电压是桥式整流平均电压的一半，但输出电压的最大值都是相同的。(　　)

19. 电压互感器的二次绕组在运行中不许短路。(　　)

20. 变压器当电源频率与绕组匝数一定时，主磁通仅由电源电压决定。(　　)

练习题十一

一、单选题

1. 放大器的耦合电容 C_1 与 C_2 一般采用（　　）电容器。

    A. 纸质　　　　　　B. 瓷质　　　　　　C. 电解　　　　　　D. 微调

2. 已知放大电路中三个管脚通过的电流分别是(1) 5.1 mA、(2) 0.1 mA、(3) 5 mA，则该三极管管脚(2)是（　　）。

    A. 集电极　　　　　B. 发射极　　　　　C. 基极　　　　　　D. 基区

3. 一个满刻度为 200 V 的 1.5 级直流电压表，基本误差为（　　）。

    A. ±3 V　　　　　　B. ±1.5 V　　　　　C. ±4 V　　　　　　D. ±0.3 V

4. 一个满刻度为 200 V 的 1.5 级直流电压表，测量实际值为 50 V 的电压时，相对误差为（　　）。

    A. ±3%　　　　　　B. ±6%　　　　　　C. ±7%　　　　　　D. ±7.5%

5. 六氯化硫断路器的文字代号是（　　）。

    A. SW　　　　　　 B. SF　　　　　　　C. SF_6　　　　　　D. SG

6. 电缆弯曲半径与电缆半径的比值对于有铠装塑料绝缘电力电缆而言应为（　　）。

    A. 15　　　　　　　B. 10　　　　　　　C. 25　　　　　　　D. 30

7. 重复接地的电阻应不大于（　　）Ω。

    A. 0.5　　　　　　 B. 10　　　　　　　C. 4　　　　　　　 D. 30

8. 电杆与电杆拉线间的夹角一般为（　　）。

    A. 60°　　　　　　 B. 30°　　　　　　 C. 45°　　　　　　 D. 50°

9. 导线水平排列时横担距杆顶距离一般为（　　）mm。

    A. 300　　　　　　 B. 200　　　　　　 C. 450　　　　　　 D. 600

10. GN6－10/400 表示（　　）。

    A. 10 kV、400 A 的户内式隔离开关　　　B. 10 kV、400 A 的户内式多油断路器

    C. 10 kV、400 A 的户外式隔离开关　　　D. 10 kV、400 A 的户内式少油断路器

11. 为了防腐，在接线离地面上、下各（　　）mm 部分涂刷防腐油。

    A. 100　　　　　　 B. 200　　　　　　 C. 450　　　　　　 D. 600

12. 我国现行规程要求并联变压器的短路电压的百分比值相差不超过（　　）。

    A. 3%　　　　　　　B. 5%　　　　　　　C. 10%　　　　　　 D. 15%

13. 在同一根分支上架设多回路时，对于高压线与信号线同杆架设，其各层横担间最小垂直距离不应小于（　　）mm。

    A. 600　　　　　　 B. 1200　　　　　　C. 800　　　　　　 D. 2000

14. 采用电流干燥法处理受潮电机，通常电流应控制在额定电流的（　　）。

    A. 20%～30%　　　B. 30%～40%　　　C. 50%～70%　　　D. 80%～90%

15. 防滴式电机在同垂直线成（　　）角的任何方向能防止水滴、铁屑或其他杂物掉入

机座内。

    A. 15°   B. 30°   C. 45°   D. 60°

16. 三相异步电动机额定转速时转差率为(　　)。

    A. 0.1%~0.5%   B. 0.5%~2%   C. 2%~5%   D. 10%~15%

17. 变压器电源变化允许范围为额定值的(　　)%。

    A. ±15   B. ±10   C. ±5   D. ±2

18. 测量二次回路的绝缘电阻一般用 500 V 或 1000 V 兆欧表,当电压低于 2 kV 回路只允许用(　　)兆欧表。

    A. 380 V   B. 500 V   C. 1000 V   D. 2500 V

19. 在有些情况下,为了缩短晶闸管的导通时间,需加大触发电流(两倍以上),这个电流称为(　　)。

    A. 触发电流   B. 强触发电流   C. 擎位电流   D. 导通电流

20. 当接地体采用角钢打入地下时,其厚度不小于(　　)mm。

    A. 2   B. 4   C. 6   D. 8

21. 母线和螺杆端口连接时,母线的孔径不应大于螺杆端口直径(　　)mm。

    A. 1   B. 2   C. 3   D. 4

22. 高压配电线路允许的电压损失为(　　)。

    A. 2.5%   B. 5%   C. 7.5%   D. 10%

23. 安装跌落式熔断器等,其熔管轴线应与垂线成(　　)角。

    A. 10°~15°   B. 15°~30°   C. 30°~40°   D. 40°~45°

24. 防雷接地体埋设位置应距建筑物不少于(　　)m。

    A. 1   B. 2   C. 3   D. 4

25. 金属导体的电阻值随着温度的升高而(　　)。

    A. 增大   B. 减小   C. 恒定   D. 变弱

26. 用 ZC-8 型接地电阻仪进行接地电阻测量时,应将转换倍率开关置于(　　)位置。

    A. 最大   B. 2/3   C. 1/3   D. 最小

27. 大容量高压变压器在进行耐压试验时,测量试验电压应该用(　　)。

    A. 电压表   B. 球隙

    C. 电压互感器和电压表   D. 高压电桥

28. 内部过电压的倍数规定为内部过电压幅值与电网工频相电压的(　　)之比值。

    A. 有效值   B. $\sqrt{3}$有效值   C. 幅值   D. $\sqrt{2}$幅值

29. 在 10 kV 架空配电线路中,水平排列的导线其弧重相差不大于(　　)mm。

    A. 100   B. 80   C. 50   D. 30

30. 安装红夹时,在导线上应先缠铝包带,缠绕方向与外层导线绕向(　　)。

    A. 一致   B. 相反   C. 任意   D. 横向

31. 敷设电缆时,三相系统中使用单芯电缆应组成紧贴的(　　)排列。

    A. 正方形   D. 正三角形   C. 长方形   D. 三角形

32. 敷设于水中的电缆,必须贴于水底,有条件时直埋入河床(　　)m 以下。

　　A. 0.5　　　　　　B. 0.8　　　　　　C. 1.0　　　　　　D. 1.2

33. 电动葫芦的电气控制线路是一种(　　)线路。

　　A. 点动控制　　　　　　　　　　　B. 自锁控制

　　C. 联锁的正反转控制　　　　　　　D. 点双重联锁的正反转控制

34. 10 t 以上的桥式起重机的滑触线应采用规格不小于(　　)的角钢。

　　A. 50 mm×5 mm　　　　　　　　　B. 50 mm×3 mm

　　C. 40 mm×5 mm　　　　　　　　　D. 40 mm×3 mm

35. 高压设备发生接地时,为了防止跨步电压触电,室外不得接近故障点(　　)m 以内。

　　A. 1　　　　　　　B. 3　　　　　　　C. 5　　　　　　　D. 8

36. 当变压器容量为 50 kVA 时,其接地电阻不允许超过(　　)。

　　A. 4 Ω　　　　　　B. 10 Ω　　　　　C. 30 Ω　　　　　D. 50 Ω

37. 在操作闸刀开关时,动作应当(　　)。

　　A. 迅速　　　　　　B. 缓慢　　　　　C. 适中　　　　　D. 平稳

38. 电力变压器的短路电压一般规定为额定电压的(　　)。

　　A. 2%～3%　　　B. 4.5%～6%　　C. 1%～8%　　　D. 8%～10%

39. 容量在 800 kVA 以下的电力变压器空载电流为额定电流的(　　)。

　　A. 1%～3%　　　B. 3%～6%　　　C. 6%～8%　　　D. 8%～10%

40. 多油断路器内部需干燥时,干燥最高温度不宜超过(　　)℃。

　　A. 75　　　　　　B. 85　　　　　　C. 95　　　　　　D. 105

41. 油浸变压器干燥时其绕组温度不超过(　　)℃。

　　A. 110　　　　　　B. 100　　　　　C. 95　　　　　　D. 85

42. 起吊横担时,绳索的水平角为 θ,则(　　)。

　　A. θ 大,绳索受力大　　　　　　　B. θ 小,绳索受力大

　　C. θ 小,绳索受力小　　　　　　　D. 绳索受力大小与 θ 无关

43. 接地体的连接应采用(　　)。

　　A. 搭焊接　　　　B. 焊栓连接　　　C. 焊丝连接　　　D. 对焊接

44. 对于运行的 10 kV 电气设备中的绝缘油,其电气强度规定为(　　)kV。

　　A. 不小于 10　　　B. 不小于 15　　C. 不小于 20　　D. 不小于 25

45. 10 号变压器油,其疑点不高于(　　)℃。

　　A. 0　　　　　　　B. 10　　　　　　C. -10　　　　　D. ±10

46. 镉、镍电池是(　　)电池。

　　A. 碱性　　　　　　B. 酸性　　　　　C. 酸碱性　　　　D. 中性

47. 变压器油应无味,若感觉有酸味时,说明(　　)。

　　A. 油内水分高　　　　　　　　　　B. 油内产生过电弧

　　C. 油严重老化　　　　　　　　　　D. 油内有二氧化碳

48. 用 ZC 型接地电阻测量仪测接地装置电阻时,电流探针与接地装置距离为(　　)m。

　　A. 10　　　　　　　B. 20　　　　　　C. 30　　　　　　D. 40

49. 大于 100 kVA 的配电变压器接地电阻应不大于(　　)Ω。

    A. 4   B. 10   C. 20   D. 30

50. 独立避雷针的接地体离建筑物的距离为( )m。

    A. 1   B. 1.5   C. 2   D. 3

二、多选题

1. 变电站用座式绝缘子按用途可分为( )。

    A. 户内式支柱瓷瓶   B. 户外式支柱瓷瓶   C. 户外长喋型支柱瓷瓶

    D. 户外式棒型支柱瓷瓶   E. 户外悬式瓷瓶

2. 放大器的静态工作点是指( )。

    A. 集电极电源   B. 集电极电流   C. 基极电压

    D. 基极电流   E. U_{ce}集电极发射极电压

3. 常用的电工指示仪表有( )。

    A. 电流表   B. 电压表   C. 万用表

    D. 钳形表   E. 示波器

4. $E = 535.8\sin\omega t(V)$,已知 $T = 0.04\ s$,其 $E = ($)V, $\omega = ($)r/s。

    A. 535.8   B. 380   C. 230

    D. 628   E. 157

5. 晶闸管整流电路在运行中,造成晶闸管烧坏的原因有( )。

    A. 长期过载过热   B. 过流保护失效

    C. 晶闸管串并联时管子特性差异大   D. 静态电流上升率超过管子额定值

    E. 电源波动太大

6. 电力变压器运行的好坏,通常由( )指标决定。

    A. 电压调整率   B. 电压变化率   C. 变压器功率

    D. 短路阻抗   E. 连接组别

7. 电力变压器运行的主要故障有( )。

    A. 异常响声   B. 油面不正常   C. 油温过高

    D. 气体继电器动作   E. 三相电压不正常

8. 变压器的干燥方法有( )。

    A. 铁损法   B. 零序电流法   C. 铜损法

    D. 热油真空干燥法   E. 烘房干燥法

9. 单相变压器的连接组别有( )。

    A. I/I−1   B. I/I−5   C. I/I−6

    D. I/I−11   E. I/I−12

10. 同步电机可分为( )。

    A. 发电机   B. 中频发电机   C. 电动机

    D. 补偿机   E. 直流机

11. 三相异步电动机启动瞬间的特点有( )。

    A. 启动电流很大   B. 功率因数很大   C. 启动转矩不是最大

    D. 功率因数 $\cos\phi$ 很小   E. 转差率为 0

12. 避雷针一般由(　　)组成。

    A. 接闪器　　　　　　　　B. 支持物　　　　　　　　C. 接地装置

    D. 接地电阻　　　　　　　E. 火花间隙

13. 接地电阻包括(　　)。

    A. 接地导线电阻　　　B. 接地体本身电阻　　C. 接地体现大地电阻

    D. 大地电阻　　　　　E. 分布电阻

14. 电缆中间接头常用的类型有(　　)。

    A. 干包头　　　　　　　B. 铅套管式　　　　　　C. 铸铁盒式

    D. 环氧树脂浇注式　　E. 铸铁头式

15. 硬母线(矩形)连接应采用(　　)连接。

    A. 焊接　　　　B. 增接　　　　C. 搭接　　　　D. 对接　　　　E. 铆接

三、判断题

1. 三相异步电动机,不论运行情况如何,其转差率都在 $0\sim1$ 之间。　　　　　　(　　)

2. 高压断路器的开断电流是指额定电压下能可靠开断的最大电流。　　　　　　(　　)

3. 射极输出器的输入阻抗高。　　　　　　　　　　　　　　　　　　　　　(　　)

4. 一台三相异步电动机,额定电压为 380/220 V,当电源电压为 380 V 时,应采用 Y—△ 启动。　　　　　　　　　　　　　　　　　　　　　　　　　　　　(　　)

5. 电弧形成的过程中游离和去游离子的作用始终是平衡的。　　　　　　　　(　　)

6. 组合开关主要用在动作频繁场合。　　　　　　　　　　　　　　　　　　(　　)

7. 直流电流为 10 A 和正弦交流电流最大值为 17.3 A 的两电流,在相同时间内分别通过阻值相同的两电阻的发热量是相等的。　　　　　　　　　　　　　　　(　　)

8. 负载作三角形连接时,线电流必为相电流的 $\sqrt{3}$ 倍。　　　　　　　　　　(　　)

9. 若把 Y 连接的电动机误接成 △ 连接,将造成绕组过热。　　　　　　　　(　　)

10. 直流电动机,如果将励磁绕组与电枢绕组任意反接一个就能改变转向。　　(　　)

11. 直流电动机启动时由于电枢电势等于零,启动电流非常大。　　　　　　　(　　)

12. 电器测量中不管满刻度的大小,选用精度越高的仪表测得值的误差就越小。

                                                      (　　)

13. 一般可以认为接地电阻就是接地线电阻和接地体电阻之和。　　　　　　　(　　)

14. 交流电路中的功率因数仅与 R、L、C 有关而与电源的频率 f 无关。　　(　　)

15. 若把定子△连接误成 Y 连接,将造成绕组过热。　　　　　　　　　　　(　　)

16. 直流电动机启动时由于电枢电势恒定启动电流非常大。　　　　　　　　　(　　)

17. 当电源频率和原边匝数不变时,空载比满载时主磁大。　　　　　　　　　(　　)

18. 直流电动机可以作电动机,也可作发电机。　　　　　　　　　　　　　　(　　)

19. 绕线式三相异步电机电刷压力应保持 $150\sim250$ g/cm² 。　　　　　　　(　　)

20. 对于桥式起重机,电动机过载保护元件应采用短路保护而不采用过电流保护。

                                                      (　　)

练习题十二

一、单选题

1. 变压器如果运行负荷不变,冷却系统正常,在同等条件下油温却高出( )℃,而且还有继续上升的趋势,说明变压器内部有故障。

    A. 5   B. 10   C. 15   D. 20

2. 瓦特表结构属于( )式仪表。

    A. 磁电   B. 电磁   C. 静电   D. 电动

3. 三相功率表实际上是由( )个瓦特表组成的。

    A. 1   B. 2   C. 3   D. 2 或 3

4. 视在功率的单位是( )。

    A. 瓦特   B. 马力   C. 乏   D. 伏安

5. 现在照明日光灯功率因数的补偿方法都采用( )。

    A. 集中补偿   B. 个别补偿   C. 并联电容器   D. 不补偿

6. 三相发电机一般作( )连接。

    A. 三角形   B. 星形   C. 双星形   D. 任意

7. 磁电系仪表过载能力小的主要原因是( )。

    A. 支圈线细   B. 被测电流通过游丝

    C. 磁场太强   D. 灵敏度高

8. 磁电系仪表的阻尼装置是( )。

    A. 铝骨架   B. 空气阻尼器

    C. 永久磁铁   D. 电磁感应线圈

9. 电子枪的主要作用是( )。

    A. 发射电子   B. 发射一束高速经过聚焦的电子束

    C. 发射高速离子   D. 加速电子

10. 在电动系仪表中,动圈又称( )与被测电路并联。

    A. 电压线圈   B. 电流线圈   C. 功率线圈   D. 静圈

11. 满刻度为200 V的1.5级直流电压表,用它来测量实际值40 V的电压时,相对误差为( )。

    A. ±7.5%   B. ±1.875%   C. ±3.75%   D. ±6.51%

12. 电动系功率采用( )的方法改变电压量程。

    A. 线圈抽头   B. 改变附加电阻

    C. 加二极管   D. 电流大小

13. 在不知线路电流的情况下,使用钳形表测量电流时,应将量程选择开关放在( )。

    A. 最大挡   B. 最小挡   C. 中间挡   D. 任意挡

14. 电气设备新安装后进行的试验叫(　　)。
    A. 出厂试验　　　　　B. 例行试验　　　　　C. 产品试验　　　　　D. 交接试验

15. 对于运行中的 20～35 kV 的变压器油，击穿强度不应低于(　　)kV/cm。
    A. 20　　　　　　　　B. 30　　　　　　　　C. 35　　　　　　　　D. 40

16. 高压验电器的试验周期为(　　)。
    A. 半年　　　　　　　B. 一年　　　　　　　C. 一年半　　　　　　D. 二年

17. 变压器的结构有心式和壳式两类，其中心式变压器的主要特点是(　　)。
    A. 铁芯包着绕组　　　　　　　　　　　　B. 绕组包着铁芯
    C. 一、二次绕组在同一铁芯柱上　　　　　D. 绕组铁芯任意排列

18. 自耦变压器的最大优点是输出电压(　　)。
    A. 大于原边电压　　　　　　　　　　　　B. 小于原边电压
    C. 可以调节　　　　　　　　　　　　　　D. 不可调节

19. 变压器的铁芯用(　　)mm 厚的硅钢片垒成，并在片间涂上绝缘漆绝缘。
    A. 0.5～06　　　　　B. 0.35～0.5　　　　C. 0.2～0.35　　　　D. 1～1.5

20. 对电力变压器而言，电压变化率约为(　　)。
    A. 4%～6%　　　　　B. 2%～3%　　　　　C. 6%～10%　　　　　D. ±10%

21. 变压器若带感性负载，从轻载到满载，其输出电压将会(　　)。
    A. 升高　　　　　　　B. 降低　　　　　　　C. 不变　　　　　　　D. 突升

22. 在额定负载下三相异步电动机端电压变化率不超过(　　)。
    A. ±5%　　　　　　　B. ±10%　　　　　　C. ±8%　　　　　　　D. ±2%

23. 国产 JO2－42－2 三相异步电动机定子为 24 槽，则每极每相槽数为(　　)。
    A. 4　　　　　　　　　B. 2　　　　　　　　C. 6　　　　　　　　D. 8

24. 在负载功率为 1 kW、额定电流为 1 A 的三相鼠笼式异步电动机线路中，热继电器应整定于(　　)位置。
    A. 2 A　　　　　　　　B. 3 A　　　　　　　C. 5 A　　　　　　　D. 10 A

25. 交流接触器的铁芯嵌有短铭环，其作用是(　　)。
    A. 动作迅速　　　　　B. 减少振动　　　　　C. 增强吸力　　　　　D. 增强电感

26. 磁吹灭弧原理是利用(　　)将电弧声速熄灭。
    A. 近阴极效应　　　　B. 狭缝冲却　　　　　C. 气体吹动　　　　　D. 空气降温

27. 独立避雷针与配电装置的空间距离不应小于(　　)。
    A. 5 m　　　　　　　　B. 8 m　　　　　　　C. 10 m　　　　　　　D. 12 m

28. 1 kV 以下中性点直接接地的电力系统，一切电气设备的金属外壳应(　　)。
    A. 保护接地　　　　　B. 工作接地　　　　　C. 重复接地　　　　　D. 保护接零

29. 高压架空线中，面向负荷侧，从(　　)起导线的排列相序是 L_1、L_2、L_3。
    A. 左侧　　　　　　　B. 右侧　　　　　　　C. 中间　　　　　　　D. 偏右

30. 直线杆横担装设在(　　)终端杆，分支杆及导线张力不平衡处的横担装置在电源侧。
    A. 受电侧　　　　　　B. 拉力侧　　　　　　C. 电源侧　　　　　　D. 张力侧

31. 架空线路竣工时，应以额定电压对线路冲击合闸(　　)次。

A. 5   B. 3   C. 2   D. 1

32. 架空线路由于导线跨度大,并且救灾受气候的影响,因此应具有足够的机械强度,通常 6 kV 以上的高压钢芯铝线在居民区内,最小的截面是( )cm²。

    A. 35   B. 25   C. 16   D. 10

33. 单根导线电缆穿管时,线管内径大于导线外径的( )倍。

    A. 2.5   B. 2   C. 1.4~1.5   D. 1

34. 变压器的( )保护是按循环电流原理设计的一种保护。

    A. 差动   B. 欠压   C. 过载   D. 过流

35. 在操纵闸刀开关时,动作应当( )。

    A. 缓慢   B. 平稳   C. 迅速   D. 随便

36. 严禁使用( )方法切割或连接管子。

    A. 手锯   B. 焊接   C. 机械切割   D. 套接

37. 少油断路器的调整中,对交流电磁线圈要求合闸电压在( )额定范围变动时,均能正常工作。

    A. 85%~110%   B. 70%~105%   C. 60%~110%   D. 75%~120%

38. 在运行中,电流互感器在接近于( )状态下工作,这是它与变压器的主要区别。

    A. 开路   B. 短路   C. 断路   D. 正常

39. 工厂中当线路上电气设备的工作电流大于( )时,应采用负荷均匀的三相四线制供电。

    A. 20 A   B. 30 A   C. 50 A   D. 100 A

40. 在 10 kV 架空配电线路,水平排列的导线其弧垂相差不应大于( )mm。

    A. 100   B. 80   C. 50   D. 300

41. 热继电器中的双金属片弯曲是由于( )而引起的。

    A. 机械强度不同   B. 热膨胀系数不同
    C. 温差效应   D. 弹性变型

42. 当电源电压下降到额定电压的 80% 时,则三相异步电动机的转矩下降到额定转矩的( )。

    A. 80%   B. 40%   C. 60%   D. 50%

43. 大容量高电压变压器在进行耐压试验时,测量试验电压应使用( )。

    A. 电压表   B. 球隙
    C. 电压互感器和电压表   D. 高压表

44. tanδ 试验时,一般要求周围环境温度不得低于( )℃。

    A. ±20   B. −5   C. +5   D. +10

45. 电工测量仪表的主要技术指标为( )。

    A. 准确度、灵敏度、稳定度   B. 准确度、耐压程度、抗干扰能力
    C. 灵敏度、稳定度、防磁能力   D. 稳压度、防静电场、耐用热性

46. 直流电桥使用时应( )。

    A. 先开电源开关后开检流计开关   B. 先开检流计开关后开电源开关
    C. 先开电源开关并锁住,再开检流计开关

D. 先开检流计开关并锁住，再开电源开关

47. 独立避雷针、避雷带和 100 kVA 的变压器接地电阻不大于(　　)Ω。

　　A. 4　　　　　　　B. 10　　　　　　　C. 20　　　　　　　D. 30

48. 独立避雷针的接地体离建筑物的距离为(　　)m。

　　A. 1　　　　　　　B. 1.5　　　　　　　C. 2　　　　　　　D. 3

49. 电气性能试验时对于新绝缘油来说试验的目的是检验其(　　)。

　　A. 品质　　　　B. 是否有水分　　　C. 是否有杂质　　　D. 耐压强度

50. 电力变压器的短路电压一般规定为额定电压的(　　)。

　　A. 2%～3%　　　B. 4.5%～6%　　　C. 1%～8%　　　D. 8%～10%

二、多选题

1. 控制继电器的结构包括(　　)。

　　A. 电磁系统　　　　　　　B. 触点系统　　　　　　　C. 反力系统

　　D. 灭弧装置　　　　　　　E. 限流装置

2. 变电站用座式绝缘子按用途可分为(　　)。

　　A. 户内式支柱瓷瓶　　　　　　　B. 户外式支柱瓷瓶

　　C. 户外式蝶型支柱瓷瓶　　　　　D. 户外式棒型支柱瓷瓶

　　E. 串联瓷瓶

3. 负荷开关的作用有(　　)。

　　A. 分断和闭合负荷及规定的过负荷电流　　B. 分断短路电流

　　C. 分断和闭合空载长线路电　　　　　　　D. 分断和闭合空载变压器

　　E. 分断和闭合电容器电流

4. 多油断路器中油的作用是(　　)。

　　A. 耐压　　　　　　B. 绝缘　　　　　　C. 润滑

　　C. 灭弧　　　　　　E. 隔离

5. 变压器运行性能的主要指标有(　　)。

　　A. 电流变化率　　　B. 电压变化率　　　C. 空载电流

　　D. 效率　　　　　　E. 稳定性

6. 在配电变压器上，一般有三处接地，即(　　)。

　　A. 低压侧中性点工作接地　　　　　B. 变压器外壳保护接地

　　C. 避雷器的接地　　　　　　　　　D. 高压侧中性点工作接地

　　E. 变压器铁芯重复接地

7. 电力变压器常采用(　　)继电器保护装置。

　　A. 瓦斯保护　　　　B. 电流速断保护　　　C. 过电流保护

　　D. 过负荷保护　　　E. 差动保护

8. 根据绝缘材料的不同，电缆可分为(　　)绝缘电缆。

　　A. 云母　　　　　　B. 油浸纸　　　　　　C. 石棉

　　D. 塑料　　　　　　E. 橡胶

9. 高层宾馆采取的供电方式通常有(　　)。

A. 单母线分段式主接线　　B. 低压树干式　　　　C. 低压环形接线

D. 放射性接线　　　　　　E. 串联式

10. 国家标准对三相电力变压器的连接组别作了规定，其中最常用的有(　　　)。

A. Y/Y_0-12　　　　　B. $Y/\triangle-11$　　　　C. $Y_0/\triangle-11$

D. $Y_0/Y-12$　　　　　E. $Y/Y-12$

11. 常用的避雷器有(　　　)。

A. 片型避雷器　　　　　B. 管型避雷器　　　　C. 圆筒型避雷器

D. 阀型避雷器　　　　　E. 间隙避雷器

12. 一级负荷主要是指突然停电将造成(　　　)。

A. 工作断或不连续　　　B. 人身伤亡　　　　　C. 重大设备损坏难以修复

D. 产生废品　　　　　　E. 给国民经济带来严重损失

13. 工作接地的作用有(　　　)。

A. 降低设备对地的绝缘水平　　　　B. 迅速切断故障设备

C. 降低人体的触电电压　　　　　　D. 防止高压窜入低压的危险

E. 防止短路接地

14. 变压器短路试验的目的是测(　　　)。

A. 涡流　　　　　　　　B. 短路损耗　　　　　C. 短路电压

D. 电流　　　　　　　　E. 负载

15. 电力电缆试验的项目有(　　　)。

A. 测量绝缘电阻　　　　B. 测量直流耐压　　　C. 测量泄漏电流

D. 检查电缆线路相位　　E. 测定电缆阻抗

三、判断题

1. 过流保护的动作电流是按躲过最大负荷电流来整定的。　　　　　　　　　(　　)

2. 等效电源定理只能用于线性变换。　　　　　　　　　　　　　　　　　(　　)

3. 运行中的电容器本身温度是因为电容器消耗无功功率造成的。　　　　　　(　　)

4. 避雷器能限制过压，保护电气设备的绝缘免受操作过电压的危害。　　　　(　　)

5. 晶闸管控制角越小则输出电压越高。　　　　　　　　　　　　　　　　(　　)

6. 为了使电力系统以及电气设备可靠运行，将系统中的某一点直接或间接接地称为保护接地。　　　　　　　　　　　　　　　　　　　　　　　　　　　　(　　)

7. 线性电路中的功率可以应用叠加原理来计算。　　　　　　　　　　　　(　　)

8. 测量分流器的电阻应使用单臂电桥、测量阻值为 200 Ω 的标准电阻应使用双臂电桥。　　　　　　　　　　　　　　　　　　　　　　　　　　　　　　(　　)

9. 直流电位差计除了测量电压之外还可以测量电阻、电功率和电能。　　　　(　　)

10. 双回路电源的核相方法有：核相杆核相、PT 核核相及用电容核相。　　　(　　)

11. 测量晶闸管输出电压时，电动系仪表比整流系仪表的示值更接近实际值。 (　　)

12. 晶闸管触发电路的脉冲前沿要陡，前沿上升时间不超过 10 μs。

13. 铁塔组立后各相邻节点间主材弯曲不得超过 1/750。　　　　　　　　　(　　)

14. 在环境温度低于 0℃时，不允许敷设塑料绝缘导线。　　　　　　　　　(　　)

15. 一般多油断路器涂红色漆，少油断路器涂灰色漆。　　　　　　（　　）

16. 新安装和大修后的设备进行的试验是预防性试验。　　　　　　（　　）

17. 在处理事故过程中可以不填写倒闸操作票。　　　　　　　　　（　　）

18. 电源的外特性表示电源电势与输出电流的关系。　　　　　　　（　　）

19. 中间抽头式全波整流与半波整流比较，不仅可提高输出电压，同时也可提高变压器的利用率。　　　　　　　　　　　　　　　　　　　　（　　）

20. 常用的交流电能表就是一种感应系仪表。　　　　　　　　　　（　　）

练习题十三

一、单选题

1. 终端杆、分支杆的横担装设在（　　　）。

　　A. 受电侧　　　　　　B. 拉力侧　　　　　　C. 电源侧　　　　　　D. 张力侧

2. 直线杆横担装设在（　　　）。

　　A. 受电侧　　　　　　B. 拉力侧　　　　　　C. 电源侧　　　　　　D. 张力侧

3. 独立避雷针与避雷装置的空间距离不应小于（　　　）m。

　　A. 3　　　　　　　　B. 5　　　　　　　　C. 8　　　　　　　　D. 10

4. 安装带有拉地刀刃的隔离开关，其转轴上的扭力应调整至操作力矩（　　　），其手把涂以黑色油漆。

　　A. 最小　　　　　　　B. 适中　　　　　　　C. 最大　　　　　　　D. 一半

5. Y/Y−8 连接组别，一次侧线电势超前二次侧线电势（　　　）。

　　A. 120°　　　　　　　B. 180°　　　　　　　C. 240°　　　　　　　D. 300°

6. 继电器的动作时间不是固定而是按动作电流的大小作相反的变化，这种保护称为（　　　）保护。

　　A. 定时限　　　　　　B. 及时限　　　　　　C. 无时限　　　　　　D. 小时限

7. 新安装的变压器一般要进行（　　　）次冲击合闸试验。

　　A. 2　　　　　　　　B. 3　　　　　　　　C. 4　　　　　　　　D. 5

8. 维持晶闸管导通所必需的最小阳极电流称为（　　　）。

　　A. 触发电流　　　　　B. 强触发电流　　　　C. 掣住电流　　　　　D. 导通电流

9. 自动空气开关瞬时脱扣器的整定电流应（　　　）电路正常工作时的峰值电流。

　　A. 等于　　　　　　　B. 大于　　　　　　　C. 小于　　　　　　　D. 等于或小于

10. 负荷开关在分闸时有明显的断口，故可起到（　　　）的作用。

　　A. 熔断器　　　　　　B. 隔离开关　　　　　C. 断路器　　　　　　D. 接触器

11. 两台变压器并联运行时，其容量所承担负荷与容量不成比例，其原因是（　　　）。

　　A. 变压比不等　　　　　　　　　　　　B. 短路电压不等

　　C. 连接组别不同　　　　　　　　　　　D. 容量不等

12. 我国规定变压器并联运行时，其容量比不能超过（　　　）。

A. 3 : 1 B. 5 : 1 C. 2 : 1 D. 1 : 1

13. 兆欧表在进行测量时接线端的引线应选用（　　）。

A. 单股软线 B. 双股软线 C. 单股硬线 D. 双股绞线

14. 油浸式变压器内部发生故障时（　　）继电器应动作发出信号或切断电源。

A. 过流 B. 温度 C. 瓦斯 D. 速断

15. 变压器的绕组若采用交叠式放置，一般在靠近上、下磁轭的位置安放（　　）。

A. 低压绕组 B. 串压绕组 C. 高压绕组 D. 随意

16. 易燃易爆场所，要采用金属管配线，钢管厚度不低于（　　）mm。

A. 3.5 B. 2.5 C. 2 D. 1.5

17. 通常情况电机定子铁芯由导通磁率较好的（　　）mm 厚硅钢片叠压而成。

A. 0.2 B. 0.35 C. 0.5 D. 0.8

18. 一台新的电动机，额定电压为 380 V，其绝缘电阻应大于（　　）MΩ 才能使用。

A. 0.1 B. 22 C. 0.5 D. 1

19. 变压器并联的条件之一是电压比相等，其允许差值为（　　）。

A. ±5% B. ±2.5% C. ±0.5% D. ±0.25%

20. DW10—400 型自动开关，过电流脱扣器额定电流为 400 A，其动作电流调节范围是（　　）A。

A. 0～1200 B. 0～1600 C. 400～1200 D. 400～1600

21. BVR 是（　　）。

A. 铜芯塑料线 B. 铜芯塑料绝缘软线

C. 多股铜芯塑料绝缘软线 D. 铜芯麻皮线

22. 电度表 K—6000 转，用一只 100 W 白炽灯校验 5 分钟，铝盘转数为（　　）转。

A. 30 B. 50 C. 60 D. 120

23. 国家标准规定，并联运行变压器的变比差值不应超过（　　）。

A. 0.3% B. 0.5% C. 1% D. 1.5%

24. 额定电压为 10 kV 的三相油断路器，用在 60 kV 系统时，其开断容量（　　）。

A. 不变 B. 上升 C. 下降 D. 无法确定

25. 油开关的额定电流，就是它的（　　）电流。

A. 额定开断 B. 最大工作 C. 短路 D. 冲击

26. 直埋电缆的周围应铺（　　）mm 厚的细砂或软土。

A. 50 B. 100 C. 150 D. 200

27. SN10—10 表示（　　）。

A. 10 kV 户外少油断路器 B. 10 kV 多油户外断路器

C. 10 kV 户内少油断路器 D. 6 kV 多油户内式断路器

28. 悬式绝缘子根据需要可组成绝缘子串，当线路电压为 110 kV 时，其绝缘子片数应至少为（　　）片。

A. 3 B. 7 C. 13 D. 15

29. 电杆拉线使用钢绞线时，其截面不应小于（　　）mm²。

A. 16 B. 30 C. 25 D. 35

30. 接地系统的接地体一般用（　　）制成。

    A. 50 mm×50 mm×5 mm 的镀锌角钢　　B. 50 mm×5 mm 的镀锌扁钢

    C. 40 mm×4 mm 的镀锌扁钢　　　　　　D. 40 mm×40 mm×4 mm 的镀锌角钢

31. 当示波器整步开关置于"内十"的位置时，则整步信号是利用（　　）。

    A. 被测电压　　　　　　　　　　　　B. 内部工频电压

    C. 外部信号　　　　　　　　　　　　D. 内部标准电压

32. 一只满刻度为 200 V 的 1.5 级直流电压表，测量实际值为 50 V 的电压时，相对误差为（　　）。

    A. ±3%　　　　　　B. ±6%　　　　　　C. ±7%　　　　　　D. ±7.5%

33. 同步电动机在启动时励磁绕组中应串入一个放电电阻，该电阻阻值约为绕组本身电阻的（　　）倍。

    A. 10～12　　　　　B. 5～10　　　　　C. 10～15　　　　　D. 15～20

34. 功率表是（　　）仪表。

    A. 磁电系　　　　　B. 电动系　　　　　C. 感应系　　　　　D. 电磁式

35. 已加放大电路中三极管三个管脚对地的电位是(1)0 V、(2)0.7 V、(3)6 V，则该三极管是（　　）型。

    A. NPN　　　　　　B. PNP　　　　　　C. 硅管　　　　　　D. 锗管

36. 放大器的集电极电源，除了使放大器有合适的静态工作点外，另一方面是（　　）。

    A. 避免失真　　　　　　　　　　　　B. 保证放大器正常运行

    C. 能量转换作用　　　　　　　　　　D. 稳定工作点

37. 在额定负载下运行的油浸变压器，油面上的温升不应超过（　　）℃。

    A. 40　　　　　　　B. 55　　　　　　　C. 65　　　　　　　D. 75

38. 功率表接线时，电压线圈和电流线圈的要求是（　　）。

    A. 电压线圈接在电流线圈前面　　　　B. 电流线圈接在电压线圈前面

    C. 视具体情况而定　　　　　　　　　D. 电流线圈与电压线圈串联连接

39. 负荷开关与（　　）配合在某些系统中可代替高压断路器。

    A. 隔离开关　　　　B. 自动开关　　　　C. 熔断器　　　　　D. 接触器

40. 在桥式起重机中，电动机的过载保护元件采用（　　）。

    A. 热继电器　　　　　　　　　　　　B. 过流继电器

    C. 熔断器　　　　　　　　　　　　　D. 定时限过流继电器

41. 少油断路器中的绝缘油的主要作用是（　　）。

    A. 灭弧　　　　　　B. 绝缘　　　　　　C. 冷却　　　　　　D. 润滑

42. 功率表采用（　　）的方法改变电压量程。

    A. 线圈抽头　　　　B. 附加电阻　　　　C. 加二极管　　　　D. 附加线圈

43. 架空线路竣工阶段时，应以额定电压对线路冲击合闸（　　）次。

    A. 7　　　　　　　　B. 5　　　　　　　　C. 3　　　　　　　　D. 1

44. 变压器若带感性负载，从轻载到满载其输出电压将会（　　）。

    A. 升高　　　　　　B. 降低　　　　　　C. 不变　　　　　　D. 随机

45. 将 CD_2 操作机构的分闸顶杆用铜杆制作是为了（　　）。

A. 防止锈蚀　　　　B. 利于导电　　　　C. 防止磁化　　　　D. 降低硬度

46. 蓄电池充电时,电解液的温度不应高于(　　　)℃。

　　A. 30　　　　　　B. 45　　　　　　　C. 60　　　　　　　D. 80

47. 隔离开关和刀开关在额定值运行时,出现接触部分发热,其原因是接触部分压力不足或(　　　)。

　　A. 电流过大　　　D. 电压过高　　　　C. 接触面氧化　　　D. 散热不良

48. $3\frac{1}{2}$ 位数字表可显示的最大数字是(　　　)。

　　A. 8999　　　　　B. 9999　　　　　　C. 1990　　　　　　D. 1999

49. 钳形电流表的工作原理是(　　　)。

　　A. 静电感应　　　B. 电磁感应　　　　C. 集肤效应　　　　D. 直接耦合

50. 异步电动机进行空载试验时,其试验时间不应小于(　　　)小时。

　　A. 0.5　　　　　　B. 1.0　　　　　　　C. 2.0　　　　　　　D. 2.5

二、多选题

1. 高压隔离开关的型号为(　　　)。

　　A. GN　　　　　　　B. SN　　　　　　　C. DN

　　D. GW　　　　　　　E. SW

2. 常用的高压断路器有(　　　)。

　　A. 油断路器　　　　　B. 真空断路器　　　　C. 高压负荷开关

　　D. SF6断路器　　　　E. 高压隔离开关

3. 在架空线路中,拉线的种类有(　　　)。

　　A. 普通拉线　　　　　B. 两侧拉线　　　　　C. 过道拉线

　　D. △形拉线　　　　　E. 弓形接线

4. 电力电缆面积的标准规格有(　　　)mm 等。

　　A. 2.5　　　　　　　B. 3　　　　　　　　C. 6

　　D. 25　　　　　　　E. 35

5. 国家标准对三相绕组电力变压器的连接组别作了规定,其中最常用的有(　　　)。

　　A. Y/Y_0-12　　　　B. $Y/\triangle-11$　　　　C. $Y_0/\triangle-11$

　　D. $Y/Y-12$　　　　E. $Y_0/Y-12$

6. 表征高压断路器的电气技术特性有(　　　)。

　　A. 动稳定电流　　　　B. 额定电压　　　　　C. 热稳定电流

　　D. 额定电流　　　　　E. 额定开断电流

7. 在电力系统中,为了提高功率因素,常采用并联电容器的形式,其补偿方式有(　　　)补偿。

　　A. 个别　　　　　　　D. 分散　　　　　　　C. 分期

　　D. 集中　　　　　　　E. 同期

8. 电动机的功率损耗有(　　　)。

　　A. 机械损耗　　　　　B. 铜耗　　　　　　　C. 过载损耗

D. 铁损耗　　　　　　　　E. 电压损耗

9. 电动机带负载运行时,转速过低的原因有(　　　)。

A. 定子有断路　　　　　B. 定子有短路　　　　C. 电压过低

D. 负载过重　　　　　　E. 转子短路

10. 低压配线常用的线管有(　　　)。

A. 瓷管　　　　　　　　B. 硬型管　　　　　　C. 铝合金管

D. 胶皮管　　　　　　　E. 水、煤气管

11. 产生电弧的最小电压、电流是(　　　)。

A. 10～20 V　　　　　　B. 30～50 V　　　　　C. 80～100 mA

D. 30～50 mA　　　　　D. 80～100 V

12. 电工测量仪表的主要技术指标有(　　　)。

A. 可靠性　　　　　　　B. 安全性　　　　　　C. 准确度

D. 灵敏度　　　　　　　E. 恒定性

13. 防止雷电直击电气设备一般采用(　　　)。

A. 避雷针　　　　　　　B. 避雷线　　　　　　C. 避雷器

D. 放电间隙　　　　　　E. 避雷瓷瓶

14. 高压断路器的操作机构常用的有(　　　)形式。

A. 磁电　　　　　　　　B. 弹簧　　　　　　　C. 机械

D. 电磁　　　　　　　　E. 液压

15. 矩形硬母线的连接应采用(　　　)。

A. 焊接　　　　　　　　B. 专线夹　　　　　　C. 搭接

D. 内螺丝管连接　　　　E. 锡焊

三、判断题

1. 要求精确测量电阻时都可以用直流单臂电桥测量。　　　　　　　　　(　　)

2. 单臂电桥若接精密检流计后则准确度与双臂电桥一样。　　　　　　　(　　)

3. 晶闸管的导通条件是晶闸管阳极接正电源,阴极接负电源,控制极接正向电压。
(　　)

4. 制作 10 kV 环氧树脂电缆中间接头时,其极间距离为 18 mm。(　　)

5. 真空的灭弧室是一个高度真空的玻璃泡。　　　　　　　　　　　　　(　　)

6. 为了防止断路器电磁机构的合分铁芯生锈和卡阻,应在检修维护时,在铁芯上涂上
润滑油。　　　　　　　　　　　　　　　　　　　　　　　　　　　　　(　　)

7. 交直流回路可以共用一条电缆使用。　　　　　　　　　　　　　　　(　　)

8. 变电站装了并联电容器后,功率因数提高了,但上一级线路电流不一定变小。
　　　　　　　　　　　　　　　　　　　　　　　　　　　　　　　　(　　)

9. 在并联电路中,电阻的阻值越小,消耗功率越小。　　　　　　　　　(　　)

10. 测量电阻值很小的电阻(<1 Ω)时,应使用直流双臂电桥,以减小测量误差。
　　　　　　　　　　　　　　　　　　　　　　　　　　　　　　　　(　　)

11. 异步电动机在正常使用时，其转差率约为 0.2～0.8。　　　　　　　　（　）

12. 所谓能耗制动方法，就是指拉断三相电源的同时接通直流电源，使直流电通入定子绕组。　　　　　　　　（　）

13. 负荷开关主刀片和辅助刀片的动作次序是合闸时主刀片先接触，辅助刀片后接触，分闸时主刀片先分离，辅助刀片后离开。　　　　　　　　（　）

14. 发电厂、变电所装设限流电抗器的目的是限制短路电流。　　　　　　（　）

15. 钢丝绳用于机械起重设备，安全系数为 5～6，用于手动设备安全系数为 70。　　　　　　　　（　）

16. 在运行中电流互感器在接近于短路状态下工作，这是它与变压器的主要区别之一。　　　　　　　　（　）

17. 在小电流接地系统中发生单相接地故障时，因不破坏系统电压的对称，所以一般允许短时运行。　　　　　　　　（　）

18. 两个交流接触器控制电动机正反转线路，必须保证两个接触器不能同时工作。　　　　　　　　（　）

19. 变压器油的闪点越低越好。　　　　　　　　（　）

20. 常使用的相序测试方法有：使用相序测试仪、相序指示灯及负序滤过回路相序测试仪。　　　　　　　　（　）

附录 A   低压断路器、熔断器及导线的技术参数

表 A - 1   低压断路器基本技术参数

型　号	触头额定电流/A	额定电压/V	脱扣器类别	辅助触头类别	脱扣器额定电流	最大分断电流/A(有效值)
DZ5—10	10	～220	复式	无	0.5, 1, 1.5, 2, 3, 4, 6, 10	1000
DZ5—25	25	～380 —110	复式	无	0.5, 1, 1.6, 2.5, 4, 6, 10, 15, 20, 25	2000
DZ5B—50—100	50, 100	～380	液压式或电磁式	无辅助触头或带具有公共动触头的一常开、一常闭辅助触头	1.6, 2.5, 4, 6, 10, 15, 20, 30, 40, 50, 70, 100	2000
DZ10—100	100	～500 —220	复式或电磁式、热(无)脱扣	一常开一常闭	20, 25, 30, 40, 50, 60, 80, 100, 150	7000～12 000 (～380 V 时)
DZ10—250	250	～500 —220		二常开二常闭	100, 120, 140, 170, 200, 250	30 000 (～380 V 时)
DZ10—600	600	～500 —220		二常开二常闭	200, 250, 300, 350, 400, 500, 600	50 000 (～380 V 时)
DW5—400	400	～380 —440	过电流、失压分励	二常开二常闭	100～800	10, 200(kA)
DW5—1000 1500	1000～1500			四常开四常闭	100～1500	20, 400(kA)
DW10—200	200			三常开三常闭或更多	60, 100, 150, 200	10(kA)
DW10—400	400				100, 150, 200, 250, 300, 350, 400	15(kA)
DW10—600	600				500, 600	15(kA)
DW10—1000	1000				400, 500, 600, 800, 1000	20(kA)
DW10—1500	1500				1500	20(kA)
DW10—2500	2500				1000, 1500, 2000, 2500	30(kA)
DW10—4000	4000				2000, 2500, 3000, 4000	40(kA)

表 A－2　各种型号熔断器的技术规格

名称	主要用途	型号	熔管额定电压/V	熔管额定电流/A	熔体额定电流等级/A	最大分断能力/kA	备注
有填料封闭管式熔断器	用于大短路电流网路，作为过载和短路保护	RTO－100	～380 直流400	100	30,40,50,60,80,100	50	括弧内的等级尽量不选用
		RTO－200		200	(80),(100),120,150,200		
		RTO－400		400	(150),200,250,300,350,400		
		RTO－600		600	(350),(400),450,500,550,600		
		RTO－1000		1000	700,800,900,1000		
无填料封闭管式熔断器	用于电力网路，作为过载和短路保护	RM10－15	～220 ～380 ～500 直流220 400	15	6,10,15	1.2	为全国统一设计,可取代RM1、RM3等老产品
		RM10－60		60	15,20,25,35,45,60	3.5	
		RM10－100		100	60,80,100	10	
		RM10－200		200	100,125,160,200		
		RM10－350		350	200,225,260,300,350		
		RM10－600		600	350,430,500,600		
		RM7－15	～380 直流440	15	6,10,15	2	可取代RM1、RM3、RM10
		RM7－60		60	15,20,25,30,40,50,60	5	
		RM7－100		100	60,80,100	20	
		RM7－200		200	100,125,160,200		
		RM7－400		400	200,240,260,300,350,400		
		RM7－600		600	400,450,500,560,600		
螺旋式熔断器		RL1－15	～500	15	2,4,5,6,10,15	6	
		RL1－60		60	20,25,30,35,40,50,60	6	
		RL1－100		100	60,80,100	20	
		RL1－200		200	100,125,160,200	50	
螺旋式熔断器	用于机床配电,作过载或短路保护	RL2－25	～500	25	2,4,5,6,10,15,20	1	有熔断指示器
		RL2－60		60	25,30,50,60	2	
		RL2－100		100	80,100	3.5	

续表

名称	主要用途	型　号	熔管额定电压/V	熔管额定电流/A	熔体额定电流等级/A	最大分断能力/kA	备注
瓷插式熔断器	用于交流分支线路的过载和短路保护	RC1A—5	～380～500	5	2,4	0.3	可取代 RC1，外形尺寸与 RC1 相同
		RC1A—10		10	2,4,6,10	0.5	
		RC1A—15		15	6,10,15	0.5	
		RC1A—30		30	15,20,25,30	1.5	
		RC1A—60		60	30,40,50,60	3	
		RC1A—100		100	60,80,100	3	
		RC1A—200		200	100,120,150,200	3	
螺旋式快速熔断器	用于硅整流过载保护	RLS—10		10	3,5,10	40	结构同 RL1
		RLS—50		50	15,20,25,30,40,50	40	
		RLS—100		100	60,80,100		

表 A‑3 BBLX、BBX、BLV、BV 型橡皮和塑料绝缘导线明敷时载流量（A）T＋60℃

导线截面积/mm²		1	1.5	2.5	4	6	10	16	25	35	50	70	
BBLX	25℃			25	33	42	60	80	105	130	165	205	95～185 mm² 的导线请查有关资料
	30℃			23	31	39	56	74	98	121	153	191	
	35℃			21	28	36	51	68	89	110	140	174	
	40℃			19	25	32	46	61	80	99	125	156	
BBX	25℃	20	25	33	43	55	80	105	140	170	215	265	
	30℃	19	23	31	40	51	74	98	130	158	200	246	
	35℃	17	21	28	37	47	68	89	119	144	183	225	
	40℃	15	19	25	33	42	61	80	106	129	163	201	
BLV	25℃			26	30	39	55	75	100	125	155	200	
	30℃			21	26	36	51	70	93	116	144	186	
	35℃			20	25	33	47	64	85	106	132	170	
	40℃			17	23	30	42	57	76	95	113	152	
BV	25℃	18	22	30	40	50	75	100	130	160	200	255	
	30℃	17	20	28	37	47	70	93	121	149	180	237	
	35℃	15	19	25	34	43	64	85	110	136	170	216	
	40℃	14	17	23	30	38	57	76	99	122	152	194	

注：按原一机部电缆研究所推荐数据(1968.3)。

表 A - 4　BBX、BV 型铜芯导线套钢管时载流量(A)T＋60℃

导线截面积/mm²		1	1.5	2.5	4	6	10	16	25	35	50	70	
二根单芯	25℃	15	18	26	38	44	68	80	109	125	163	202	95~185 mm² 的导线请查有关资料
	30℃	14	17	24	35	41	63	74	101	116	152	188	
	35℃	13	15	22	32	37	58	68	93	106	139	172	
	40℃	11	14	20	29	33	52	61	83	95	124	154	
管径/mm	G	15	15	15	15	20	20	25	32	32	40	50	
	DG	20	20	20	20	20	25	32	32	40	—	—	
三根单芯	25℃	14	16	25	33	41	56	72	100	110	142	182	
	30℃	13	15	23	31	38	52	67	93	102	132	169	
	35℃	12	14	21	28	35	48	61	85	94	121	155	
	40℃	11	12	19	25	31	43	55	76	84	108	138	
管径/mm	G	15	15	15	20	20	20	25	32	40	50	50	
	DG	20	20	20	20	25	32	32	40	40	—	—	
四根单芯	25℃	13	15	23	30	37	49	64	85	107	116	161	
	30℃	12	14	21	28	34	46	60	79	100	108	150	
	35℃	11	13	20	26	31	42	54	72	91	99	137	
	40℃	10	11	17	23	28	37	49	65	81	88	122	
管径/mm	G	15	20	20	20	20	25	32	40	50	50	70	
	DG	20	20	25	25	25	32	40	—	—	—	—	

注：① 按原一机部电缆研究所推荐数据(1968.3)。

② G 为焊接钢管(按内径计算)；DG 为电线管(按外径计算)

表 A - 5　BBX、BX 型铜芯导线套硬塑料管时载流量(A)T＋60℃

导线截面积/mm²		1	1.5	2.5	4	6	10	16	25	35	50	70	
二根单芯	25℃	12	14	21	31	37	56	69	96	113	147	182	95~185 mm² 的导线请查有关资料
	30℃	11	13	19	28	34	54	64	89	105	136	169	
	35℃	10	11	17	26	31	49	58	81	96	125	154	
	40℃	9	10	16	23	28	44	52	73	86	112	138	
管径/mm		15	15	15	15	20	25	25	32	40	40	40	
三根单芯	25℃	11	13	20	27	35	48	62	88	99	128	164	
	30℃	10	12	18	25	32	44	57	82	92	119	152	
	35℃	9	11	17	23	29	40	52	74	84	109	139	
	40℃	8	9	15	20	26	36	47	67	75	97	124	
管径/mm		15	15	20	20	20	25	32	40	40	50	50	
四根单芯	25℃	10	12	18	25	31	42	55	75	97	104	145	
	30℃	9	11	16	23	28	39	51	69	90	96	135	
	35℃	8	10	14	21	26	35	46	63	82	88	123	
	40℃	7	9	13	19	23	31	41	57	73	79	110	
管径/mm		15	15	20	25	25	32	32	40	50	50	50	

注：① 载流量按原一机部电缆研究所推荐数据(1969.8)。

② 四根单芯线如其中一根仅供接地或接零保护用时，仍按三根单芯的数据。

附录 B 电工速算口诀

口诀一：各种绝缘导线的安全载流量的估算

> 二点五下整九倍，往上减一顺号对。
>
> 三五线乘三点五，双双成组减零五。

说明 各种绝缘导线（包括橡皮绝缘线和塑料聚乙烯绝缘线）的安全电流和与之匹配的导线截面，可以通过这组口诀简便估算。口诀适用的条件是铝绝缘线、明敷、环境温度是 25℃。导线截面与安全电流之间有如下的倍数关系：

（1）"二点五下整九倍，往上减一顺号对"即是 2.5 mm² 及以下的各种铝芯绝缘导线其安全电流为 2.5×9＝22.5 A；从 4 mm² 以上，导线的安全电流和截面的倍数关系是顺着线号往上排，而倍数则逐渐减一，如下表所示：

导线截面/mm²	4	6	10	16	25
安全电流/A	4×8	6×7	10×6	16×5	25×4

（2）35 mm² 导线的安全电流为截面数的 3.5 倍，即 35×3.5＝122.5 A。这就是口诀所说"三五线乘三点五"的意思所在。从 50 mm² 以上，截面数和安全电流之间的倍数关系变为两个两个线号为一组，倍数依次减 0.5。正如口诀所说"双双成组减零五"，即 50 mm²、70 mm² 导线的安全电流为截面数乘 3，95 mm²、120 mm² 导线的安全电流为截面数乘2.5，依次类推。

综上所述，我们把铝芯绝缘导线的截面和安全电流与截面数的倍数关系列表如下：

导线 截面/mm²	1	1.5	2.5	4	6	10	16	25	35	50	70	95	120
电流与截面 数的倍数		9			8	7	6	5	4	3.5		3		2.5

口诀二：各种条件下绝缘导线的安全电流的估算

> 条件不同另处理，高温九折铜升级。
>
> 导线穿管二、三、四，八、七、六折最好记。

说明 这一组口诀是对口诀一的补充，主要是针对环境温度、敷设方式变化时，绝缘导线的安全电流的计算方法。环境温度按规定是指夏天最热月的平均最高温度，但实际上气温是经常变化的。一般情况对导线安全电流影响并不大，只对个别经常高于 25℃ 的地区才另做处理。计算方法可按口诀一的结果再打九折。

当使用的不是铝线而是铜线时，其安全电流要比同规格铝线略大一点，可仍按口诀一算出，再按铝线加大一个线号。如计算 16 mm² 铜线的安全电流，可视为计算 25 mm² 铝线的安全电流，用口诀一有 25×4=100 A，这就是"高温九折铜升级"的含义。

若绝缘导线不是明敷，而是穿管配线时，随着管内导线根数的增加，导线的安全电流变小，具体计算时，先视为导线明敷，用口诀一计算好，再按管内穿线根数的多少，将安全电流打一个折扣即可。一根管子穿两根导线时，安全电流用口诀一计算好后再乘 0.8；同理，一根管子穿三根导线或四根时，其安全电流分别按七折或六折计算。

口诀三：铝、铜排载流量的估算

铝排电流要算快，排宽系数乘起来。

厚三排宽乘个十，厚四排宽乘十二。

加一依次往上添，铜排再乘一点三。

说明 母线排的载流量与其截面大小有关，故可通过母线排的厚度和宽度尺寸直接算出载流量。口诀三指出，对一定厚度的铝排，它的载流量为排宽乘一个系数。厚 3 mm 的铝排，其载流量为排宽乘 10；厚 4 mm 的铝排，其载流量为排宽乘 12。

"加一依次往上添"说的是厚度增加 1 mm，从 4 mm 厚的铝排开始，宽度所乘的系数跟着加一，依次排列如下表所示：

厚度/mm	3	4	5	6	7*	8	9*	10
流载量/A	宽×10	宽×12	宽×13	宽×14	宽×15	宽×16	宽×17	宽×18

注："*"表示铝排厚度没有 7 mm 和 9 mm 两个规格，但为了表格的连续性，便于好记，也将它们列出来了。

例 B-1 40×4 铝母排的载流量是多少？

解 根据口诀可知：厚 4 mm 的母排的载流量为排宽×12，故其载流量为 40×12＝480 A。

例 B-2 60×6 铝母排的载流量是多少？

解 根据口诀可知：厚 6 mm 的母排的载流量为排宽×14，故其载流量为 60×14＝840 A。

口诀最后一句"铜排再乘一点三"说的是铜排的载流量比同规格铝排的要大三成，故求铜排载流量时，先视为铝排，按以上方法算出后再乘 1.3 即可。

例 B-3 50×5 铜母排的载流量是多少？

解 根据口诀可知：先按铝排算出，再乘 1.3，故其载流量为 50×13×1.3＝845 A。

母排的载流量还与环境温度、多条母排并列、母排平放、竖放等因素有关，当一般环境温度经常高于 25℃，或者当直流母线并列时，可按九折处理。交流 2、3、4 条母线并列时，可分别打 8、7、6 折。

口诀四：10(6)/0.4 kV 三相变压器一、二次额定电流的估算

容量算电流，系数相乘求。

六千零点一，十千点零六。

低压流好算，容量一倍半。

说明　通常我们说变压器多大，是指额定容量而言，如何通过容量很快算出变压器一、二次额定电流呢？这组口诀给出了估算方法，只要用变压器容量数（kVA）乘以系数，便可得出额定电流。

"六千零点一，十千点零六"是指一次电压为 6 kV 的三相变压器，它的一次额定电流为容量数×0.1，即千伏安数×0.1；一次电压为 10 kV 的三相变压器，一次额定电流为容量数×0.06，即千伏安数×0.06。以上两种变压器的二次侧（低压侧）额定电流皆为千伏安数×1.5，这就是"低压流好算，容量一倍半"的意思。

例 B - 4　用口诀计算 10/0.4 kV、100 kVA 三相变压器一、二次侧额定电流。

解　一次：100×0.06＝6 A

　　　二次：100×1.5＝150 A

例 B - 5　用口诀计算 6/0.4 kV、50 kVA 三相变压器一、二次侧额定电流。

解　一次：50×0.1＝5 A

　　　二次：50×1.5＝75 A

口诀五：10(6) /0.4 kV 三相变压器一、二次熔丝额定电流的估算

低压熔丝即额流，高压二倍来相求。

说明　正确选择保险丝对变压器的安全运行关系极大，特别是用熔断器作变压器高、低压短路保护时，熔丝额定电流的正确选用尤为重要，这也是电工经常碰到和要解决的实际问题。这组口诀给出了经常碰到的 10(6)/0.4 kV 三相变压器用熔断器作保护时，选择熔丝额定电流的估算方法，首先根据口诀四，用变压器容量算出一次（即高压侧）、二次（即低压侧）的额定电流，然后再用口诀五计算熔丝额定电流的大小。

"低压熔丝即额流"说的是低压侧熔丝额定电流的大小，可以根据低压侧额定电流的大小来选择。"高压二倍来相求"意思是高压侧熔丝额定电流的大小约为高压侧额定电流的两倍。这是为了避开变压器空载投入瞬间，高压侧出现的励磁涌流，这种励磁涌流最大可达额定电流的 6～8 倍，时间虽短，但可能使熔丝熔断，影响正常供电，所以，高压侧熔丝额定电流应大于变压器高压侧的额定电流。当为额定电流的两倍时，既可以抗拒涌流的冲击，又能保证变压器出现内部故障时能很快熔断，起到保护作用。当熔丝额定电流计算好后，就可选用熔丝的型号了。

例 B - 6　求 10/0.4 kV、100 kVA 三相变压器高、低压熔丝额定电流。

解　根据口诀四，算得高压侧额定电流是 100×0.06＝6 A，低压侧额定电流是 100×1.5＝150 A。

因此，高压侧熔丝额定电流是 6×2＝12 A，低压侧熔丝额定电流是 150 A。

口诀六：交流电路视在功率的估算

视在功率要算快，单相流乘点二二。

三相乘上零点七，星形三角没关系。

说明　对于 380/220 V 低压交流电路，当知道其负载电流后，应用此口诀就能很快算

出视在功率。其方法是：单相电路用负载电流乘以 0.22，即为视在功率数，这就是口诀说的"单相流乘点二二"；当为三相电路时，不论负载是星形还是三角形接法，只要用负载电流(线电流)乘上 0.7，即得出视在功率数，这就是口诀说的"三相乘上零点七，星形三角没关系"的意思。以上视在功率单位均为 kVA。

例 B - 7　焊接变压器初级回路电压 220 V，电流 96 A，求变压器视在功率。

解　根据口诀可知，视在功率为：$96 \times 0.22 = 21$ kVA。

例 B - 8　有一 380 V 三相供电线路，负载为对称星形，线电流 20 A，求视在功率。

解　根据口诀可知，视在功率为：$20 \times 0.7 = 14$ kVA。

例 B - 9　某三角形对称负载，电压为三相 380 V，线电流为 144 A，求视在功率。

解　根据口诀可知，视在功率为：$144 \times 0.7 = 100$ kVA。

口诀七：三相负载负荷电流的估算

三相算流怎样记，千瓦乘二为电机。

电容电热变压器，一点五倍算仔细。

说明　低压 380/220 V 三相五线制系统是我国各地目前广泛采用的供电系统，各类低压用电器铭牌一般都告诉容量，如几千瓦电动机，多少瓦灯泡，多少千伏安小型变压器，多少千法电容器等。如何根据容量大小很快算出负荷电流，以配备适当的保险丝、开关、导线等，是电工最常用到的计算问题。

(1) 380 V 三相电动机是最常见的低压负荷之一，它的功率因数一般为 0.8 左右，它的额定电流约为额定容量的两倍，如 10 kW 电动机，其额定电流约为 20 A。

(2) 对于接在三相 380 V 电压上的三相补偿电容器(Kvar)、电热器(kW)、小型变压器(kVA)这一类负荷，它们的电流大小为容量的 1.5 倍。例如：150 Kvar 移相电容器(接成 380 V 三相)，电流为 $150 \times 1.5 = 225$ A。6 kW 加热器，电流为 $6 \times 1.5 = 9$ A。1 kVA 小型变压器，电流为 $1 \times 1.5 = 1.5$ A。

口诀八：单相负载负荷电流的估算

单相电压二百二，四点五倍即可得。

单相电压三百八，二点五倍应记下。

说明　这一口诀介绍单相负荷电流如何估算。

(1) 单相负荷电压为 220 V，这类负荷的功率因数大多为"1"，如最常见的照明负荷，其电流为容量的 4.5 倍(即用电设备的千瓦数×4.5 便可)。

例 B - 10　求 2 kW 碘钨灯的电流。

解　根据口诀可知，电流为：$2 \times 4.5 = 9$ A。

(2) 还有一类用电设备的两根都是火线，称为单相 380 V 用电设备，其电流为容量的 2.5 倍。如行灯变压器、交流电焊机等，电流数为千瓦数×2.5。

例 B - 11　有一容量是 1 kVA 的行灯变压器，初级电压 380 V，求初级电流。

解　根据口诀可知，电流为：$1 \times 2.5 = 2.5$ A。

例 B - 12　功率为 28 kVA 的交流电焊机，初级接成单相 380 V，求它的初级电流。

解　根据口诀可知，电流为：$28 \times 2.5 = 70$ A。

口诀九：不同电压等级的三相电动机电流的估算

电机功率算电流，电压不同流不同。

零点七六被压除，功率再乘即电流。

说明 该口诀专指容量相同而电压等级不同的电动机，它的电流量不相同。口诀中 0.76 是考虑了电动机功率因数和效率等以后，计算而得的综合系数。按功率计算电动机电流时，只要用电动机电压数（单位 kV）去除 0.76，再乘功率千瓦数，即为该电动机电流（单位 A），此电流亦是电动机的额定电流，如常见的低压 380 V 电动机，它的额定电流为

$$0.76 \div 0.38 \times p(kW) = 2\,p$$

从此可见，380 V 低压电动机每千瓦功率电流约为 2 A，这和口诀七中"千瓦乘二为电机"是一致的。

电压为 6 kV 的电动机，它的电流约为 $0.76 \div 6 \times p = 0.126\,p$。

电压为 3 kV 的电动机，其电流约为 $0.76 \div 3 \times p = 0.25\,p$。

口诀十：低压 380／220V 架空线路送电能力的估算

低压远处送不去，一般不过一公里。

三相荷矩三十八，单相六个负荷矩。

说明 一般低压供电，大都采用 380/220 V 三相四线制供电系统，三相 380 V 用于动力，单相 220 V 用于照明。低压线路送电能力不论容量或距离都很有限，当线路电压降为 5% 时，负荷矩用千瓦·公里表示。采用通常裸铝线时，三相送电荷矩一般为 38 kW·km 左右，单相为 6 kW·km 左右，此时所用裸铝导线的截面积为 150 mm^2。若要输送容量继续加大，那么导线要用更粗的，施工就更加困难，也不经济，且低压线路电压和功率都损失较大，所以，送电距离不能太远，一般在一公里左右，距离较远时，应改为高压输电线路送电为宜。

口诀十一：低压 380／220 V 架空线路导线截面的估算

架空铝线选粗细，先求送电负荷矩。

三相荷矩乘个四，单相改乘二十四。

若用铜线来送电，一点七除线可细。

说明 线路导线截面的选用，是经常遇到的实际计算问题，导线选粗了，造成浪费，很不经济，导线选细了，不能满足供电质量和安全要求，这一口诀介绍了现场计算导线截面的简便方法。

(1) 首先要知道送电的负荷矩，即送电负荷乘送电距离。当求出送电负荷矩后，导线截面大小用负荷矩乘个系数，便可直接算出。当架空线路采用裸铝导线，允许电压损失按 5% 考虑时，380/220 V 三相四线制架空线路的系数为 4，单相 220 V 架空线路的系数为 24，即

三相线路：$S = 4M$

单相线路：$S = 24M$

式中：S 为所求导线截面(mm^2)，M 为负荷矩(kW·km)。

这就是口诀所说"三相荷矩乘个四，单相改乘二十四"的意思。为了满足机械强度要求，当计算出导线截面规格不足 16 mm^2 时，应按 16 mm^2 选用。

（2）若采用铜导线，且其余条件相同时，可用以上方法按铝导线算出结果后再除以1.7，即为所选的铜导线截面，这就是说输送同样大小负荷矩的线路，铜导线比铝导线要细一点，正如口诀所讲"若用铜线来送电，一点七除线可细"。

例 B‑13 若新建 380 V 三相架空线路长 850 m，输送功率 10 kW，允许电压损失为5%，求应采用多大的铝线。

解 根据口诀可知：$S=4M=4\times10\times0.85=34$ mm^2，即选 35 mm^2 的铝导线。

若改用铜线，则有：$S=4M=4\times10\times0.85/1.7=20$ mm^2，即可选规格为 25 mm^2 的铜线。

例 B‑14 某工厂需架设一条 220 V 单相照明线路，照明负荷 5 kW，线路长 290 m，允许电压损失 5%，求应选用多大截面的铝绞线。

解 根据口诀可知：$S=24M=24\times5\times0.29=34$ mm^2，即可选用 35 mm^2 的铝绞线。

若用铜线，则有：$S=24M/1.7=34.8\div1.7=20.4$ mm^2，即可选 25 mm^2 的铜线。

口诀十二：低压 380/220 V 架空线路电压损失的估算

铝线压损要算快，荷矩截面除起来。

三相再用五十除，单相改除八点三。

力率若为零点八，十上双双点二加。

铜线压损还要低，算好再除一点七。

说明 估计出供电线路的电压损失(压损)，就能够分析线路的供电能力，检查线路的供电质量。380/220V 低压线路的电压损失可用此口诀算出。该口诀是根据已有线路的负荷矩和导线截面来估算线路电压损失的，通常电压损失是用额定电压损失的百分数来衡量的。

（1）当低压线路采用铝导线供电，且负载为电阻性时，估计压损的方法可将线路的负荷矩(单位是 kW·m)除以导线截面(mm^2)，再除以一个系数即可。此系数对于 380 V 三相线路为 50；对于单相 220 V 线路为 8.3。这就是"荷矩截面除起来，三相再用五十除，单相改除八点三"的意思。

例 B‑15 一条 25 mm^2 铝线架设的 380 V 三相线路，长 300 m，负荷 20 kW，电压损失为多少？

解 根据口诀可知：$M\div S\div50=20\times300\div25\div50=4.8$，即电压损失为 4.8%。

例 B‑16 一条 4 mm^2 铝线敷设的 50 m 长线路，供 220 V、1000 W 负荷，电压损失为多少？

解 根据口诀可知：$M\div S\div8.3=1\times50\div4\div8.3=1.5$，即电压损失为 1.5%。

（2）对于感性负载，力率不再是"1"，电压损失要比电阻性负荷更大一点，它与导线截面大小及线间距离有关，但 10 mm^2 及以下导线影响较小，可以不再考虑。当力率为 0.8时，16 mm^2 及以上导线的电压损失可按力率为"1"算出后，再按线号顺序两个一组加 0.2

倍，即 16 mm²、25 mm² 导线按力率是"1"算出后，再乘 1.2 倍即可，35 mm²、50 mm² 导线按力率是"1"算出后，再乘 1.4 倍；70 mm²、95 mm² 导线按力率是"1"算出后，再乘1.6。依次类推，这就是"力率若为零点八，十上双双点二加"的意思。

例 B－17　一条 25 mm²、380 V 三相铝线路，供 20 kW 电动机，力率 0.8，配电距离 300 m，求电压损失是多少。

解　先按力率为"1"求出电压损失为：$M \div S \div 50 = 20 \times 300 \div 25 \div 50 = 4.8$，即电压损失为 4.8%。现力率为 0.8，用 25 mm² 导线，要增加 0.2 倍，故电压损失为：$4.8\% \times 1.2 = 5.8\%$。

（3）口诀最后一句说的是当使用的导线不是铝导线而是铜导线时，电压损失要小一点。可用以上的方法算出后，再除 1.7 即为铜导线的电压损失。

例 B－18　某工厂有一条 35 mm² 铜绞线的 380 V 三相配电线路，配电距离 500 m，当负荷为 15 kW、力率为 0.8 时，求此线路的电压损失为多少。

解　根据口诀可知，先按力率为 0.8 的铝线算出电压损失为：$M \div S \div 50 \times 1.4 = 500 \times 15 \div 35 \div 50 \times 1.4 = 6$。现为铜线，比铝线再小 1.7 倍，则铜线的电压损失为：$6 \div 1.7 = 3.5$，即电压损失为 3.5%。

口诀十三：架空裸导线安全电流的估算

截面倍数把流算，铝线 16 六倍半。

25、五倍顺减半，95、120 双为三。

顺号双双再减半，铜升高温九折算。

说明　本口诀直接给出了导线的安全电流和截面数的倍数关系，介绍了利用导线截面数乘以倍数直接求其安全电流的方法。

（1）对于架空线路，最常用的是铝绞线（包括钢芯铝绞线），规格截面从 16 mm² 开始。口诀说，"铝线 16 六倍半"，指的是 16 mm² 铝绞线，其安全电流约为截面数的 6.5 倍，即 $16 \times 6.5 = 104$ A。

（2）"25、五倍顺减半，95、120 双为三"说的是 25 mm² 铝线的安全电流是截面数的 5 倍，以后顺着线号增大，倍数关系依次减少 0.5 倍，直到 95 mm² 和 120 mm²，其安全电流都为截面数的 3 倍。

（3）口诀"顺号双双再减半"说的是顺着线号往上排列，电流和截面数的倍数关系为两个两个一组倍数减去 0.5。综上所述，导线截面数与电流的倍数关系列表如下：

导线截面/mm²	16	25	35	50	70	95	120	150	180
电流是截面数的倍数	6.5	5	4.5	4	3.5	3	2.5		

口诀最后说的"铜升"是指如果架空导线使用的是铜线，其安全电流可按铝线升一级（即高一个线号）计算，如 16 mm² 的铜线，可视为 25 mm² 铝线。同时，还指出以上安全电流均是按环境温度为 25℃ 的情况计算的，若环境温度长期高于 25℃，可先按以上方法计算，再打九折，即口诀中"高温九折算"的意思。

口诀十四：电焊机支路配电电流的估算

电焊支路要配电，容量降低把流算。

电弧八折电阻半，二点五倍即可得。

说明 电焊机属于反复短时工作负荷，由于用用停停这一工作特性，决定了电焊机支路配电电流可以比正常持续负荷小一些。

电焊通常分为电弧焊和电阻焊两大类。电弧焊是利用电弧发出的热量，使被焊零件局部加热达到熔化状态而达到焊接的目的；电阻焊则是将被焊的零件接在焊接机的线路里，通过电流，达到焊接温度时，把被焊的地方压缩而达到焊接的目的，电阻焊可分为点焊、缝焊和对接焊，用电的时间更短些。所以，利用电焊机的容量计算其支路配电电流时，可以先把容量降低来计算，一般电弧焊可以按焊机容量八折计算，电阻焊按五折计算，这就是"电弧八折电阻半"的意思。然后再按改变的容量乘上 2.5 倍即为该支路电流。该口诀适用焊机接在 380 V 单相电源上的情况。

例 B-19 21 kVA 交流弧焊机，接在 380 V 电源上，求电焊机支路配电电流为多少。

解 根据口诀可知，配电电流为：$21 \times 0.8 \times 2.5 = 42$ A。

例 B-20 25 kVA 的点焊机，接在 380 V 电源上，求支路配电电流为多少。

解 根据口诀可知，配电电流为：$25 \times 0.5 \times 2.5 = 31.3$ A。

口诀十五：直接启动的电动机的控制开关及熔丝的选择

容量三倍供电流，七千瓦电机直接投。

六倍千瓦选开关，四倍千瓦熔丝流。

说明 (1) 该口诀适合 380 V 鼠笼式电动机，一般当供电线路(或供电变压器)容量不小于电动机容量的 3 倍时，才允许电动机直接启动，这就是口诀"容量三倍供电流"的意思。电动机启动电流较大，一般是额定电流的 4~7 倍，通常 7 kW 及以下小容量电动机，才允许直接启动。容量较大的电动机，当负载的启动转矩不大时，常采用降压启动，以限制启动电流。

(2) 直接启动常使用的开关，如三相胶盖闸刀开关、铁壳开关等，其额定电流可按电动机容量的 6 倍进行选择；作短路保护用的熔丝电流，可按电动机容量的 4 倍选择。这就是口诀说的"六倍千瓦选开关，四倍千瓦熔丝流"的意思。

例 B-21 4.5 kW 电动机用铁壳开关直接启动，其开关容量如何选用？若用闸刀开关，熔丝如何选用？

解 根据口诀可知，开关的额定电流分别为：$4.5 \times 6 = 27$ A，$4.5 \times 4 = 18$ A，故开关选 30 A，熔丝选 20 A。

口诀十六：电动机供电回路熔丝的选择

单台电机选熔丝，四倍千瓦便得知。

多台最大千瓦四，其余乘二再相加。

说明 电动机供电回路用熔丝作保护时，熔丝选择是否正确，对于电动机正常运转关系很大，选小了无法避开电动机启动时的冲击电流，选大了起不到保护作用。本口诀直接给出了熔丝电流与电动机容量千瓦数的倍数关系，当回路只供一台电动机时，熔丝大小就是电动机千瓦数的 4 倍，即"四倍千瓦便得知"。当供电回路接有多台电动机时，总配电盘上的熔丝选择为其中最大一台电动机的千瓦数乘 4，再加上其余电动机的千瓦数乘 2 即可，正如口诀所说："多台最大千瓦四，其余乘二再相加。"最后说明，口诀所指的是 380 V 电动机供电回路。

例 B - 22　一条 380 V 的供电线路，同时向三台电动机供电，电动机容量分别为 7 kW、4.5 kW、2.8 kW，问电路上总熔丝选多大。

解　根据口诀可知，熔丝大小为：$7 \times 4 + 4.5 \times 2 + 2.8 \times 2 = 42.6$ A，故可选用 45 A 保险丝。

例 B - 23　求上例 4.5 kW 支路熔丝选多大。

解　由口诀知熔丝大小为：$4.5 \times 4 = 18$ A，故可选用 20 A 保险丝。

口诀十七：电动机供电导线截面的估算

> 多大导线配电机，截面系数相加知。
> 二点五加三，四加四，六上加五记仔细。
> 一百二反配整一百，顺号依次往下推。

说明　略。

口诀十八：断路器脱扣器电流整定值的估算

> 瞬动脱扣怎整定，单机额流用十乘。
> 干线十倍选最大，一点三倍其余加。
> 延时额流一点七，热脱额流正合适。

说明　略。

口诀十九：电动机导线穿钢管规格的选择

> 二点五导线穿十五，四和六线二十数。
> 十配二十五穿得快，十六和二十五配三十二。
> 一二轮流顺线排，不说你能算出来。

说明　在电动机供电导线截面的计算口诀（十七）中已经指出，对于三相 380 V 电动机供电导线，通常是采用铜芯绝缘线三根穿管敷设，并且给出了利用电动机容量直接选择导线截面的方法。导线选好了，所穿钢管的直径又如何选？这就是本口诀解决的问题。一般规定，管内所穿导线总截面不超过管内净面积的 40%，使用中一个一个计算很不方便。现在，口诀直接给出能够利用导线截面大小选择钢管大小的规律，这样使用起来非常方便。另外，口诀中所说的钢管是指常用的厚钢管（水管）。

（1）"二点五导线穿十五，四和六线二十数"说的是电动机供电导线为 2.5 mm^2 时，所穿钢管规格是 15 mm，当导线是 4 mm^2 和 6 mm^2 时，所穿钢管规格是 20 mm。接着一句"十配二十五穿得快，十六和二十五配三十二"说的是 10 mm^2 的导线应穿 25 mm 的钢管，而 16 mm^2 和 25 mm^2 导线应穿 32 mm 的钢管。

（2）从以上两句可以看出，每句前面的数字是导线截面，而后面的数字则是钢管的公称口径，可以看出，导线截面是按导线的型号、一种截面、两种截面交替出现的，而钢管尺寸却是按其规格顺序排列下来的，所以说这就是"一二轮流顺线排"。若继续往下排，必是 35 mm² 的导线穿 40 mm 的钢管，而 50 mm² 和 70 mm² 的导线穿 50 mm 的钢管。我们可以列表如下：

导线截面/mm²	2.5	4	6	10	16	25	35	50	70	95	120	150
钢管规格/mm	15	20		25	32		40	50		70	80	

还要说明，当使用 150 mm² 导线穿 80 mm 的钢管时，施工较困难，若导线再粗，钢管更大，施工就更困难，一般遇到这种情况，可用两条或三条管线满足要求。

例 B - 24 三根 35 mm² 的导线，穿管敷设给电动机供电，问应配多大钢管。

解 根据口诀可知：应配 40 mm 的钢管。

例 B - 25 有三根 16 mm² 和三根 25 mm² 的电缆，穿管敷设分别向两台电动机供电，问它们分别配多大截面直径的钢管。

解 根据口诀"十六和二十五配三十二"可知，都应配 32 mm 的钢管。

口诀二十：电杆埋设深度的估算

电杆埋深最好记，六除杆高加点一。

说明 架空线路电杆的埋设深度除个别设计有特殊要求外，一般在有关"规程"上对电杆的高度埋深作了具体规定，当记不清具体数据且资料缺乏或单位自行架设供电线路时，都可应用此口诀很快算出，基本上与"规程"数值相符。

口诀说的是一般常用的水泥电杆，埋设深度为杆本身高度的 1/6（即被 6 除）再加上 0.1 m 即可，当然在具体施工中，遇到土质不好的地方，可以适当加深或采取其他措施。

例 B - 26 某生产队架设一条低压供电线路，使用 9 m 长的水泥电杆，求其埋深为多少。

解 根据口诀可知：$9 \div 6 + 0.1 = 1.6$ m，故埋深 1.6 m 即可。

例 B - 27 某工厂架设一条供电线路，其中使用了 11 m 和 15 m 长的水泥电杆，求电杆的埋深各为多少。

解 根据口诀可知：

11 m 电杆埋深为：$11 \div 6 + 0.1 = 1.93$（应埋深 2 m）。

15 m 电杆埋深为：$15 \div 6 + 0.1 = 2.6$（应埋深 2.6 m）。

口诀二十一：常用熔丝熔断电流的估算

额流断流不能乱，断比额大倍数算。

锌片倍半铜丝二，铅锡合金二倍半。

说明 正确使用熔丝，对于安全供电和用电设备正常工作关系很大。常有不能正确使用熔丝的情况，如乱用铁丝、铜丝代替，或熔丝配得很粗而不熔断，当线路发生过负荷或其他情况而产生大电流时，造成熔断器或被保护的用电器烧坏，甚至引起线路着火等事故，应引起我们的重视。为此，对于熔丝的额定电流和熔断电流两个概念不能混淆。熔丝允许长期通过的电流叫熔丝的额定电流,熔丝开始熔断的电流叫熔断电流。所以平常我们说的几安培熔丝是指熔丝的额定电流而言的。额定电流并不等于熔断电流,熔断电流要比额定电流大。如何由额定电流计算熔断电流,就是本口诀讲的问题。

"断比额大倍数算"指的是,熔丝的熔断电流比额定电流大多少倍,可用倍数来计算。也就是说,熔丝的额定电流乘个倍数,即为它的熔断电流。熔丝不同则倍数不同,常见锌片熔丝约为 1.5 倍,铜制熔丝为 2 倍,铅锡合金熔丝为 2.5 倍。只要我们记住这一口诀,一拿到某种熔丝,就能够从额定电流估算出它的熔断电流,有助于正确使用熔丝。

口诀二十二:拉线上下段两部分长度的估算

四十五度算拉线,上下分成两个段。

上段高乘一点四,乘后两米加上算。

下段深乘一点四,乘后再加三米半。

说明　在 10 kV 及以下架空线路上,特别是低压线路,常用 4.0 mm 镀锌铁线制作拉线。拉线的下料长度(铁线为 1 股的长度)计算,是电工经常遇到的实际计算问题。常因算得不准,不是短而报废,就是长而造成浪费。运用这一口诀,就可以较准确地计算出来。

该口诀的适用范围是不装设拉线绝缘子的最常见的普通拉线。拉线与电杆的夹角为 45°,如果夹角小于或大于 45°时,则拉线长度可先按 45°算出后,再适当减少或增加。拉线长度的计算,是将拉线分成上段和下段两部分,然后再分别进行计算。

(1)拉线上段长度为拉线在电杆上固定点距离地面高度的 1.4 倍,再加上 2 m 即可。2 m 是按拉线做上把需要长度 1.4 m,中把需要 1.2 m,再减去下把露出地面的 0.6 m 考虑的。如拉线在电杆上固定点距离地面高度为 H,则拉线上段长度为:$L = 1.4H + 2$。当再装设调整器(如花栏螺丝)时,则拉线上段长度按以上方法计算后,还应减去调整器的长度。

(2)拉线下段长度为拉线坑深的 1.4 倍,再加上 3.5 m 即可。这就是口诀所说的"下段深乘一点四,乘后再加三米半"的意思。3.5 m 是按拉线露出地面长度 0.6 m,做下把所需长度 1.2 m,做地锚所需长度 1.7 m 综合考虑的。

例 B-28　有一终端水泥杆,杆梢径 $\phi170$ mm,杆高 9 m,拉线固定点自地面高度 H 为 7 m,拉线与电杆夹角为 45°,拉线坑深 1.5 m,无拉线绝缘子,用 4.0 镀锌铁线制作拉线,试求拉线上、下段的下料长度。

解　根据口诀可知:

拉线上段长度:$L_{\text{上}} = 1.4H + 2 = 1.4 \times 7 + 2 = 11.8$ m。

拉线下段长度:$L_{\text{下}} = 1.4 \times 1.5 + 3.5 = 5.6$ m。

附录 C FX₂ₙ 系列 PLC 的性能规格

表 C - 1 FX₂ₙ 系列 PLC 的性能规格

项 目		规 格	备 注
运转控制方法		通过储存的程序周期运转	
I/O 控制方法		批次处理(当执行 END 时)	I/O 指令可以刷新
运转处理时间		基本指令:0.08 μs;应用指令:1.52 至几百微秒指令	
编程语言		逻辑梯形图和指令清单	使用步进梯形图能生成 SFC 类型程序
程式容量		8000 步内置	使用附加寄存器盒可扩展到 16 000 步
指令数目		基本指令:27;步进指令:2 应用指令:128	最大可用 298 条应用指令
I/O 配置		最大硬件 I/O 配置 256,依赖于用户的选择(最大软件可设定地址 输入 256、输出 256)	
辅助继电器 (M 线圈)	一般	500 点	M0～M499
	锁定	2572 点	M384～M3071
	特殊	256 点	M8000～8255
状态继电器 (S 线圈)	一般	490 点	S10～S499
	锁定	400 点	S500～S899
	初始	10 点	S0～S9
	信号报警器	100 点	S900～S999
定时器(T)	100 ms	范围:0～3276.7 s,200 点	T0～T199
	10 ms	范围:0～327.67 s,46 点	T200～T245
	1 ms 保持型	范围:0.001～32.767 s,4 点	T246～T249
	100 ms 保持型	范围:0～3276.7 s,6 点	T250～T255
计数器(C)	一般 16 位	范围:0～32 767,200 点	C0～C199,类型:16 位上计数器
	锁定 16 位	100 点(子系统)	C100～C199,类型:16 位上计数器
	一般 32 位	范围:−2 147 483 648～ +32 147 483 647 数,35 点	C200～C219,类型:32 位上/下计数器
	锁定 32 位	15 点	C220～C234,类型:32 位上/下计数器
高速计数器(C)	单相	范围:−2 147 483 648～ +2 147 483 647。一般规则: 选择组合计数时,计数频率不 大于 20 kHz,且所有的计数 器都为锁存器	C235～C240,6 点
	单相 c/w 起始 停止输入		C241～C245,5 点
	双相		C246～C250,5 点
	A/B 相		C251～C252,5 点

续表

项　目		规　格	备　注
数据寄存器(D)	一般	200 点	D0～D199，类型：32 位元件的 16 位数据存储寄存器
	锁定	7800 点	D200～D7999，类型：32 位元件的 16 位数据存储寄存器
	文件寄存器	7000 点	D1000～D7999，14 个子文件，每个 500 点，类型：16 位数据存储寄存器
	特殊	256 点	从 D8000～D8255，类型：16 位数据存储寄存器
	变址	16 点	V0～V7 和 Z0～Z7，类型：16 位数据存储寄存器
指针(P)	用于 CALL	128 点	P0～P127
	用于中断	6 输入点、3 定时器、6 计数器	100*～130*（上升触发*=1，下降触发*=0，**=时间(单位：ms))
嵌套层次		用于 MC 和 MRC 时 8 点	N0～N7
常数	十进位 K	16 位：−32 768～32 767；32 位：−2 147 483 648～+2 147 483 647	
	十六进位 H	16 位：−32 768～+32 767；32 位：−2 147 483 648～+2 147 483 647	
	浮点	32 位：$\pm 1.175 \times 10^{-33}$，$\pm 3.403 \times 10^{33}$（不能直接输入）	

附录 D 鼎阳牌电工仪器的使用

深圳市鼎阳科技有限公司(SIGLENT)是一家集研发、生产、销售、服务于一体的专业仪器仪表生产厂家,是国家和深圳市高新技术企业,主要产品有数字示波器、信号发生器、直流电源和数字万用表等,近年来在高校中使用较多,下面对其部分产品作简单介绍。

D.1 数 字 示 波 器

深圳市鼎阳科技有限公司的 SDS1000CML 系列数字示波器如图 D-1 所示,其他型号大同小异,可参考使用。

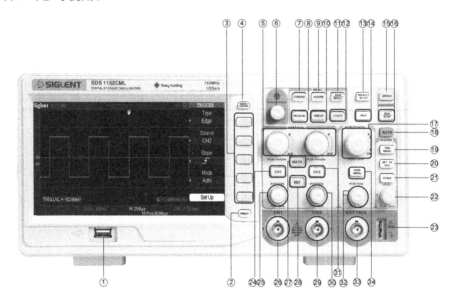

图 D-1 SDS1000CML 系列数字示波器

D.1.1 操作面板

SDS1000CML 系列数字示波器的操作面板如图 D-2 所示。

面板中各部分说明如下:

① USB Host 接口(见图 D-1)。　　　② 打印按钮。

③ 菜单功能选择按键。　　　　　　　④ 悬浮菜单打开/隐藏按键。

⑤ 垂直电压挡位旋钮。　　　　　　　⑥ 万能旋钮。

⑦ 光标菜单按键。　　　　　　　　　⑧ 自动测量按键。

⑨ 采样按键。　　　　　　　　　　　⑩ 显示按键。

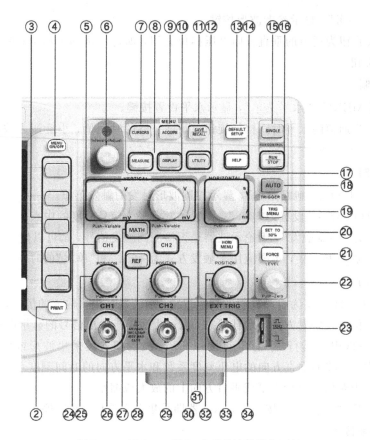

图 D-2 SDS1000CML 系列示波器操作面板

⑪ 存储/调出按键。 ⑫ 辅助系统按键。

⑬ 恢复默认设置按键。 ⑭ 帮助功能按键。

⑮ 单次采集按键。 ⑯ 连续采集/停止采集按键。

⑰ 水平时间挡位旋钮。 ⑱ 自动按键。

⑲ 触发菜单按键。 ⑳ 设置触发电平为信号中点按键。

㉑ 强制触发按键。 ㉒ 触发电平设置旋钮。

㉓ 探头元件。 ㉔ 通道 1(CH1)选择按键。

㉕ 垂直方向移动旋钮。 ㉖ CH1 模拟信号输入通道。

㉗ 数学计算按键。 ㉘ 参考波形按键。

㉙ CH2 模拟信号输入通道。 ㉚ 垂直方向移动旋钮。

㉛ 通道 2(CH2)选择按键。 ㉜ 水平方向移动旋钮。

㉝ 外部触发源的输入接口。 ㉞ 水平菜单按键。

1. 垂直控制

（1）CH1、CH2："通道 1"、"通道 2"，用来选择通道 1、通道 2 以及同时显示通道 1、通道 2 的选择按键。

（2）MATH："数学"，数学计算功能按键，可显示 CH1、CH2 通道波形相加、相减、相乘、相除以及 FFT 运算的结果。

(3) REF:"参考",显示参考波形按键。

(4) 两个大旋钮为通道的垂直方向电压挡位旋钮,即每一格的电压值;两个小旋钮为波形上下移动旋钮。

2. 水平控制

(1) HORI MENU:"水平菜单",显示水平设置按键。

(2) 大旋钮为通道的水平时间挡位旋钮,即每一格的时间值;小旋钮为波形左右移动旋钮。

3. 触发控制

(1) TRIG MENU:"触发菜单",显示控制波形触发的触发菜单。

(2) SET TO 50%:"设置为50%",设置触发电平为信号幅度的中点。

(3) FORCE:"强制触发",无论示波器是否检测到触发信号,都可以使用"FORCE"按键完成当前波形触发和采集,主要应用于触发方式为"正常"和"单次"的时候。

4. 执行控制

(1) AUTO:"自动",为自动设置的功能按键,示波器可根据输入的信号,自动调整电压挡位、时间挡位以及触发方式至最佳状态,以产生适用于输出信号的显示图形。

(2) RUN/STOP:"运行/停止",每按一下,示波器即连续采集波形或停止采集。注意:在停止状态下,波形垂直方向的电压刻度系数和水平方向的时间刻度系数可在一定范围内调整,相对于对信号进行水平或垂直方向上的放大或缩小。

(3) SINGLE:"单次",每按一下,示波器即采集单个波形,然后停止。

5. 常用功能按键

(1) "万能"旋钮,当旋钮上方的灯不亮时,旋转旋钮可调节示波器波形亮度。当旋钮上方的灯亮时,可利用此旋钮对释抑时间、光标测量、脉宽设置、视频触发中指定行、滤波器频率上下限进行调整,调整 PASS/FAIL 功能中规则的水平垂直容限范围以及对波形录制功能中录制和回放波形帧数进行调节等;还可通过旋转"万能"旋钮来调节存储/调出设置、波形、图像的存储位置,对于菜单的选项都可通过旋转"万能"旋钮来调节。

(2) ACQUIRE:"采集",显示采集菜单。

(3) MEASURE:"测量",显示测量菜单。

(4) CURSORS:"光标",显示光标菜单。当显示光标菜单且光标被激活时,"万能"旋钮可以调整光标的位置;离开光标菜单后,光标保持显示(除非"类型"选项设置为"关闭"),但不可调整。

(5) DISPLAY:"显示",显示显示菜单。

(6) UTILITY:"辅助",显示辅助菜单。

(7) DEFAULT SETUP:"默认设置",示波器在出厂前被设置为用于常规操作,即默认设置。按下"DEFAULT SETUP"按键,示波器即调出厂家默认的选项和控制设置。

(8) HELP:"帮助"按键,每按一下,示波器即进入在线帮助系统。

(9) SAVE/RECALL:"储存/调出",显示储存/调出菜单。

6. 连接接口

(1) CH1、CH2:"通道1"、"通道2",用于信号的输入。

（2）EXT TRIG："外触发"，用于外部触发源的输入。使用"TRIG MENU"选择"EXT"或"EXT/5"触发源，这种触发信源可用于在两个通道上采集数据的同时在第三个通道上触发。

（3）探头元件：电压探头补偿输出及地接口，能提供频率为 1 kHz、电压峰—峰值为 3 V 的标准方波信号，用于校正示波器。

D.1.2 用户界面

SDS1000CML 系列数字示波器的用户界面如图 D-3 所示。

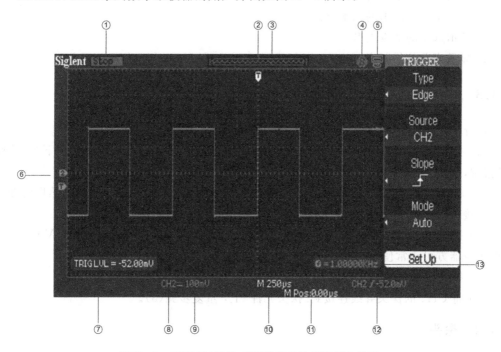

图 D-3 SDS1000CML 系列数字示波器的用户界面

用户界面各部分说明如下：

① 触发状态。

Armed：已配备，示波器正在采集预触发数据，在此状态下忽略所有触发。

Ready：准备就绪，示波器已采集所有预触发数据并准备接受触发。

Trig'd：已触发，示波器已发现一个触发并正在采集触发后的数据。

Stop：停止，示波器已停止采集波形数据。

Stop：采集完成，示波器已完成一个"单次序列"采集。

Auto：自动，示波器处于自动模式并在无触发状态下采集波形。

Scan：扫描，在扫描模式下示波器连续采集并显示波形。

② 使用标记显示水平触发位置。

③ 显示当前波形窗口在内存中的位置。

④ 🖶表示打印图像，💾表示储存图像。

⑤ 🖥表示后 USB 口设置为 USBTMC 接口，💾表示后 USB 口设置为打印机接口。

⑥ 显示波形的通道标志。

⑦ 触发电平，显示当前设置的触发电平数值。

⑧ 信号耦合标志。

直流：表示既可以通过输入信号的交流分量，又可以通过直流分量。

交流：表示阻碍输入信号的直流分量和低于 10 Hz 的衰减信号，即只能通过输入信号的交流分量。

接地：表示断开输入信号并接地。

⑨ 显示通道垂直方向的电压刻度系数。

⑩ 显示通道水平方向的时间刻度系数。

⑪ 显示主时基波形的水平位置。

⑫ 显示选定的触发类型。

⑬ 显示当前信号频率。

D.1.3　功能检查

执行一次快速功能检查，来验证示波器是否正常工作，可按如下步骤进行：

(1) 打开示波器电源，示波器执行所有自检项目，并确认通过自检，然后按下"默认设置"按键，探头选项默认的衰减设置为×1。

(2) 将示波器探头上的开关设定到×1，并将探头与示波器的通道 1 连接，然后将探头导线连接到"探头元件"上。

(3) 按下"自动"按键，几秒内，应当看到频率为 1 kHz，电压峰—峰值为 3 V 的方波，至此示波器方可正常使用。

(4) 按两次"CH1"按键，删除通道 1，按下"CH2"按键，选择显示通道 2。

(5) 将 CH2 的探头导线连接到"探头元件"上，重复步骤(3)。

D.1.4　探头

1. 探头的安全性

探头主体周围的防护装置可保护手指以防止电击，使用时应注意如下两点：

(1) 应使手指保持在探头主体上防护装置的后面，以避免电击。

(2) 在探头连接到电源时，不可接触探头顶部的金属部分，以避免电击。

2. 探头衰减设置

探头有不同的衰减系数，它影响信号的垂直刻度。"探头检查"功能能验证探头衰减选项(探头选项默认的设置为×1)是否与探头的衰减匹配。因此，要确保探头上的"衰减开关"与示波器中的探头选项匹配。此外，当"衰减开关"设置为×1时，探头将示波器的带宽限制到 10 MHz，因此，要使用示波器的全带宽时，就不能将"衰减开关"设定为×1。

3. 探头补偿

首次使用探头时，应进行探头补偿调节，使探头与通道匹配，未经补偿或补偿偏差的探头会导致测量误差或错误。探头补偿操作如下：

(1) 在通道菜单中将探头选项衰减设置为×10，即将探头上的开关设定为×10，并将示波器探头与 CH1 通道连接。

（2）将探头连接到"探头元件"上，选择通道 1 显示，然后按下"自动"按键，显示波形的形状如图 D-4 所示。

（3）探头如需补偿，可调整探头上的"探头补偿旋钮"，直至补偿适当。

欠补偿　　　　　　补偿适当　　　　　　过补偿

图 D-4　补偿波形

D.2　函数信号（任意波形）发生器

D.2.1　面板功能

深圳市鼎阳科技有限公司的 SDG5000 系列函数/任意波形发生器如图 D-5 所示。

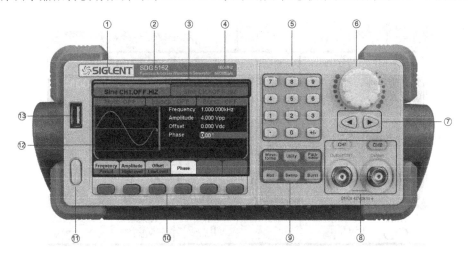

图 D-5　SDG5000 系列函数/任意波形发生器

面板各部分说明如下：

① 品牌 LOGO。

② 产品型号。

③ 通道属性：通道标号、开启状态、阻抗值。

④ 采样率和带宽：输出信号最高频率、内部采样率。

⑤ 数字键盘：很便捷的支持客户自定义输入特定值、很人性化。

⑥ 多功能旋钮：可连续调节设定数值，用于改变波形参数中某一数值的大小，旋钮顺时针旋转一格，递增 1；旋钮逆时针旋转一格，递减 1。

⑦ 方向键：主要用于波形参数数值位的选择及数字的删除。

⑧ 通道输出控制：两个输出控制按键，使用 CH1 或 CH2 按键，可以设置输出状态、

负载、极性、同相位等。如图所示，当输出状态选择打开时，有信号输出，同时该灯被点亮。

⑨ Waveforms：用于选择基本波形；Utility：用于对辅助系统功能进行设置，包括频率计、输出设置、接口设置、系统设置、仪器自检和版本信息的读取等；Parameter：用于设置基本波形参数，方便用户直接进行参数设置。波形参数、常用函数区有三个按键，分别为调制、扫频、脉冲串设置功能按键。SDG5000 系列可使用 AM、DSB-AM、FM、PM、FSK、ASK 和 PWM 调制类型，可调制正弦波、方波、锯齿波/三角波、脉冲波和任意波。

⑩ 菜单键及对应选项。

⑪ 电源开关。

⑫ LCD 显示区。

⑬ USB Host，支持 U 盘文件存储。

D.2.2 用户界面

深圳市鼎阳科技有限公司的 SDG5000 系列函数/任意波形发生器的用户界面如图 D-6 所示。

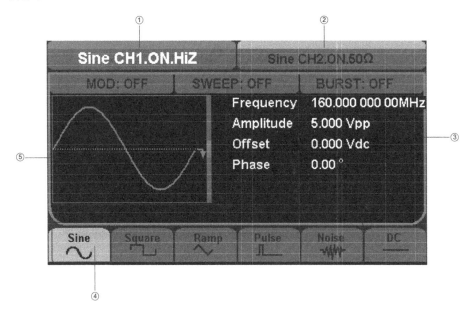

图 D-6 SDG5000 系列函数/任意波形发生器的用户界面

用户界面各部分说明如下：

① 通道 1 显示区。

② 通道 2 显示区。

③ 波形参数。

④ 菜单软键。

⑤ 波形显示区。

D.3　线性直流电源

D.3.1　面板功能

深圳市鼎阳科技有限公司 SPD3303 系列可编程线性直流电源如图 D-7 所示。

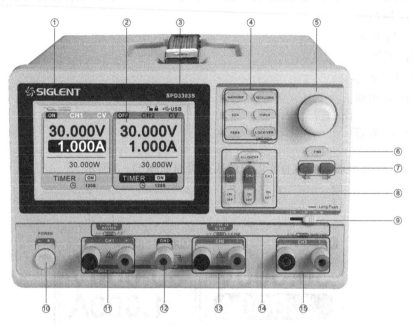

图 D-7　SPD3303 系列可编程线性直流电源

面板各部分说明如下：

① 品牌 LOGO。

② 显示界面。

③ 产品型号。

④ 系统参数配置按键。

WAVEDISP：按该键打开/关闭波形显示界面。

SER：设置 CH1/CH2 串联模式，界面同时显示串联标识 。

PARA：置 CH1/CH2 并联模式，界面同时显示并联标识 。

RECALL/SAVE：进入存储系统。

TIMER：进入定时系统状态。

LOCK/VER：开启锁键功能，短按该键，进入系统信息界面。

⑤ 多功能旋钮。

⑥ 细调功能按键：按下 FINE，表示开启细调功能，参数以最小步进变化。

⑦ 左右方向按键：左右移动光标。

⑧ 通道控制按键。

ALL ON/OFF：开启/关闭所有通道。

CH1：选择 CH1 为当前操作通道。

CH2：选择 CH2 为当前操作通道。

ON/OFF：开启/关闭当前通道输出。

CH3 ON/OFF：开启/关闭 CH3 输出。

⑨ CH3 挡位拨码开关：选择 2.5 V、3.3 V、5 V 输出。

⑩ 电源开关。

⑪ CH1 输出端。

⑫ 公共接地端。

⑬ CH2 输出端。

⑭ CV/CC 指示灯。

⑮ CH3 输出端。

D.3.2 用户界面

SPD3303 系列可编程线性直流电源的用户界面如图 D-8 所示。

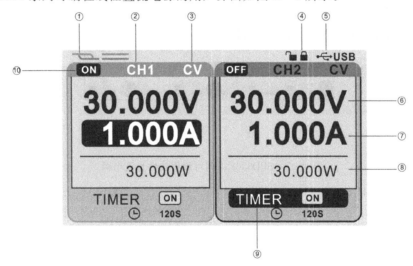

图 D-8 SPD3303 系列可编程线性直流电源的用户界面

用户界面各部分说明如下：

① 串并联标识：打开串并联时，显示该标识。

② 通道标识。

③ 工作模式标识：工作恒压(CV)与恒流(CC)时，显示相应标识。

④ 按键锁标识：开启按键锁(LOCK)时，显示该标识。

⑤ USB 连接标识：检测到后端有连接 USB 时，显示该标识。

⑥ 电压设定/回读值。

⑦ 电流设定/回读值。

⑧ 功率设定/回读值。

⑨ 定时器标识：定时器状态标识。

⑩ 通道开/关标识。

D.4 数字万用表

D.4.1 面板功能

SDM3055 系列数字万用表如图 D-9 所示。

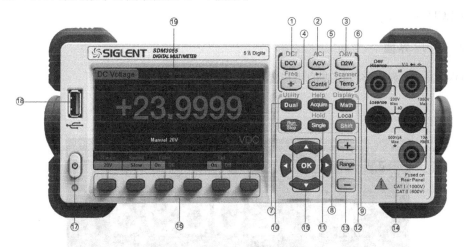

图 D-9 SDM3055 系列数字万用表

面板操作及各部分说明如下：

① 测量直流电压或直流电流，按下![DCV]可选择屏幕上显示测量的直流电压或直流电流。

② 测量交流电压或交流电流，按下![ACV]可选择屏幕上显示测量的交流电压或交流电流。

③ 测量二线或四线电阻，按下![Ω2W]可选择屏幕上显示测量的二线电阻或四线电阻。

④ 测量频率或电容，按下![+]可选择屏幕上显示测量的频率值或电容值。

⑤ 测试连通性或二极管，按下![Cont]可选择屏幕上显示测试的连通性或二极管参数。

⑥ 测量温度或扫描卡，按下![Temp]可选择屏幕上显示测量的温度或扫描卡。

⑦ 双显示功能或辅助系统功能，按下![Dual]可打开双显示或系统设置。

⑧ 采集设置或帮助系统，按下![Acquire]可进入采集设置界面或帮助系统界面。

⑨ 数学运算功能或显示功能，按下![Math]可进入数学运算功能界面或选择不同显示方式。

⑩ 自动触发/停止，按下![Run/Stop]可开始/停止当前测试。

⑪ 单次触发或 Hold 测量功能，按下![Single]可选择单次触发或打开 Hold 功能设置界面。

⑫ 切换功能/从遥控状态返回，按下![Shift]之后组合其余按键可切换功能，再按一下可从遥控状态下返回。

⑬ 选择量程。自动量程：按 Range 键，可在自动量程和手动量程之间切换。手动量程：按 + 键，量程递增；按 − 键，量程递减。

⑭ 信号输入端。

⑮ 方向键。

⑯ 菜单操作键。

⑰ 电源键。

⑱ USB Host。

⑲ LCD 显示屏。

D.4.2 用户界面

SDM3055 系列数字万用表的用户界面如图 D-10 所示。

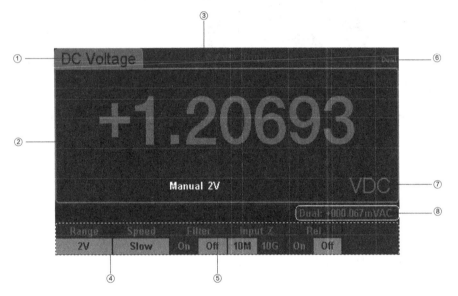

图 D-10　SDM3055 系列数字万用表用户界面

用户界面各部分说明如下：

① 主显示测量种类。

②主显示测量数值。

③ 触发方式，可设置自动触发或停止当前测量状态。

④ 操作菜单，支持按键复用，更人性化，更便捷。

自动量程：按【自动】，选择自动量程，禁用手动量程。

手动量程：按【200 mV】、【2 V】、【20 V】、【200 V】或【1000 V】，手动设置合适的量程，此时禁用自动量程。

⑤ 主显示测量量程。

⑥ 双显示模式。

⑦ 主显示测量单位。

⑧ 双显示模式的副显示区，包含显示数值和单位。

D. 5　其他函数信号发生器

图 D-11 所示为目前市面上比较流行的一款函数信号发生器的面板。

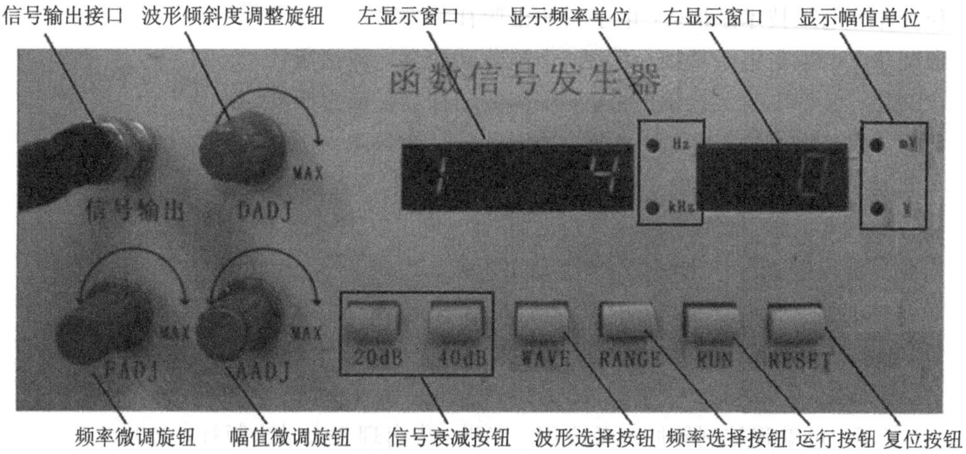

图 D-11　其他函数信号发生器的面板

图 D-11 所示函数信号发生器的操作方法如下：

（1）按"WAVE"波形选择按钮，选择所需要的信号波形，左显示窗口左边显示的数字 1、2、3 分别表示信号输出端口输出的信号为正弦波、三角波、方波；若波形发生了倾斜，则微调"DADJ"（波形倾斜度调整）旋钮，直至达到要求。

（2）按"RANGE"频率选择按钮，选择所需要的信号频率，左显示窗口右边显示的数字 1~7 分别表示信号输出端口输出的信号频率在增加。

（3）按"20 dB"或"40 dB"信号衰减按钮，将信号的幅值进行衰减。

（4）按"RUN"运行按钮，信号发生器将按上述选择启动运行，此时左显示窗口显示输出信号的频率，右显示窗口显示输出信号的幅值，并且相应单位的指示灯点亮；若频率还满足不了要求，则旋转"FADJ"（频率微调）旋钮，直至满足要求；若幅值还满足不了要求，则旋转"AADJ"（幅值微调）旋钮，直至满足要求。

（5）若仍不能满足要求，则按"RESET"（复位）按钮复位，然后重复步骤（2）、（3）和（4），直至达到要求。

参 考 文 献

[1] 阮友德. 电工技能考核指导(中级电工). 北京：机械工业出版社，2004

[2] 侯大年. 电工技术. 北京：电子工业出版社，2002

[3] 邱晓华. 电工与电子基础. 北京：中国劳动社会保障出版社，2002

[4] 徐文宪. 维修电工工艺学. 北京：中国劳动社会保障出版社，2002

[5] 罗勇. 内外线电工工艺学. 北京：中国劳动社会保障出版社，2002

[6] 吴新开，于立言，等. 电工电子实践教程. 北京：人民邮电出版社，2002

[7] 秦曾煌. 电工学. 北京：高等教育出版社，1998

[8] 职业技能鉴定指导. 北京：中国劳动出版社，1996

[9] 职业技能鉴定教材. 北京：中国劳动出版社，1996

[10] 深圳市劳动局技能鉴定中心. 电工实操考核汇编. 2002

[11] 三菱机电. FX0S FX0N FX1N FX2N FX2NC 编程手册. 2001

[12] 钟肇新. 可编程控制器原理及应用. 广州：华南理工大学出版社，2002

[13] 李义山. 变配电实用技术. 北京：机械工业出版社，2001

[14] 白公. 电工安全技术 365 问. 北京：机械工业出版社，2001